Aide-toi, le Ciel t'aidera.

COMPTES-RENDUS

DES

SESSIONS LÉGISLATIVES.

SESSIONS DE 1832 ET DE 1833.

AIDE-TOI, LE CIEL T'AIDERA.

———

COMPTES-RENDUS

DES

SESSIONS LÉGISLATIVES.

———

SESSIONS DE 1832 ET DE 1835.

ÉDOUARD BUCQUET, ÉDITEUR.

Paris.

CHEZ PAULIN, LIBRAIRE PLACE DE LA BOURSE.

———

DÉCEMBRE 1833.

Immédiatement après la seconde session de 1833, le pouvoir songea à dissoudre la chambre. Cette mesure, vivement appuyée dans le conseil par les ministres doctrinaires, et devant le public par le *Journal des Débats*, leur organe habituel, fut d'abord plutôt ajournée que repoussée, et la question ne reçut une solution définitive et certaine que tout récemment. Aussitôt que la convocation des chambres a été annoncée officiellement, nous avons livré à l'impression des notes, dont nous avions retardé la publication, afin qu'elles pussent, en cas de dissolution, frapper plus vivement l'esprit des électeurs, en paraissant au moment où ils seraient appelés à juger leurs mandataires.

Ce retard, au surplus, nous aura donné les moyens de compléter notre Compte-rendu par l'énonciation des faits nouveaux survenus depuis la clôture de la session, et des faveurs qui ont récompensé enfin certains dévouemens réputés jusqu'ici gratuits.

La nouvelle session de 1833, si naïvement qualifiée de pécuniaire, ayant suivi sans interruption la première, nous avons cru devoir réunir dans un seul ouvrage le compte-rendu des travaux de la chambre pendant ces deux sessions.

Nous répétons ici que nos notes ont été prises chaque jour et puisées aux sources les plus pures; cependant, nous sommes disposés à admettre les rectifications qui nous sembleraient justes, si, contre notre volonté, quelques erreurs s'étaient glissées dans nos allégations.

On peut s'adresser, pour les réclamations, aux bureaux de la société, rue Montmartre n. 84.

CHAMBRE DES DÉPUTÉS,

SESSION DE 1832.

ANALYSE

S TRAVAUX DE LA CHAMBRE.

Présidence d'âge de M. Duchâtel.

NOVEMBRE 1832.

5. Rapport sur la proposition de M. Bavoux, relative au divorce. — Proposition de M. Delaborde sur le Panthéon. — Suite de la discussion du budget du ministère des finances.

6. Suite et fin de la discussion sur le budget du ministère des finances. — Discussion sur les crédits supplémentaires.

7. Suite de la discussion sur les crédits supplémentaires de 1832.

8. Projets de loi d'intérêt local. — Rapport sur la demande de M. Cabet en autorisation de poursuites. — Suite de la discussion sur les crédits supplémentaires de 1832.

9. Rapport de pétitions. — Discussion sur la proposition de M. Lefèvre, relative aux sociétés de commerce.

11. Demande de deux nouveaux douzièmes provisoires. — Adoption de la proposition de M. Lefèvre sur les sociétés de commerce : 157 voix contre 93. — Rapport sur le budget de la marine. — Communication de M. Cabet. — Suite de la discussion sur les crédits supplémentaires de 1832.

12. Suite de la discussion sur les crédits supplémentaires de 1832.

13. Rapport sur la proposition de M. Parant, relative aux majorats. — Suite de la discussion sur les crédits-supplémentaires de 1832. — Adoption de la loi par 223 voix contre 32. — Discussion du budget du ministère du commerce et des travaux publics. — Projets de loi d'intérêt local.

14. Rapport sur le crédit de 1,500 mille francs pour fonds secrets. — Rapport sur le budget de l'instruction publique. — Suite de la discussion du budget du ministère du commerce.

14. Rapport sur les deux nouveaux douzièmes provisoires.

15. Suite de la discussion sur le budget du ministère du commerce. — Projet de loi sur l'état des colonies.

16. Rapport sur les primes de la pêche de la morue et de la baleine. — Discussion sur les deux nouveaux douzièmes provisoires. — Adoption de la loi par 227 voix contre 47. — Projet de loi relatif à de nouveaux secours pour les réfugiés. — Projet de loi contre les réfugiés. — Projet de loi sur les pensions des gardes nationaux de l'Ouest et de Paris. — Discussion sur la levée de 80,000 hommes, adoptée par 236 voix contre 17. — Rapport de pétitions.

18. Rapport sur les poursuites à exercer contre M. Cabet. — Suite de la discussion du budget du ministère du commerce et des travaux publics. — Discussion sur les primes des sucres.

19. Suite de la discussion sur les primes des sucres.

20. Suite de la discussion sur les primes des sucres. — Projet

de loi sur les droits d'entrée et de sortie sur les céréales. — Proposition de M. Laffitte sur le desséchement des marais.

21. Rapport sur le projet de loi relatif à la municipalité de Paris. — Adoption de la loi sur les primes des sucres : 216 voix contre 25. — Discussion du budget du ministère de la marine.

23. Rapport sur la proposition de M. Salverte, relative au déficit Kessner. — Projet de loi d'intérêt local. — Autorisation de poursuites à exercer contre M. Cabet. — Discussion sur le crédit supplémentaire de 1,500 mille francs pour dépenses secrètes. — Adoption de la loi : 197 voix contre 114. — Rapport sur le budget du ministère de la guerre. — Discussion sur la proposition de M. Bavoux, relative au divorce : adoptée par 210 voix contre 82. — Discussion sur les récépissés du trésor public.

25. Rapport sur la commission du canal de la Sambre à l'Oise. — Rapport sur le projet de loi relatif aux attributions communales. — Discussion du budget de l'instruction publique.

26. Suite de la discussion sur le budget de l'instruction publique. — Adoption de la loi sur les récépissés du trésor : 235 contre 5. — Rapport sur la prorogation de la loi du 25 avril 1832, contre les réfugiés étrangers.

27. Rapport sur des projets de loi d'intérêt local. — Adoption de la loi relative au crédit de 1,500 mille francs pour pensions militaires : 222 voix contre 20. — Adoption de la loi portant crédit de 650 mille francs pour primes de la pêche de la morue et de la baleine. — Discussion sur le chemin de fer de Montbrison à Montrond.

28. Suite de la discussion sur le chemin de fer de Montbrison. — Adoption de la loi : 132 voix contre 119. — Discussion sur la concession du canal de la Sambre à l'Oise. — Discussion sur les récoltes pendantes par racines. — Discussion du budget du ministère de la guerre.

29. Rapport sur la comptabilité de la chambre. — Suite de la discussion sur le budget du ministère de la guerre.

30. Rapport de pétitions. — Rapport sur la loi des céréales. — Rapport sur le projet de loi relatif à la navigation de la Vire. — Adoption de la loi sur le canal de la Sambre à l'Oise : 227 voix contre 5. — Discussion sur les pensions accordées aux gardes nationaux de l'Ouest et de Paris. — Adoption de la loi : 250 voix contre 23. — Projet de loi sur les vainqueurs de la Bastille, amendé par la chambre des pairs. — Projet de loi pour crédit supplémentaire de 2 millions au budget du ministre de

la guerre. — Discussion du projet de loi contre les réfugiés
étrangers.

AVRIL.

1er. Adoption de la loi contre les réfugiés politiques : 232
voix contre 118. — Rapport sur les pensions des veuves des généraux Daumesnil, Decaen et Duhesme. — Suite de la discussion du budget du ministère de la guerre.

2. Suite de la discussion sur le budget du ministère de la
guerre. — Dénonciation de la *Tribune* par M. Viennet.

3. Rapport sur le projet de loi relatif à la vente des fruits
pendans par racines. — Rapport sur deux projets de loi relatifs
au régime colonial. — Rapport sur le projet de loi des douanes.
— Rapport sur les pensions accordées aux veuves de plusieurs
savans. — Rapport sur les attributions départementales. — Suite
de la discussion sur le budget de la guerre.

4. Rapport sur le projet de loi relatif à l'ancienne liste civile.
— Suite de la discussion du budget du ministère de la guerre.
— Suite du rapport Persil sur la dénonciation Viennet. — Rap-
port sur l'emprunt grec.

5. Suite de la discussion du budget des dépenses. — Comité
secret pour la comptabilité de la chambre.

6. Rapport de pétitions. — Adoption du budget des dépenses :
186 contre 78. — Projets de lois d'intérêt local. — Adoption des
projets de lois sur les veuves de Cuvier et Champollion jeune. —
Discussion sur le projet de loi relatif aux canaux de la Corrèze
et de la Lozère.

8. Discussion sur la dénonciation Viennet.

9. Suite de la discussion sur la dénonciation Viennet.

10. Suite de la discussion sur la dénonciation Viennet. —
Rapport sur un crédit supplémentaire de trois millions au ministère de la guerre.

11. Proposition du général Subervic pour une pension à la
veuve du général Gérard. — Loi des céréales. — Adoption : 229
contre 24. — Projet de loi sur les écoles d'artillerie de Bourges
et de Lyon. — Projet de loi sur les secours aux réfugiés politiques.

12. Adoption de la loi sur les réfugiés. — Discussion sur le
déficit Kessner.

13. Rapport de pétitions. — Discussion sur les canaux de la
Corrèze et de la Lozère. — Adoption du projet : 228 contre 7. —
Discussion du projet relatif à la canalisation du département de
la Manche. — Adoption du projet : 226 contre 7. — Discussion sur
les lois relatives aux colonies.

SESSION DE 1833.

Présidence d'âge de M. Gras-Préville.

AVRIL.

26. Ouverture de la session.

M. Dupin aîné nommé président : 221 voix sur 292 ; vice-présidens, MM. Etienne, 209 voix ; B. Delessert, 204 ; Schonen 203 ; Béranger, 162.

Secrétaires : M. Ganneron, 202 (258 votans); M. Félix-Réal, 195 ; M. Martin, 192 ; M. Cunin-Gridaine, 191.

Présidence de M. Dupin aîné.

JUIN.

CLASSIFICATION DES DÉPUTÉS

SUIVANT LEURS VOTES ET LEURS DISCOURS

Pendant les sessions de 1832 et de 1833.

OPPOSITION.

Allier (Hautes-Alpes).
Anglade (Arriége).
Arago (Pyrénées-Orientales).
Aroux (Seine-Inférieure).
Audry de Puyraveau (Char.-Inf.).
Auguis (Deux-Sèvres).
Bachelu, le général (Jura).
Bacot, César (Indre-et-Loire).
Ballot (Orne).
Bastard de Kerguiffinec (Finist.)
Bastide d'Isard (Haute-Garonne).
Baudet Dulary (Seine-et-Oise). *
Bavoux (Jura).
Beauséjour (Charente-Infér.).
Bellaigue (Yonne).
Bérard (Seine-et-Oise).
Bernard (Var).
Bertrand, le général (Indre).
Beslay, fils (Morbihan).
Bignon, baron (Eure).
Blacque Bélair (Finistère).
Blondeau (Doubs).
Boudet (Tarn-et-Garonne).
Bourqueney (Doubs).
Bousquet (Gard).
Boyer de Peyreleau (Gard).
Brethous Peyron (Landes).
Bricqueville, le colonel (Manche).
Bryas, le marquis de (Gironde).
Cabanon (Seine-Inférieure). **
Cabet (Côte-d'Or).
Chaigneau (Vendée).
Charamaule (Hérault).
Charlemagne (Indre).

Charpentier (Moselle).
Clausel, le maréchal (Ardennes).
Cogez (Nord).
Colomès (Hautes-Pyrénées).
Comte, Charles (Sarthe).
Corcelles (Saône-et-Loire).
Cordier (Ain).
Cormenin (Ain).
Couderc (Rhône).
Coulmann (Bas-Rhin).
Couturier (Isère).
Daunou (Finistère).
Debia (Tarn-et-Garonne).
Demarçay, le général (Vienne).
Desaix, le colonel (Puy-de-D.).
Desjobert (Seine-Inférieure).
Duboys Aymé (Isère).
Duchaffault, le comte (Vendée).
Ducluzeau (Dordogne).
Dulong (Eure).
Dupont (Eure).
Duris Dufresne (Indre).
Dureault (Saône-et-Loire).
Eschasseriaux (Charente-Infér.).
Falgayrac (Tarn).
Faure, Pascal (Basses-Alpes).
Faure-Dère (Tarn-et-Garonne).
Fiot (Seine-et-Oise).
Galabert (Gers).
Garnier-Pagès (Isère).
Gaulthier de Rumilly (Somme).
Génot (Moselle).
Génoux (Haute-Saône).
Girardin, Ernest (Charente),

* Démissionnaire non remplacé.
** Démissionnaire non remplacé.

Girot-Pouzol (Puy-de-Dôme).
Glais-Bizoin (Côtes-du-Nord).
Gouve de Nuncques (Pas - de-
 Calais). *
Grammont, (Haute-Saône).
Gréa (Doubs).
Harlé (Aisne).
Havin (Manche).
Hérambault, (Pas-de-Calais).
Hernoux (Côte-d'Or).
Isambert (Vendée).
Joly (Arriége).
Jousselin (Loiret).
Junyen (Vienne).
Kermorial (Finistère). **
Kœchlin, Nicolas (Haut-Rhin).
Laboissière (Vaucluse).
Lafayette père (Seine-et-Marne).
Lafayette, Géorges (Seine-et-M.).
Laffitte, Jacques (Basses-Pyrén.).
Larabit (Yonne).
Lascases père (Seine).
Launay Leprovost (Côtes-du-N.).
Laurence (Landes).
Legendre (Eure).
Lenouvel (Calvados).
Levaillant (Loire-Inférieure).
Leyraud (Creuse).
Limpérani (Corse).
Lherbette (Aisne).
Ludre, de (Meurthe).
Luminais (Loire-Inférieure).
Luneau (Vendée).
Mallye (Haute-Loire).
Marchal (Meurthe).
Mauguin (Côte-d'Or).
Meilheurat (Allier).
Milory (Vienne).
Mornay, (Oise).
Montebello, Alfred (Gers).
Mosbourg, (Lot).

Müntz (Bas-Rhin).
Nicod (Gironde).
Odilon-Barrot (Bas-Rhin).
Pagès (Arriége).
Péan (Loir-et-Cher).
Pelet, le général (Haute-Gar.).
Perrin (Dordogne).
Petou (Seine-Inférieure).
Picot Désormeaux (Sarthe).
Portalis (Var).
Pourrat (Puy-de-Dôme).
Proust (Deux-Sèvres).
Raynaud (Allier).
Réal, Félix (Isère).
Réalier Dumas (Drôme).
Reboul Coste (Hérault.)
Renouvier (Hérault).
Reysnier (Haute-Vienne).
Reynard (Bouches-du-Rhône).
Rimbert Sevin (Eure-et-Loir).
Robert (Ardennes).
Robineau (Maine-et-Loire).
Roger (Loiret).
Roussilhe (Cantal).
Sade (Aisne).
Salverte (Seine).
Sans, François (Haute-Garonne).
Saubat (Haute-Garonne).
Senné (Charente-Inférieure).
Subervic, le général (Gers).
Sulpicy (Haute-Vienne).
Taillandier (Nord).
Tardieu (Meurthe).
Teysseire (Aude).
Thévenin fils (Puy-de-Dôme).
Thiard (Saône-et-Loire).
Toupot de Bévaux (Haute-Marne).
Tracy, Victor (Allier).
Tribert (Deux-Sèvres).
Vidal (Hérault).
Voyer d'Argenson (Bas-Rhin).

MINISTÉRIELS FLOTTANS.

Aubert (Gironde).
Barada (Gers).
Baude (Loire).
Bazile, Louis (Côte-d'Or).
Belleyme (Seine).
Bérenger (Drôme).

Bernard de Rennes (Côtes-du-N.).
Bioché (Eure).
Brigode (Nord).
Caminade Chatenay (Charente).
Caumartin (Somme). ***
Chasles (Eure).

* Mort, remplacé par M. Dussaussoy.
** Mort, non remplacé.
*** Soumis à la réélection.

Clerc Lassalle (Deux-Sèvres).
Colin (Jura).
Daguilhon Pujol (Tarn).
Defermon, Jacques (Ille-et-Vilaine).
Defermon, Joseph (Loire-Infér.).
Demeufve (Aube).
Dubois (Loire-Inférieure).
Ducayla de Montblanc (Lozère).
Dufour du Bessan (Gironde).
Dupin aîné (Nièvre).
Escanyé (Pyrénées-Orientales).
Etienne (Meuse).
Gauthier d'Hauteserve (Hautes-Pyrénées).
Gillon (Meuse).

Harlé (Somme).
His (Orne).
Jollivet (Ille-et-Vilaine).
Legrand (Oise).
Mangin d'Oins (Ille-et-Vilaine).
Mercier (Orne).
Mérilhou (Dordogne).
Passy (Eure).
Penet (Isère).
Rochefoucault, Gaëtan (Cher).
Semelé, le général (Moselle).
Teulon (Gard).
Tueux (Côtes-du-Nord).
Varsavaux (Loire-Inférieure).
Vivien (Aisne).

MINISTÉRIELS DÉVOUÉS.

Accarier (Haute-Saône).
Admirault (Charente-Infér.).
Alby (Tarn).
Amilhau (Haute-Garonne).
Andigné de la Blanchaye (Maine-et-Loire) *.
André (Haut-Rhin).
Ardaillon (Loire).
Auberville (Orne).
Aulnay, Hector (Nièvre).
Aventurier, Philibert (Haute-V.).
Barrachin (Ardennes).
Bailliot (Seine-et-Marne).
Baillod, le général (Manche).
Barbet (Seine-Inférieure).
Barrois Virnot (Nord).
Barthe (Seine).
Bastard d'Estang (Lot-et-Gar.).
Beaujour (Bouches-du-Rhône).
Bedoch (Corrèze).
Bérigny (Seine-Inférieure).
Bermond (Var).
Berthois (Ille-et-Vilaine).
Berthollon de Pollet (Ain).
Bertrand, Joseph (Haute-Loire).
Beslay père (Côtes-du-Nord).
Bidault (Mayenne).
Blanc, Edmond (Haute-Vienne).
Bessières (Lot).
Bleuart (Loiret).
Bodin, Félix (Maine-et-Loire).

Boigues (Nièvre).
Boissy d'Anglas (Ardèche).
Bonnefonds (Cantal).
Bouchard (Seine-et-Oise).
Bresson (Vosges).
Bugeaud, le général (Dordogne).
Calmon (Lot).
Cambis d'Orsan (Vaucluse).
Carrichon (Rhône).
Charisson (Charente-Inférieure).
Chaillou (Loire-Inférieure).
Champanhet (Ardèche).
Chastellux, (Yonne).
Chastellier (Gard).
Chatry-Lafosse (Calvados).
Chevandier (Meurthe).
Chevrier de Corcelles (Ain).
Clément (Doubs).
Conté (Lot).
Cornudet (Creuse).
Courmes (Var).
Clignon de Montigny (Loiret).
Cunin-Gridaine (Ardennes).
Danse (Oise).
Dariste, (Gironde).
Daude (Aveyron).
Decazes (Aveyron).
Delauney (Mayenne).
Delaroche (Seine-Inférieure).
Delessert, Benjamin (Maine-et-Loire).

* Soumis à la réélection.

Delessert, François (Seine).
Delort, le général (Jura).
Desprez (Orne).
D'Estourmel (Nord).
Devaux (Cher).
Didot, Firmin (Eure-et-Loir).
Dollon (Sarthe).
Dintrans (Hautes-Pyrénées).
Dubois Abraham (Manche)*.
Dubois d'Angers (M.-et-Loire).
Dozon (Marne).
Drée (Saône-et-Loire).
Duchâtel fils (Charente-Infér.).
Ducordic (Morbihan).
Dudonyt (Manche).
Dufau (Basses-Pyrénées).
Dugas-Montbel (Rhône).
Dulimbert (Charente).
Dumeylet (Eure)**.
Dumon (Lot-et-Garonne)***.
Dupin Charles (Seine).
Dupont-Minoret (Vienne)****.
Dupouy aîné (Nord).
Duprat (Tarn-et-Garonne).
Durosnel, le général (Seine-et-Marne).
Duserré (Landes).
Duvergier de Hauranne (Cher).
Enouf (Manche).
Estancelin (Somme).
Failly, de (Haute-Marne).
Falguerolles (Tarn).
Fleury (Orne).
Fleury (Calvados).
Fournier (Sarthe).
Foy (Aisne).
Francoville, (Pas-de-Calais).
Fruchard (Morbihan).
Fulchiron (Rhône).
Gaillard (Gironde).
Gaillard-Kerbertin (Ille-et-Vilaine).
Gallimard (Aube).
Ganneron (Seine).
Garcias (Pyrénées-Orientales).
Garraube (Dordogne).
Gauguier (Vosges).
Gauthier d'Uzerches (Corrèze).
Gay-Lussac (Haute-Vienne).

Gellibert (Charente).
Genin (Meuse).
Giraud (Drôme).
Giraud, Augustin (M.-et-Loire).
Giraud, Charles (M.-et-Loire).
Girod, Félix (Ain).
Gosse de Gorre (Pas-de-Calais).
Gouin (Indre-et-Loire).
Goupil (Sarthe).
Gouvernel (Vosges).
Granier (Hérault).
Gravier (Basses-Alpes).
Guy (Seine-et-Oise).
Guizot (Calvados).
Harispe (Basses-Pyrénées).
Harcourt, Eugène (Seine-et-Marne).
Harlé père (Pas-de-Calais).
Harlé fils (Pas-de-Calais).
Hartmann (Haut-Rhin).
Humann (Bas-Rhin).
Jacqueminot (Vosges).
Jamin, le général (Meuse).
Jars (Rhône).
Jaubert (Cher).
Jay (Gironde).
Jouffroy (Doubs).
Jouvencel (Seine-et-Oise).
Keratry (Finistère).
Koechlin, André (Haut-Rhin).
Lacaze-Pèdre (Basses-Pyrén.)
Laborde (Seine).
Lachèze père (Loire).
Lachèze fils (Loire).
Lacoste, (Meurthe).
Lafond, Narcisse (Nièvre).
Leydet, le général (Basses-Alp.).
Lallier (Nord).
Lamy, le colonel (Dordogne).
Lascazes fils (Finistère.)
Laugier de Chartrouse (Bouches-du-Rhône).
Lavialle de Masmorel (Corrèze).
Lecarlier-d'Ardon (Aisne).
Leclerc (Seine-Inférieure).
Lecour (Mayenne).
Lecreps, Abel (Calvados).
Lefebvre (Jacques (Seine).
Lemaire, de Nanteuil (Oise)

* Soumis à la réélection.
** Mort, remplacé par M. de Salvandy.
*** Soumis à la réélection, réélu.
**** Mort, remplacé par M. Drault.

Legrand (Manche).
Lemercier (Orne.)
Lepelletier - d'Aunay (Seine-et-Oise).
Leroy-Myon (Marne).
Lesergeant de Bayenghem (Pas-de-Calais).
Lévêque de Pouilly (Marne).
Levrault (Charente).
Leyval, Félix (Puy-de-Dôme).
Lobau-Mouton (Meurthe).*
Lusignan (Lot-et-Garonne).
Madier de Montjau (Ardèche).
Mahul (Aude).
Maille, Eugène (Seine-Infér.).
Mallet (Seine-Inférieure.)
Marmier (H.-Saone).
Martell (Gironde).
Martin aîné (Nord).**
Martineau (Vienne).
Massey (Somme).
Merle-Massoneau (Lot-et-Gar.)
Merlin (Aveyron).
Meynadier, le général (Lozère).
Meynard (Vaucluse).
Morin (Drôme).
Montepin (Saône-et-Loire.)
Montozon (Nord).
Noël-Desvergers (Yonne).
Nogaret (Aveyron).
Odier (Seine).
Paillard-Ducléré (Mayenne).
Paixhans, le colonel (Moselle).
Panis (Seine).
Parant (Moselle).
Pataille (Bouches-du-Rhône).
Paturle (Seine).
Pavée de Vandœuvre (Aube).
Pelet (Lozère).
Périer, Camille (Sarthe).
Périer, Joseph (Marne).
Persil (Gers).
Petit (Loir-et-Cher).
Peyre (Aude.)
Pinsonnière, (Indre-et-Loire).
Piscatory (Indre-et-Loire).
Plazanet (Corrèze).
Podenas (Aude).
Pons (Vaucluse).

Poulmaire (Moselle).
Poulle, Emmanuel (Var).
Prévost-Leygonié (Dordogne).
Prunelle (Rhône). ***
Rambuteau (Saône-et-Loire).****
Rémusat (Haute-Garonne).
Renet (Seine).
Renouard (Somme).
Riboissière (Ile-et-Vilaine).
Richemont (Allier.)
Rigny, amiral (Pas-de-Calais).
Rihouet (Manche).
Raimbaud (Var).
Riollay (Côtes-du-Nord).
Rivière de Larque (Lozère).****
Robert-Fleury (Loire).
Rochefoucault, Jules (Loiret).
Rouget (Aude).
Roul (Gironde).
Rouillé de Fontaine (Somme).
Royer-Collard (Marne).
Rumigny, (Mayenne).
Saglio (Bas-Rhin).
Saint-Aignan, Auguste (Loire-Inférieure).
Saint - Cricq, (Basses-Pyrénées).
Salvage fils [Cantal].
Sapey [Isère].
Schonen [Seine].
Sébastiani Horace [Aisne].
Sébastiani, Tiburce [Corse].
Simmer, le général [Puy-de-D.].
Sivry [Morbihan].
Stroltz, le général [Haut-Rhin].
Tardif [Calvados].
Tavernier [Ardèche].
Teillard-Nozerolles [Cantal].
Teste [Gard].
Texier [Eure-et-Loir].
Thabaud-Linetière [Indre].
Thiers [Bouches-du-Rhône].
Thil [Calvados].
Tirlet, le général [Marne].
Tixier-Lachassaigne [Creuse].
Touron [Lot].
Tronchon [Oise].
Vatismesnil, [Nord].
Vatout [Côte-d'Or].

* Nommé pair.
** Soumis à la réélection, réélu.
*** Soumis à la réélection.
**** Nommé préfet, remplacé par M. Chardel.
***** Soumis à la réélection, réélu.

Vauguyon [Sarthe].
Vaulot [Vosges].
Vergnes [Aveyron].
Vernier [Aube].
Vérollot [Yonne].
Viennet [Hérault].

Vigier [Morbihan].
Villemain [Morbihan.]
Villequier [Seine - Inférieure.]
Virey [Harne-Marne].
Voisin de Gartempe [Creuse].
Warein [Nord].

RÉCAPITULATION.

Opposition 150
Ministériels flottans 41
Ministériels dévoués 259

NE SONT PAS CLASSÉS DANS CE TABLEAU.

Légitimistes indépendans.

Berryer
Gras-Préville } 2

Anciens députés n'ayant pas siégé.

Lafon-Blaniac **
Perreau
Vandeul a paru une fois } 3

Nouveaux députés n'ayant pas encore siégé.

Alphonse Lamartine,
Maignol
Chapuis-Montlaville } 3

Démissionnaire remplacé.

Louis Blaise *** 1
                                              ──────
                                               459

* Mort, remplacé par M. Anisson-Duperron.
** Mort, remplacé par M. Lacuée.
*** Remplacé par M. Hovins.

NOTES INDIVIDUELLES

ET JUGEMENS

SUR LES DÉPUTÉS.

AIN.

Ce département nomme cinq députés.

MM. *Chevrier de Corcelles*, arrondissement de Bourg. — *Cordier*, id. de Pont-de-Vaux. — *Cormenin*, id. de Bellay. — *Laguette-Mornay*, id. de Nantua (démissionnaire et remplacé par M. *Félix Girod*). — *Berthollon de Pollet*, id. de Trévoux.

CHEVRIER DE CORCELLES.

Ministériel dévoué, pendant les deux premières sessions de 1832 et 1833, comme il l'avait été dans celle de 1831. M. Chevrier de Corcelles a silencieusement voté deux budgets de quinze cents millions; vingt millions pour la lieutenance de Russie en Grèce, trois millions pour la police secrète, etc., etc. Il n'a pas refusé au gouvernement la prorogation de la loi inhospitalière contre les réfugiés; par ses votes enfin, il a assumé la responsabilité de l'état de siége et de la violation des lois à l'égard de la duchesse de Berri, détenue et mise en liberté sans jugement.

CORDIER.

Fidèle aux principes qu'il avait professés pendant toute la session de 1831, M. Cordier a constamment repoussé avec l'opposition le système anti-national qui a réduit la révolution de

1830 à un changement de dynastie. Si nous avions un reproche à faire à M. Cordier, ce serait d'avoir constamment gardé le silence, même dans les discussions que des études spéciales l'appelaient à éclairer. Le succès qu'il a obtenu en faisant un amendement utile, dans la loi d'expropriation pour cause d'utilité publique, a dû l'encourager, et nous espérons qu'à l'avenir il repoussera autrement que par un vote muet les projets liberticides des continuateurs de la restauration.

CORMENIN.

Nous ne ferions pas à M. Cormenin un reproche d'avoir rarement occupé la tribune, si le courageux publiciste qui s'était placé au premier rang des écrivains politiques par ses lettres sur la charte et sur la liste civile avait continué cette année une lutte dans laquelle il était sûr de vaincre l'ennemi commun. Nous savons que l'honorable député a fait dans les feuilles de l'opposition une guerre presque quotidienne aux hommes du pouvoir ; il a contribué puissamment à la formation de ces associations qui, dans presque tous les arrondissemens de la France, s'apprêtent à défendre la liberté de la presse ; on le voit figurer dans plusieurs sociétés patriotiques, où sa haute raison lui donne un ascendant utile ; mais son silence à la chambre n'en est pas moins une faute, et il ne pouvait la racheter qu'en se créant une tribune, d'où il aurait parlé à toute la France. L'état de siége, les attentats sans nombre de la police, la détention illégale de la duchesse de Berri, soustraite à ses juges naturels, sa mise en liberté, plus illégale encore ; l'attitude honteuse de notre diplomatie et le lâche abandon des peuples qui avaient suivi ou voulaient suivre notre exemple, la complaisance servile d'une majorité que le ministère sait accroître par la corruption ou la menace, puis enfin l'infamie et le ridicule d'un corps politique se constituant juge de sa propre offense pour se donner un brevet de civisme et d'incorruptibilité : n'était-ce pas assez pour arracher à cet honorable député de Belley quelques-unes de ces pages éloquentes que l'autorité de son nom fait rechercher, et que l'éclat de son talent fait lire jusque dans les plus petits bourgs de la France ? Non, il ne suffit pas à l'auteur des lettres sur la charte et sur la liste civile, à l'historien de la session de 1831, d'avoir concouru, incognito, à la rédaction de plusieurs journaux ; il ne suffit pas au député choisi par quatre colléges d'avoir voté silencieusement avec l'opposition dans toutes les circonstances importantes, d'avoir proposé deux amendemens à l'adresse en 1832. Les hommes qui ont escamoté à leur profit la révolution de juillet sont encore au pouvoir; M. Cormenin, qui, dans la lutte entre le droit et le privilége, s'est constitué le défenseur du principe de la souveraineté populaire, se doit à lui-même et doit à France d'attaquer au grand jour ces défenseurs officiels ou officieux de la quasi-légitimité.

LAGUETTE-MORNAY.

Ce n'est pas seulement parce qu'il a été remplacé par M. Félix Girod, ministériel dévoué comme son frère, l'ex-président de la chambre de 1831, c'est surtout à cause de son patriotisme éprouvé et de sa persistance à lutter contre les ministres de la quasi-légitimité, que M. Laguette-Mornay a emporté, en se retirant, les regrets de ses collègues de l'opposition. Il y avait, nous devons le dire, plus d'utilité à flétrir le système de politique intérieure suivi depuis le 9 août, à défendre, contre la sainte-alliance et MM. de Broglie et d'Argout, les héroïques débris des légions polonaises, comme l'a fait M. Laguette-Mornay (30 mai 1833), et enfin à se récuser hautement dans l'affaire de la *Tribune*, qu'à adresser à la chambre une démission motivée, que M. Dupin n'a pas osé lire, parce qu'elle stigmatisait les actes de la majorité.

M. Félix Girod, son successeur, admis seulement à la fin de la session, n'a point pris part aux travaux de la chambre.

DE POLLET (BERTHOLON).

Comme M. Chevrier de Corcelles, M. Bertholon de Pollet a constamment et silencieusement voté pour le ministère.

AISNE.

Ce département nomme sept députés.

MM. Lecarlier d'Ardon, arrondissement de Laon. — Alphonse Foy, id. de Chauny. — Vivien, id. de St-Quentin. — Harlé, id. de St-Quentin. — Horace Sébastiani, id. de Vervins. — Lherbette, id. de Soissons. — De Sade, id. de Château-Thierry.

LECARLIER D'ARDON.

M. Lecarlier d'Ardon, qui n'a pas une seule fois pris la parole pendant les deux dernières sessions, a constamment voté avec le ministère.

FOY.

M. Foy, dans la discussion de l'adresse au roi, parvint à faire introduire, par amendement, l'éloge de Casimir Périer, *le ministre qui comprima les factions..... le ministre que la France regrette.... le ministre qui.... le ministre que....* (3 décembre). Assurément M. Foy ne devait pas moins à la mémoire de celui qui l'a gratifié du ruban rouge; à la mémoire de celui qui l'a fait nommer directeur des lignes télégraphiques. Certes, en voyant les honneurs prodigués à M. Foy, le traitement élevé qu'il touche avec un rare désintéressement, la France devait en témoigner sa reconnaissance à M. Casimir Périer.

M. Foy a pris la parole, dans la loi d'organisation départementale, pour demander l'élection des conseils généraux, par arrondissement (9 janvier). Dans un discours pour la défense des télégraphes, il a prouvé qu'il ne manquait pas d'une certaine habileté quand les choses l'intéressent personnellement. Dans le budget des recettes, il a demandé une augmentation d'impôt sur les sels raffinés, déjà imposés à 12 fois leur valeur primitive. Le ministre et les centres eux-mêmes s'opposèrent à cet excès de fiscalité, et l'amendement de M. Alphonse Foy fut rejeté.

Ce député, depuis qu'il est à la chambre, a fait preuve de peu de patriotisme : c'est un partisan fanatique du ministère.

VIVIEN.

M. Vivien a appuyé l'amendement de M. Mérilhou dans le

procès de la *Tribune*; afin que l'on votât d'abord, sur le minimum de la peine (10 avril). Il a combattu la proposition de M.
de Schonen pour la liquidation de l'ancienne liste civile ;
tout en reconnaissant qu'il fallait terminer enfin cette liquidation (13 juin).

Pendant la seconde session, M. Vivien a pris une part active
à la discussion de la loi sur l'instruction primaire (30 avril , 3
mai) : divers amendemens qu'il proposait sur cette dernière
loi furent adoptés par la chambre.

Il a présenté également diverses dispositions et souvent pris
la parole dans la discussion de la loi des attributions départementales.

M. Vivien est de cette nuance douteuse, qui n'est ni patriote, ni ministérielle, et qui tient le milieu entre l'opposition et
le juste-milieu. Il a très souvent voté avec le ministère.

HARLÉ.

Le procès-verbal de l'élection de M. Harlé souleva des difficultés inattendues et une longue discussion, qui fut terminée
par l'admission du nouveau député.

M. Harlé a souvent voté avec l'opposition.

HORACE SÉBASTIANI.

Le ministre qui a contribué puissamment à la ruine de la
Pologne, qui a osé dire que l'ordre régnait à Varsovie livré
aux mains des Russes, qui a servi la sainte-alliance contre tous
les patriotes de l'Europe, qui n'a pas craint de donner successivement trois ou quatre définitions contradictoires du principe de non intervention, M. Sébastiani , aujourd'hui muet,
immobile à la chambre, paraît se survivre à lui-même.
Frappé d'une incapacité complète par suite de maladie, il a à
peine prononcé une parole pendant les deux dernières sessions.
Un tel homme manquait au ministère du 11 octobre. Aussi a-
t-il été rappelé à l'honneur de compléter dignement le conseil
mécanique de la pensée immuable ; mais il serait bien difficile ,
dans les formes constitutionnell es , de définir le poste qu'il
occupe. Il est ministre et il n'a pas de portefeuille, ministre
honoraire, *in partibus*, responsable et irresponsable *ad libitum* ,
quasi-ministre enfin...

L'existence de ce fonctionnaire de nouvelle espèce n'a guère été révélée à la chambre que par la discussion qu'occasionna sa nomination.

LHERBETTE.

M. Lherbette s'est joint au général Demarçay pour appuyer sa proposition tendant à introduire un ordre meilleur dans la comptabilité par une nouvelle organisation des commissions pour les lois de finances (13 décembre). Il a pris la parole sur le projet de loi d'organisation départementale et voté pour les conseils de canton (9 janvier). Dans le budget des dépenses, il a dénoncé l'abus des logemens accordés dans les bâtimens de l'état (14 mars). Il a demandé la communication des pièces nécessaires à l'examen du projet de loi concernant la liquidation et les pensions de l'ancienne liste civile.

M. Lherbette a voté habituellement contre le ministère.

DE SADE.

M. de Sade a flétri avec énergie, dans la discussion de l'adresse, la violation des lois par l'état de siége et l'attitude déplorable du gouvernement à l'extérieur (28 novembre). Il a appuyé l'amendement de M. Comte à la loi d'organisation départementale, tendant à agrandir le cercle des électeurs pour les conseils généraux (15 janvier). Il s'est opposé à ce que la chambre jugeât dans sa propre cause, et a demandé le renvoi du gérant de la *Tribune* devant les tribunaux ordinaires (8 avril). Il a combattu le but d'exclusion du serment politique, dont il a réclamé l'abolition (8 juin). Ennemi éclairé de la centralisation, il a demandé que toutes les communes eussent la gestion de de leurs intérêts sans préjudice de la centralisation du gouvernement pour tout ce qui concerne les intérêts nationaux (6 mai).

-Député consciencieux, mais sans couleur politique, M. de Sade a souvent voté avec l'opposition.

ALLIER.

Ce département nomme quatre députés.

MM. Tracy, arrondissement de Moulins. — Meilheurat, id. de Lapalisse. — Richemond, id. de Montluçon. — Reynaud, id. de Gannat.

TRACY.

Pendant les deux dernières sessions, M. Tracy s'est montré fidèle à ses honorables antécédens.

Il a, dans la discussion de l'adresse, appuyé l'amendement de M. Mérilhou sur l'état de siége (30 novembre 1832). Il a soutenu la prise en considération de la proposition du général Demarçay, concernant les commissions chargées d'examiner les lois des finances (12 et 13 décembre). Il a demandé avec instance le renvoi au garde-des-sceaux d'une pétition pour l'abolition de la peine de mort.

Lorsque M. Thiers accusa l'opposition de demander la guerre à tout prix, M. Tracy releva dignement cette absurde accusation. La destitution de M. Dubois fournit au député de l'Allier l'occasion de défendre l'indépendance de la chambre, et de signaler à l'indignation du pays des doctrines qu'on n'avait pas entendu soutenir depuis la chute des Corbière et des Villèle (10 mars).

M. Tracy a demandé des explications sur notre possession d'Alger, et la réponse évasive, comme de coutume, du ministre de la guerre fut peu rassurante pour notre gloire nationale (7 mars). Dans la discussion sur la loi des céréales, il a fait entendre ses réclamations en faveur du peuple (30 mars 1832), et, toujours animé d'une louable sollicitude pour les classes pauvres, il a demandé une enquête parlementaire sur les prisons, les enfans trouvés et les dépôts de mendicité (18 mars). Il s'est opposé avec énergie à la loi contre les réfugiés (30 mars et 11 avril.

M. Tracy a demandé de nouveau cette année que l'Ecole polytechnique cessât de ressortir du ministère de la guerre (8 avril). Il a réclamé l'abolition de l'impôt sur le sel (15 avril). Enfin il a signalé l'inconstitutionnalité de la rétribution universitaire (18 avril).

Dans la seconde session M. Tracy n'est pas resté inactif. Il a réclamé des explications sur le vote en masse de quinze millions demandés sans désignation pour les routes royales (4 juin). Il a engagé fortement le ministère à présenter dans la prochaine session un projet de loi sur l'instruction secondaire (18 juin). L'éternelle dette de l'Espagne attira aussi son attention; il présenta quelques considérations sur le recouvrement de cette créance, dont les intérêts figurent au budget pour 2,129,000 fr., et réclama des mesures énergiques pour en faire rentrer le capital hypothéqué sur la foi royale et le désintéressement des moines.

Comme on le voit, la conduite parlementaire de M. Tracy est honorable, et ses votes ainsi que ses discours le placent parmi les défenseurs de la liberté; nous devons dire cependant qu'il n'a pas cette sévérité de principes qui ne permet pas depuis long-temps à MM. Dupont (de l'Eure) et Lafayette de se montrer dans des salons que M. Tracy continue à fréquenter.

MEILHEURAT.

Dans les deux sessions qui viennent de finir, M. Meilheurat a constamment voté avec l'opposition.

RICHEMOND.

N'a paru à la tribune (9 avril) que pour prononcer quelques phrases insignifiantes au sujet de la pension des élèves de l'école de St-Cyr ; tout ce que l'on en peut dire , c'est qu'il a d'assez beaux appointemens comme directeur de l'école de Saint-Cyr, et qu'il est ministériel dévoué.

REYNAUD.

M. Reynaud vote constamment contre le ministère.

ALPES (BASSES).

Ce département nomme deux députés.

MM. Gravier de Digne, arrondissement de Barcelonette. — Leydet (le général) id. de Sisteron.

GRAVIER.

C'est à la protection d'une sœur de Napoléon que M. Gravier

doit le commencement de sa fortune. A la chute de l'empereur, il se montra royaliste légitimiste, puis royaliste constitutionnel, comme on disait alors. Il est demeuré tel tant qu'il a plu à Dieu de laisser régner la légitimité sur la France. Depuis Juillet, il a fait volte-face, comme tant d'autres, et le voilà ministériel dévoué, au service de la quasi-légitimité. Quelques-uns prétendent au reste, que ce député n'a d'attachement sincère et profond que pour le gouvernement *de fait* qui le maintient en place. M. Gravier est un des directeurs de la caisse d'amortissement, position qui lui vaut, outre le logement, un traitement considérable. Il faut bien que tout le monde vive. L'amortissement est, selon ce député, la meilleure chose du monde, et il n'appartient qu'aux mauvais citoyens d'en demander la suppression. Un écrivain célèbre l'a dit : *Pour celui qui dîne et qui rit, un mauvais citoyen est celui qui ne dîne pas et qui pleure.*

En petit comité, M. Gravier est intarissable en agréables plaisanteries contre ses adversaires politiques, auxquels il prête libéralement une soif inextinguible de places et de gros traitemens.

Nous avons déjà donné, dans *les notes et jugemens sur la chambre de* 1830, un échantillon du patriotisme de M. Gravier. Dans un rapport qu'il eut à faire à la chambre introuvable sur les lettres de naturalisation que demandait le général Loverdo, il s'écria en mauvais langage : « Il aida » à consommer la défaite d'un parti généralement abhor- » ré, et contre lequel s'élevait une haine d'opinion qui fit » éclore une force d'opposition vraiment nationale, qui décida » de la journée de Waterloo, et livra aux étrangers le chemin » ouvert jusqu'à la capitale.» En vérité, on croit rêver en lisant ces épouvantables paroles. Ainsi, *avoir aidé à consommer la défaite de ce parti abhorré* qui fut vaincu à Waterloo avec l'aigle et le drapeau tricolore, c'était aux yeux de ce digne représentant de la France un excellent titre pour mériter des lettres de naturalisation!

LE GÉNÉRAL LEYDET.

Nous avons peu de chose à dire de M. Leydet. C'est un assez bon militaire, que la révolution de Juillet a blessé dans ses affections politiques, quoiqu'elle lui ait valu le grade de général. M. Leydet passe chez les patriotes de Sisteron pour très attaché à la famille royale déchue; on lui reproche vivement aussi d'avoir beaucoup trop usé de la faveur dont il jouit auprès des ministres, pour faire donner des places à bon nombre de personnes qui n'y avaient aucun droit. Il a, dit-on, pourvu d'emplois plus ou moins lucratifs tous ses parens et amis, et s'est fait de la sorte une véritable clientelle parmi ses compatriotes. C'est par ce moyen, que le général s'est concilié les suffrages des électeurs de son arrondissement.

A la chambre, ce député a parfois des velléités d'opposition, lorsqu'il s'agit de l'administration de la guerre; on l'a vu lors de ces discussions voter deux ou trois fois et parler même contre les ministres. Mais dans toutes les autres questions, M. Leydet garde un silence prudent et vote avec le pouvoir.

ALPES (HAUTES).

Ce département nomme deux députés.

MM. Allier, de Briançon, arrondissement d'Embrun. — Faure (Pascal), id. de Gap.

ALLIER.

M. Allier est un de ces bons et consciencieux patriotes, comme il serait à souhaiter que nous en eussions beaucoup à la chambre. Homme de 89, M. Allier a honorablement et constamment suivi la même ligne de conduite politique. A la chambre et hors de la chambre, le député d'Embrun est un digne représentant du pays.

Lors de la discussion du budget (première session) M. Allier a prononcé un discours sur la caisse des invalides de la marine, et demandé que les ressources et les charges de l'établissement des invalides fussent réparties entre la caisse des dépôts et consignations, la caisse des gens de mer et le trésor public.

FAURE (PASCAL).

M. Faure a soutenu la proposition de M. Roger sur la liberté individuelle (13 février); dans la discussion sur le réglement définitif du budget, il a demandé la publication des ordonnances royales au *Bulletin des Lois.*

M. Faure n'est cependant pas de cette opposition prévoyante et forte qui agit dans le présent, tout en se tenant prête pour l'avenir.

ARDÈCHE.

Ce département nomme quatre députés.

MM. Champanhet, arrondissement de Privas. — Boissy-d'Anglas, id. de Tournon. — Tavernier, id. d'Annonay. — Madier-de-Monfjau, id. de l'Argentière.

CHAMPANHET.

Successeur de M. Dubois, M. Champanhet doit son élection au monopole électoral. C'est un député tout dévoué au ministère du 11 octobre, comme il l'était jadis aux Peyronnet et aux Villèle, quand on lui ordonnait de poursuivre les écrivains indépendans. Demandez à notre poète national ce que lui a valu le zèle de M. Champanhet, et si vous trouvez que l'obscur substitut qui poursuivait avec plus d'acharnement que d'éloquence les chants patriotiques de Béranger, a été avancé dans la magistrature par son ancien adversaire Barthe, rappelez-vous que, pour la quasi-légitimité, dont l'ex-carbonaro est le très humble serviteur, ce n'est pas une médiocre recommandation que d'avoir montré sous la légitimité un dévouement à toute épreuve.

BOISSY-D'ANGLAS.

Tout en continuant à soutenir le ministère, ce député a montré de l'indépendance dans quelques rares occasions. Nous devons particulièrement lui tenir compte de sa conduite comme membre de la commission de l'emprunt grec. En cette qualité, il s'est opposé à ce qu'on accordât au prince Othon les vingt millions demandés pour défrayer l'occupation bavaroise.

Ce député est le protecteur déclaré des légitimistes de Tournon. Il a fait obtenir récemment la décoration de la légion-d'honneur au receveur particulier des finances de Tournon, qui lui avait donné sa voix aux dernières élections. Il a également récompensé le zèle d'un ancien garde-du-corps, connu par l'exaltation de ses opinions légitimistes, en le faisant nommer directeur du bureau de poste à Carcassonne. Il a obtenu des faveurs pour plusieurs de ses créatures.

TAVERNIER.

C'est un de ces députés fossiles qui se réveillent de temps à autre pour donner leur boule au ministère, ou pour crier aux voix ! la clôture ! la clôture ! Voilà les législateurs qui règlent les destinées du pays.

MADIER DE MONTJAU.

M. Madier de Montjau est un des orateurs qui jouissent du privilége de se faire écouter. Ses discours offrent un mélange si précieux de ridicule emphase, de niaise sensibilité, de dévouement monarchique, que la chambre, qui se plaît parfois à rire, les écoute comme une bonne fortune. Tel fut son discours pour défendre l'état de siége (30 novembre).

« Casimir Périer, s'écria-t-il, aurait eu pour les révoltés des » châtimens terribles, et pour les indifférens de foudroyans » dédains. » (Rire général.)

Quelle foudroyante éloquence !

« Ainsi, par exemple, continue l'entraînant orateur, il n'au- » rait pas gardé le silence si quelques-uns d'entre vous, Mes- » sieurs, ne se fussent présentés devant lui qu'après le combat; » oui, en quelque lieu qu'ils se fussent offerts à ses regards, sa » voix leur aurait fait entendre ces simples paroles : « *Où* » *étiez-vous hier ? où étiez-vous ce matin ? que venez-vous faire si* » *tard ?* »

Où était, que faisait Casimir Périer aux journées de juillet ?

Ce député, en toute occasion, à la tribune comme ailleurs, ne parle que de son roi ! mon roi ! notre roi ! vive le roi ! Ces mots largement prononcés, voilà son argument décisif.

C'est surtout dans la discussion sur la destitution arbitraire de M. Dubois, que M. Madier de Montjau excita l'hilarité de la chambre. Nous regrettons de ne pouvoir reproduire ici en entier cet incroyable discours.

L'orateur, après être resté quelque temps à la tribune, immobile dans un profond recueillement, débuta ainsi :

« A la première nouvelle de l'événement (on rit) qui a mis » l'agitation dans toute la chambre, je me suis imposé la loi » de dire mon opinion ; mais comme j'ai craint les dangers de » l'improvisation, je viens vous demander la permission de » lire un discours écrit. » (On rit.)

Il tire alors un long manuscrit de sa poche, et continue :

« ...... Une opposition obstinée est toujours déplacée ; » elle est coupable chez un fonctionnaire.....

» L'opposition des fonctionnaires publics doit être secrète ; » (interruption.) Laissez-moi continuer la lecture de mon ma- » nuscrit.

» Les fonctionnaires peuvent combattre les ministres dans
» leurs votes, mais non à la tribune..... Je soutiens qu'un dé-
» puté fonctionnaire ne doit jamais se trouver parmi les ad-
» versaires du gouvernement. (Bruit.) Laissez-moi continuer
» la lecture de mon manuscrit. » (Rires, interruption.)

M. Madier de Montjau descend enfin de la tribune sans terminer la lecture de son manuscrit.

C'est ainsi que M. Madier de Montjau comprend l'indépendance d'un représentant du peuple ; ce député-fonctionnaire
pratique scrupuleusement ces doctrines de servilisme.

M. Madier de Montjau est l'un des directeurs des cris disciplinés du centre ; ses exclamations furibondes, ses cris prolongés, ses bras agités dans l'air forment un spectacle curieux
pour l'observateur ; on peut dire que M. Madier est plus ministériel que les ministres eux-mêmes. Enfin, par la singularité
de ses manières à la chambre et par l'étrangeté de ses discours,
ce député a fourni un texte inépuisable à tous les genres de
caricatures.

Et voilà comme la France est dignement représentée !

M. Madier de Montjau vient d'être dénoncé au garde-des-
sceaux par un président de chambre de la cour de cassation,
pour n'avoir rempli aucun de ses devoirs comme conseiller. Il
a obtenu cette fonction à force d'humbles services. Il fera
mieux, s'il le faut, pour la conserver.

ARDENNES.

Ce département nomme quatre députés.

MM. Barrachin, arrondissement de Mézières. — Clauzel, id. de
Rethel. — Cunin-Gridaine, id. de Sédan. — Robert, id. de
Vouziers.

BARRACHIN.

M. Barrachin, comme l'année dernière, est un ministériel
dévoué. Ses travaux législatifs se sont bornés au rapport de
quelques pétitions (23 mars).

LE MARÉCHAL CLAUZEL.

M. Clauzel a continué à voter avec l'opposition. Lorsque la

veuve du général Richepanse est venue réclamer la restitution d'une modique pension de 2,400 fr. que la loi du 25 mars 1817 lui a enlevée, le maréchal a demandé (9 mars) le renvoi de sa pétition à la commission chargée d'examiner le projet de loi relatif aux pensions à accorder aux veuves de plusieurs généraux.

Dans un discours prononcé dans l'intérêt de l'armée (29 mars), M. Clauzel a signalé ce qu'il y aurait d'avantageux dans la formation d'un cadre d'état-major ; mais il a eu la faiblesse de solliciter le gouvernement d'en faire lui-même la proposition, *de peur qu'on ne l'accusât de porter atteinte à la prérogative royale*. Le maréchal s'est opposé à une réduction de 321,000 fr. proposée par la commission chargée d'examiner le budget de la guerre.

A de vastes connaissances dans l'art militaire, M. Clauzel joint un trop grand amour de son pays et de la liberté pour ne pas combattre le projet d'embastiller Paris. Il a démontré, par de nombreux exemples, qu'impuissans à défendre la ville contre les attaques de l'ennemi, les forts détachés ne pourraient servir que contre les citoyens. Il a demandé qu'une loi particulière réglât le mode de fortifications.

La question d'Alger (3 et 9 avril) a de nouveau donné au maréchal l'occasion de montrer les immenses avantages que la France pourrait retirer d'un bon système de colonisation.

A voir l'état déplorable dans lequel le ministère laisse nos possessions d'Afrique, il est naturel de se demander si le gouvernement a réellement l'intention de les conserver. M. Clauzel a interpellé le ministère à ce sujet (18 juin, deuxième session); mais cette interpellation n'a pas produit le résultat qu'on en attendait. Il s'est contenté d'explications peu faites pour satisfaire le pays. Il faut avouer que la facilité avec laquelle l'honorable député s'est déclaré satisfait, a pu faire croire que cette apparence de débats parlementaires n'était qu'une comédie peu habilement jouée par M. Clauzel et son ancien compagnon d'armes.

CUNIN-GRIDAINE.

La chambre l'a réélu secrétaire, toute frémissante encore de l'attentat du Pont-Royal (22 novembre). M. Cunin-Gridaine a paru rarement à la tribune, mais chaque fois qu'il y est monté, ce n'a été que pour plaider la cause du pouvoir ou des privilégiés (1er février). M. Harlé, candidat de l'opposition, M. Fould, candidat du ministère, se disputent à la chambre le titre de député de Saint-Quentin. M. Fould a été élu le dernier, qu'importe ? M. Cunin-Gridaine n'en soutient pas moins que son élection doit être mise la première aux voix (25 février).

Son rapport (14 mars) sur les 1,500,000 fr. de dépenses secrètes que la commission dont il est l'organe proposa de réduire à 1,200,000 fr., peut passer pour une des jongleries qui ont si souvent réussi à la rouerie doctrinaire (19 mars). La sollicitude de M. Cunin-Gridaine pour les intérêts des contribuables est touchante, le désintéressement des ministres admirable! Il a appuyé la réduction demandée sur les droits d'entrée des sucres coloniaux.

Lors de son élection, M. Cunin-Gridaine avait promis de ne rien accepter pour lui ni pour sa famille. Son fils a reçu la croix d'honneur, et il a fait obtenir un emploi à un de ses cousins. Quant à lui, outre la pairie qui lui a été promise, on assure que sa qualité de député ne nuit pas à l'écoulement des produits de sa fabrique.

ROBERT.

M. Robert est un des hommes qui veulent le plus et comprennent le mieux les intérêts du peuple. Il vote constamment contre le ministère.

ARIÉGE.

Ce département nomme trois députés.

MM. Joly, arrondissement de Pamiers. — Anglade, id. de Foix. — Pagès, id. de St-Girons.

JOLY.

Dès la discussion de l'adresse, M. Joly combattit victorieusement les actes du gouvernement; examinant la légalité de l'état de siége, il mit les ministres et leurs adhérens en opposition avec eux-mêmes, et prouva leur insigne mauvaise foi, en les accablant de leurs propres témoignages (1er décembre). *Ne demandez pas l'état de siége,* disait au maire de Lyon le maréchal Soult, *vous ne l'aurez pas: nous nous applaudissons de ne pas être sortis de la légalité.*

Ce n'est pas de nous, disait M. Barthe, *que viendront les mesures arbitraires et les lois d'exception.*

Constatons bien nos sentimens, disait M. Villemain, *afin que nous ne voyions plus de ministres qui aient l'insolence et la folie de mettre Paris en état de siége.*

Les ministres et les centres étaient stupéfiés : il y a des choses si évidentes que les plus impudens sont confondus.

M. Joly s'est joint à M. Comte pour soutenir l'amendement de ce dernier, sur le cens départemental, amendement qui portait une première attaque au monopole électoral (16 janvier). Dans la discussion sur le budget de la guerre, il a réclamé des explications cathégoriques sur le sort destiné à notre colonie d'Alger (8 mars), et fait ressortir combien la quasi-légitimité s'était ravalée au-dessous de la restauration elle-même. Mais que résulte-t-il de ces patriotiques interpellations ? Des explications jésuitiques du maréchal Soult, des réponses entortillées, des fanfaronades de juste-milieu sur le maintien de l'honneur et de la dignité de la France; l'honneur de la France ! Ah ! qu'il est bien placé dans les mains de l'homme de Quiberon !

Lorsque M. Thiers vint impudemment faire parade de son humanité pour les détenus du Mont St-Michel, M. Joly fit connaître la valeur de ces hypocrites protestations (28 mai). M. Barthe, dont la lourde et emphatique déclamation arrivait au secours de son collègue, fut également terrassé par ce redoutable adversaire. Aux éclats de sa juste indignation, les ministres prévaricateurs ne trouvèrent rien à répondre. M. Joly s'est opposé en diverses occasions aux prodigalités ministérielles. Il a demandé sur le chapitre des travaux publics que la majorité ne votât pas sans connaissance de cause 15 millions, dont le ministre lui-même ne pouvait indiquer la destination (4 juin). Tant les deniers du pays sont consciencieusement administrés ! La question de l'emprunt grec trouva le député de l'Ariége toujours prêt à défendre la fortune du peuple contre la rapacité des rois (21 mai). Il replaça la question sur son véritable terrain, fit justice des sophismes laborieusement entassés par M. de Broglie, et flétrit énergiquement la déplorable politique, qui, devant la sainte-alliance, renie chaque jour la révolution de juillet. M. Joly a pris la parole à diverses reprises ; sur la liquidation de l'ancienne liste civile. Il a remarqué avec raison que les fonds déjà réalisés avaient servi à payer les grands personnages de la cour, au détriment des fournisseurs (8 juin). Il a demandé que les biens de l'ancienne liste civile et les produits disponibles des manufactures royales fussent mis en vente, au profit des légitimes créanciers (15 juin). Dans cette discussion, il a constamment concilié les droits de l'humanité avec les intérêts du pays.

M. Joly est un de ces patriotes éprouvés qui n'ont cessé de lutter pour la cause de la liberté. Dans l'enceinte législative, devant les tribunaux, sa voix éloquente a défendu l'opprimé, combattu l'oppresseur. Pendant les dernières sessions, le talent de cet orateur distingué s'est élevé à une grande hauteur. Le système de l'absurde milieu voit en lui un de ses plus redoutables adversaires.

ANGLADE.

M. Anglade a demandé sur les traitemens des vicaires-généraux et des chanoines, une réduction de 574,000 fr. (18 février). Cette proposition bien motivée n'a pas obtenu de faveur. La majorité a rejeté au plus vite cet amendement factieux.

« Juger dans sa propre cause, dit M. Anglade dans le procès » de la *Tribune*, est un acte immoral, monstreux, et le plus » souvent un acte de parti, de violence, auquel je ne veux » pas m'associer. » Les centres répondirent par des hurlemens à cette consciencieuse protestation.

M. Anglade a demandé, au nom de plusieurs députés, la suppression de l'impôt du sel (17 avril). Il a développé avec clarté les effets désastreux de cette taxe inique, et terminé son discours par ces phrases remarquables :

« S'il en était autrement et si l'on se contentait encore de » promettre, pour moi, fonctionnaire amovible, je déclare » hautement, et nonobstant les principes émis par des ministres, » et contre lesquels j'ai déjà protesté, car, dans cette enceinte, » je n'ai d'autre caractère que celui de mandataire du peuple, » et, devant celui-là, tous les autres s'effacent; je le déclare, » dis-je hautement, pour moi, ces promesses si souvent renouvelées et jamais tenues ne seraient plus qu'un mauvais » vouloir; je n'y verrais qu'un refus obstiné de faire quelque » chose pour ceux qui ont fondé le gouvernement, et ce refus » me mettrait dans la nécessité de voter contre le budget des » recettes; et en cela, j'userais d'un droit en même temps que » je remplirais un devoir. »

Une si noble déclaration devait recevoir sa récompense. Peu

de temps après, M. Anglade fut destitué de ses fonctions de juge de paix.

Digne successeur du général Laffitte, M. Anglade est un patriote plein de cœur et de dévouement. Ses convictions dérivent de principes bien arrêtés. Il s'est montré l'adversaire constant des ministres.

PAGÈS.

Nous regrettons que la santé du député de St-Girons l'ait empêché de siéger pendant les deux sessions. Patriote consciencieux, écrivain distingué ; il eût sans aucun doute rendu des services à la cause de la liberté.

AUBE.

Ce département nomme quatre députés.

MM. *Vernier*, arrondissement de Troyes. — *Gallinard*, id. de Bar-sur-Seine. — *Demeufve*, id. de Nogent-sur-Seine. — *Pavée de Vendœuvre*, id. de Bar-sur-Aube.

VERNIER.

Ce député obscur, qui n'a parlé qu'une fois pendant la durée de deux sessions, et encore pour une réclamation toute personnelle, à propos de l'appel nominal (22 mars 1833); ce ministériel honteux, qui n'a jamais appuyé que de son vote le ministère anti-national du 11 octobre, est le représentant que le juste-milieu de Troyes a choisi pour remplacer Casimir Périer, éditeur responsable, depuis le 13 mars jusqu'à sa mort, du système dynastique. Les antécédens de ce silencieux député, sa vie politique en dehors de la chambre, avant et depuis son élection, ne sont guère plus honorables que sa conduite parlementaire. Il avait figuré obscurément parmi les hommes les moins énergiques de cette opposition des quinze ans dont Périer était l'un des chefs, et, depuis 1827, il avait disparu de la scène politique. La révolution de juillet le trouva endormi sur son siège de juge au tribunal civil de Troyes; désigné on ne sait pourquoi par ses concitoyens pour diriger l'administration municipale, il cumula, pendant neuf mois, malgré le texte formel de la loi, les fonctions de maire et celles de juge.

A la mort de C. Périer, le ministère, en désespoir de cause, et pour empêcher l'élection de M. Stourm, l'engagea à se mettre sur les rangs. Quelques voix de majorité lui conférèrent le droit de représenter la ville de Troyes; mais les habiles qui avaient compté sur son élection furent cruellement désappointés. L'apathie et le peu d'importance de M. Vernier lui ôtent tout crédit. Qu'est-ce, en effet, pour un député aussi dévoué, qu'une place de juge à Bar-sur-Seine donnée à l'un de ses parens, et une allocation de 1,200 francs, dont moitié aux ignorantins de Troyes, et moitié pour l'instruction primaire de la commune de St-Pouange, dont il est maire! En vérité, M. Vernier, ce n'était pas la peine, pour si peu, de revenir docilement voter contre la *Tribune*, après avoir essayé de vous retirer incognito chez vous pendant le procès!

GALLIMARD.

Aussi dévoué que M. Vernier, et non moins silencieux, M. Gallimard n'aspire qu'à bien placer ses vins, qu'il vante à ses collègues et jusque dans les salons ministériels; on assure même qu'il prend quelquefois le titre de marchand de vin de la cour. Pour aspirer à cette insigne faveur, M. Gallimard n'a pas, comme son collègue M. Roul, un discours contre la bousingoterie et pour l'état de siége; mais il a ses votes aussi constamment acquis aux intérêts dynastiques, ses votes contre la presse, les réfugiés, en faveur de l'emprunt grec et des budgets normaux de 1,500 millions.

DEMEUFVE.

Muet comme ses deux collègues, M. Demeufve a presque toujours voté avec le ministère, et notamment pour les pensions des chouans. Aussi, en a-t-il été récompensé (peut-être aurions-nous dû dire puni) par la décoration de la légion-d'honneur.

Dans quelques circonstances, ce député a voté avec l'opposition; mais le ministère paraît sûr de fixer ses irrésolutions dans les questions importantes.

PAVÉE DE VENDOEUVRE.

Si le député d'Arcis-sur-Aube parle peu à la tribune, il montre beaucoup d'activité dans les bureaux et dans les commissions ; aussi , est-il fort influent et fort connu dans les divers ministères. Seul il a fait donner plus de places que les trois autres députés de l'Aube, ministériels comme lui. Son fils, sous-préfet à Étampes, en remplacement du consciencieux et patriote M. Foye ; le procureur du roi de Troyes , des officiers et sous-officiers de gendarmerie, le juge-de-paix de Vendœuvre , le président du tribunal de Bar-sur-Aube , des receveurs de l'enregistrement et des contributions indirectes , le juge-de-paix de Méry-sur-Seine , et tant d'autres qui nous sont inconnus, prouvent que M. Pavée sert activement ses amis et ses partisans, et poursuit de sa rancune puissante le peu de fonctionnaires patriotes qui restent dans son département. Mais , dans cette tactique électorale , M. Pavée de Vendœuvre n'est pas toujours heureux. Un électeur patriote refusa énergiquement ses offres de service , et certain préfet qu'il voulait faire destituer lui ayant envoyé un cartel , M. de Vendœuvre ne crut pas devoir exposer ses jours précieux aux chances d'un duel semi-parlementaire. C'est ce que M. Renouard appéllerait du courage civil.

A force de démarches et de supplications , ce député avait réussi à se faire porter sur la liste des conseillers municipaux de Vendœuvre , et n'avait pas eu de peine à se faire nommer maire ; mais ses collègues refusant énergiquement de le seconder dans ses travaux peu favorables aux intérêts de la commune , il se vit forcé de donner sa démission.

AUDE.

Ce département nomme cinq députés.

MM. *Tesseyre, du* 1er *collége électoral de Carcassonne.* — *Mahul,* 2e *id.* — *Rouger de Ville-Savary, id. de Castelnaudary.* — *Peyre, id. de Limoux.* — *Podenas , id. de Narbonne.*

TESSEYRE.

M. Tesseyre s'est associé par ses votes à tous les actes de l'opposition. Il est du nombre des députés qui comprennent où nous conduit le pouvoir, et qui opposent un patriotisme pur à sa désastreuse influence.

MAHUL.

. Si M. Mahul n'a pu ajouter à sa réputation dans les deux sessions pécuniaires où ses collègues de la majorité ont si facilement accordé près de trois milliards aux doctrinaires, il a fait du moins tous ses efforts pour ne pas rester au-dessous de lui-même. Rapporteur de la loi de proscription contre les réfugiés, il a ministériellement calomnié les héroïques débris de l'armée polonaise et les martyrs de la liberté en Espagne et en Italie (26 mars 1833). Lors de la dénonciation Viennet contre la *Tribune*, il s'est signalé par une ferveur et un empressement dignes des éloges du ministère. Il demandait la comparution du gérant sous trois jours (9 avril 1833).

La bizarrerie proverbiale de son jugement et sa haine contre les principes de la révolution s'étaient signalées dès l'ouverture de la première session. Le 15 décembre, repoussant la proposition de M. Salverte sur la continuation des travaux de la chambre d'une session à l'autre, il prétendait qu'en adoptant cette disposition nouvelle, la chambre allait empiéter sur la prérogative royale et fortifier encore l'élément démocratique, déjà trop favorisé par la constitution. (M. Mahul parlait de la charte de 1830!!) Il mêlait à ses déclamations monarchiques de lourdes invectives contre la révolution de 89, et cependant la majorité n'a pas goûté ses doléances plus que ses raisonnemens, et a adopté la proposition sans que M. Salverte qui avait demandé la parole, eût besoin de répondre au discours du député carcassonnais.

M. Mahul partage avec MM. Jaubert, Roul, Vérollot, etc., le privilége d'être plus rétrograde que la majorité de la chambre. Quoique ses maladroites naïvetés compromettent souvent le ministère, il jouit auprès des hommes du 11 octobre d'une certaine faveur, distribue à la fois le bien et le mal, et l'on assure que M. Pascal, ancien sous-préfet de Narbonne, et maintenant préfet des Pyrénées-Orientales, lui doit sa croix d'honneur et son avancement, tandis que M. Forget, ex-préfet de l'Aube, lui a dû une brutale destitution.

Les électeurs patriotes de Carcassonne ne pourront plus se méprendre sur le compte de M. Mahul. Il ne peut plus espérer que les suffrages des légitimistes ou ceux des hommes qui votent toujours et sans examen pour les amis du pouvoir.

ROUGER.

Soutien muet de tous les ministères, M. Rouger de Ville-

Savary a voté pour les hommes du 11 octobre comme il avait voté pour ceux du 13 mars.

PEYRE.

M. Peyre vote comme ses collègues Mahul, Rouger et Podenas. Le 11 janvier, dans la discussion sur la loi départementale, il a lu, au milieu des conversations, un discours où il ne se prononçait pour aucun système. Le 17 janvier, au milieu des rires de la chambre, il a parlé sur l'éligibilité des prêtres aux conseils généraux.

Il se vante d'avoir voté contre M. Laffitte dans l'affaire d'Haïti. Mais s'il s'est montré dans cette circonstance si rigide défenseur des droits du trésor, il s'est humanisé à propos du vol Kessner, et n'a pas, que nous sachions, proposé de rendre l'ex-ministre des finances Louis responsable des malversations de son agent, et de l'omission des formalités consacrées par les ordonnances en vigueur.

PODENAS.

M. Podenas est parvenu à se faire une sorte de réputation. Sans arriver à la haute renommée de son digne collègue Viennet, le député de Narbonne a trouvé moyen d'occuper de lui les journaux. Ce ne sont point ses trente-quatre discours qui lui ont valu ce succès; il n'en est pas non plus redevable à la louable habitude qu'il a contractée d'aller chaque année, à la fin de la session, prendre congé du roi de son choix, ni aux louanges excessives qu'il a coutume de donner incognito dans l'occasion à l'éloquent Podenas.

Ce vertueux représentant du peuple, élu comme député de l'opposition par les patriotes de Narbonne, se croit doué d'un génie gouvernemental transcendant; ses prétentions à la direction générale de la police de France (et non pas à la préfecture de Paris, comme on l'a dit par erreur), ont été par lui indiscrètement révélées à quelques jeunes patriotes dont il croyait utile de se ménager l'appui; un journal y fit un jour allusion, puis donna de la publicité à l'anecdote, après que le baron de Podenas, lassé sans doute d'attendre le triomphe des patriotes, ne cacha plus avec tant de soin ses relations avec les ministres, qu'il avait l'air d'attaquer pour plaire aux électeurs.

Nous ne nous livrerons pas à une fastidieuse analyse des trop nombreux discours de ce député; ce n'est pas là qu'il faut aller chercher ce qu'il pense : ses votes pour toutes les mesures impopulaires, pour toutes les lois d'exception, démentent assez quelques faux semblans d'opposition.

Jusqu'à présent, M. Podenas paraît n'avoir reçu, pour prix de ses services, qu'une croix d'honneur, qu'un reste de pudeur le force encore à cacher. Il attend mieux que cela.

M. Podenas, qui a honteusement déserté la cause des patriotes, n'est franchement ministériel que dans l'enceinte de la chambre et dans les salons du pouvoir. Il a pu s'apercevoir, en se rendant quelquefois encore dans les réunions de l'opposition, que son apparition a fait finir plus d'un entretien.

M. Podenas n'est jamais monté à la tribune sans exciter les murmures de toute la chambre; il appelle cela faire sensation.

Qu'on le laisse parler ou non, il fait insérer son discours au *Moniteur* en assaisonnant le tout de *bien! très bien! bravo!* même malgré la résistance des sténographes.

Les nouveaux principes de ce député sont peu goûtés à Narbonne; aussi, cherche-t-il, en désavouant ses votes, à ne pas perdre les suffrages des patriotes.

AVEYRON.

Ce département nomme cinq députés.

MM. *Merlin, arrondissement de Rhodez. — Vernhes, id. de Saint-Affrique. — Daude, id. d'Espalion. — Nogaret, id. de Milhau. — Decazes, id. de Villefranche.*

MERLIN.

M. Merlin a combattu la proposition de M. Bavoux relative au rétablissement du divorce (29 décembre). Il a servi à la chambre, dans cette occasion, une énorme harangue qu'elle n'a pu avaler tout entière : de bruyantes conversations ont mis fin au discours de l'orateur.

M. Merlin a prononcé un autre discours en faveur du projet de loi d'organisation départementale (7 janvier). Dès qu'on le vit prendre la parole, un grand nombre de membres de l'assemblée sortit de la salle; les autres s'occupèrent de toute autre chose que de M. Merlin. Cependant, celui-ci, forçant sa voix au milieu du bruit, parvint à faire entendre qu'il *regardait la charte comme la boussole de la France*. Cette ingénieuse métaphore formait le fonds des idées de l'orateur.

M. Merlin sollicite assidument pour ses parens et ses amis. Bourses gratuites pour ses neveux, places de juge de paix pour d'autres parens, tout lui convient, tout lui est bon. M. Merlin a contribué, avec la députation de son département, à faire décorer le receveur-général de l'Aveyron. Cette faveur, accordée à un légitimiste qui n'y avait aucun titre, a excité l'indignation générale.

Ce député vote constamment pour le ministère.

VERNHES.

Ministériel dévoué, n'a jamais dit un mot à la chambre.

DAUDE.

Voir M. Vernhes.

NOGARET.

M. Nogaret a pris la parole sur le projet de loi concernant le régime législatif des colonies (22 avril). Blâmant les discours de l'opposition, il déclara que c'était à des discussions de cette nature que l'on devait les massacres de St-Domingue.

Ce député vote constamment avec le ministère, dont il est le chaud partisan; les électeurs qui l'ont élu finiront peut-être par comprendre qu'on peut être baron sans être très fort en politique. —

DECAZES.

M. Decazes a voté constamment et silencieusement pour le ministère.

M. Decazes a récompensé un avocat de Villefranche qui avait exercé une influence favorable sur son élection, en le faisant nommer juge d'instruction. Il a appliqué la croix d'honneur à un candidat du juste-milieu qui avait sacrifié en sa faveur les votes dont il pouvait disposer. Grâce à l'emploi de ces innocens moyens, on se fait une majorité de quelques voix d'électeurs privilégiés, puis on annonce fièrement qu'on représente le pays. Voilà comme le gouvernement représentatif est une vérité.

BOUCHES-DU-RHONE.

Ce département nomme six députés.

MM. Pataille, 1ᵉʳ arrondissement de Marseille. — Reynard, 2ᵉ id. de Marseille. — Beaujour, 3ᵉ id. de Marseille. — Thiers, id. d'Aix. — Laugier de Chartrouse, id. d'Arles. — Gras-Préville, id. de Tarascon.

PATAILLE.

Que dire sur ce député qui ne soit connu ! Un collège électoral qui réélirait M. Pataille, prouverait qu'il ne comprend pas la mission d'un député. De nombreuses faveurs ministérielles ont largement payé cette nomination. Un employé de l'octroi a été nommé commissaire de police au pont du Var, place qui exige des connaissances spéciales que l'on refuse à celui qui l'occupe. Un correspondant actif du député, à qui on attribue sa nomination, a été décoré. C'est ainsi que le ministère du 11 octobre use des pouvoirs qui lui sont confiés. Les fonctions publiques, les croix, les canaux, les routes, il trafique de tout. Donnez lui des députés complaisans, il n'est faveur dont vous ne soyez l'objet. Il est inutile de dire que M. Pataille a joué son rôle à la chambre. Le 23 janvier il a fait du dévouement et du sentiment à l'occasion de la proposition de M. Comte sur le serment. Le 8 avril, il a tonné contre la presse, à l'occasion du procès de la Tribune. Cet honorable magistrat voulait même qu'on jugeât l'accusé sans l'entendre. Enfin, il a soutenu le bon vouloir, l'habileté, les vues économiques, et même les vertus des ministres. On assure qu'il en a fait sourire quelques-uns.

REYNARD.

M. Reynard a plusieurs fois pris la parole pour combattre le ministère. Il a vainement attaqué le provisoire dans lequel on a maintenu nos finances pendant trois ans. Il a traité la question des sucres. Dans la discussion de la loi d'attributions municipales, M. Reynard a réclamé une indemnité pour les maires de communes dont le revenu excède 200,000 fr. Cet amendement a été rejeté.

M. Reynard est du nombre de ces députés qui n'ont pas de principes politiques bien arrêtés, qui croient faire preuve d'indépendance, en votant quelquefois, et même dans des questions importantes, autrement que l'opposition. L'incertitude de sa conduite parlementaire doit du reste être surtout attribuée à la crainte de ne pas être réélu.

BEAUJOUR.

Ce député ne parle jamais et vote avec la phalange ministérielle.

THIERS.

Soumis à la réélection par suite de sa nomination au ministère, M. Thiers ne l'emporta sur son concurrent que de quelques voix, et celui qui avait demandé agréablement à la chambre : *Qu'est-ce qu'un carliste? Faites-moi le plaisir de m'apprendre où l'on voit des carlistes?* fut sur le point de se voir remplacé par un carliste.

Dès la discussion de l'adresse (28 novembre), le nouveau ministre fournit un exemple curieux de son assurance imperturbable et de son empire sur la majorité. Embarassé par les interpellations de M. Salverte : « Messieurs, s'écria-t-il de sa » place, je répondrai à M. Salverte si la chambre le désire (oui, » oui, à la tribune), si la chambre le désire je répondrai sur-le-» champ (oui, oui, oui) ; je répondrai sur-le-champ (répondez » donc) ; mais, si la chambre le juge à propos, je demanderai » jusqu'à demain pour répondre (oui, à demain !) répondit aus-» sitôt cette excellente majorité. »

Le lendemain (29 novembre), M. Thiers avait fait tous ses préparatifs, et, dans une improvisation réfléchie, il s'efforça de repousser les reproches de l'opposition. Sa longue et fatigante plaidoierie aborda tous les sujets ; il chercha à justifier tout, depuis le système général du gouvernement, si toutefois c'est un système, jusqu'aux provocations de la police et la moralité de Vidocq. Sa parole criarde, son discours sans logique et sans méthode, amas confus de contradictions, ne répondit à rien.

Lorsque des pétitions vinrent protester en faveur de la duchesse de Berry (5 janvier), les agens ministériels proposèrent l'ordre du jour. M. de Broglie chercha à effrayer la chambre des événemens qu'eût occasionnés l'exécution des lois. Renchérissant sur les étranges révélations de son collègue, M. Thiers multiplia encore les milliers et centaines de milliers de carlistes, évoqués par l'imagination de M. de Broglie ; il eût fallu, disait-il, échelonner plus de 80,000 hommes sur la route, si on eût voulu amener la prisonnière à Paris. On ne saurait dire en vérité lequel de ces deux ministres s'est le mieux moqué de la majorité dans cette curieuse séance.

M. Thiers s'est opposé à l'abaissement du cens départemental (16 janvier). Il a pris la parole à diverses reprises dans la loi d'expropriation pour cause d'utilité publique, et soutenu l'épithète de *royale*, appliquée à la marine. A l'observation que, d'après les raisonnemens ministériels, il fallait dire aussi dette *royale* et non pas dette *nationale* : « Messieurs, répondit-il, le » roi commande la marine et ne commande pas la dette (8 fé- » vrier). » Il voulait dire sans doute que le roi ne la paie pas. Tels sont les argumens de M. Thiers, argumens qui font pâmer d'aise les bons députés du centre.

Dans la discussion du budget des affaires étrangéres (19 février), M. le ministre, répondant à M. Mauguin et à M. Odilon-Barrot, fit les plus grands éloges de la diplomatie française, accusa la Pologne de s'être insurgée, et annonça que nous devions la prise d'Anvers à un *auguste* courage. Puis il s'applaudit de la prospérité croissante de la France, de la manière dont la révolution avait été dirigée et termina par un hommage *à cette chambre qui, appuyant l'illustre Périer, soutenant son courage, a eu aussi sa part dans le système du gouvernement.* Ainsi, chacun avait son morceau dans le pot-pourri ministériel. M. Thiers, qui parle de tout, de ce qu'il sait comme de ce qu'il ne sait pas, et qui en parle toujours longuement, défendit de son mieux l'amortissement (27 février). M. Mauguin détruisit avec autant d'esprit que de facilité l'échafaudage qu'il avait péniblement élevé.

Apologiste patenté de tous les abus, M. Thiers ne pouvait manquer, ainsi qu'il l'avait déjà fait dans la session précédente, de défendre les pensions des chouans, en invoquant la charte, dont il torturait le sens (5 mars). Il a soutenu l'indemnité de rassemblement accordée aux troupes de Grenoble (8 mars), et parlé en faveur des abus occasionnés par les concessions de logemens dans les bâtimens de l'état (4 avril). Fidèle au système de ruse, adopté par le ministère, il glissa la demande de 35 millions pour les fortifications de Paris sans exposé de motifs, et s'efforça d'escamoter ce crédit énorme comme s'il eût été question d'une bagatelle (3 avril). Heureusement que quelques députés veillaient à la fortune publique et aux libertés du pays. Il défendit chaleureusement les fonds secrets du ministère de la guerre (15 avril). Répondant à M. Bastide d'Isard, qui demandait la suppression de l'impôt ruineux du sel, M. Thiers porta au dernier degré cette suffisance qui le

distingue (15 avril). « Les députés qui demandaient des écono-
» mies étaient de bonnes gens, fort louables sans doute, mais
» d'une grande simplicité. La chambre, ajoutait-il, devait se
» méfier de ces utopies qui, prêchées dans une chaire devant
» des écoliers, seraient peut-être complètement innocentes,
» mais qui, proférées à la tribune nationale, finissent par être
» traduites à coup de fusil par ceux qui n'en comprennent pas
« bien tout le vide et la fausseté. »

Allez donc après cela demander des économies! pauvres contribuables!

Dans la discussion du projet de loi sur les attributions municipales, le ministre du commerce combattit avec ardeur toutes les garanties réclamées en faveur des citoyens. Il s'opposa à
l'affranchissement des communes en ce qui concerne la gestion
de leurs intérêts (6 mai). Il revendiqua le véto absolu pour les
préfets dans les petites communes, et pour le gouvernement
dans les grandes, relativement au vote de leur budget (7 mai).
Dans le budget des travaux publics, il réclama toute latitude et
confiance entière pour la répartition des fonds, et débuta, afin
de mettre à l'épreuve la complaisance de la chambre, par demander quinze millions, dont il avouait lui-même ignorer la
destination (4 juin). Dans la seconde session, la discussion sur
les pensions des chouans et des émigrés valut à la chambre une
répétition de ses précédens discours sur ce même sujet. Il s'é-
lança à la tribune, s'écria qu'il y allait de l'existence de la charte
et déclara que le gouvernement se faisait un devoir de protester contre la proposition de M. Bousquet (13 juin).

La mise en liberté de la duchesse de Berry, et les protestations occasionnées par cette illégalité flagrante, forcèrent ce
ministre à des aveux inouïs sous un gouvernement constitutionnel. Il prétendit que la constitutionnalité de la conduite du
ministère résidait dans sa franchise; il avoua effrontément
qu'il avait violé les lois, disant que l'approbation de la chambre
des députés lui assurait l'impunité. Puis il parla du calme parfait et de la sécurité de sa conscience (14 juin).

La discussion sur les fortifications de Paris mit à nu tout le
mépris de ce ministre pour une majorité qui s'était si servile-
ment dévouée à toutes les fantaisies du gouvernement. Le ministère, disait-il, était convaincu de la nécessité de fortifier la
capitale; si la chambre refusait les fonds nécessaires à cette entreprise, eh bien! les ministres n'en tiendraient aucun compte,
et ils continueraient avec d'autres fonds qu'ils sauraient bien
trouver.

Il est difficile de fouler aux pieds avec plus d'impudeur toutes les formes constitutionnelles, faibles garanties de la nation.

Orateur loquace et superficiel, doué d'une facilité déplorable, M. Thiers occupe la tribune des heures entières, et fatigue, assourdit, éblouit ses auditeurs. Il a la conscience d'un charlatan et la volubilité d'une femme en colère. Il embrouille et noie les questions les plus simples dans la fluidité confuse de son langage, tourne, déplace, escamote les difficultés; s'embourbe dans le gâchis de ses sophismes et finit par rire le premier de la crédulité de ceux qui l'écoutent. Parmi les hommes du centre, il s'en trouve cependant qui disent dans leurs naïves confidences : « Nous savons bien que M. Thiers ne pense pas » un mot de ce qu'il dit; nous-mêmes nous n'y croyons pas davantage, quoique nous votions toujours pour lui. Mais que » voulez-vous? Nous sommes riches, nous sommes égoïstes, et » c'est notre cause qu'il défend. »

LAUGIER DE CHARTROUSE.

Si l'habileté du député consiste à rester en faveur sous tous les pouvoirs et à garder intacte sa foi politique, M. Laugier de Chartrouse est habile. Baron d'empire, du parti de la cour sous Charles X, doctrinaire aujourd'hui, ministériel dévoué toujours, ce député n'a cependant jamais franchement changé d'opinion. M. Laugier de Chartrouse est en réalité un légitimiste. Ses sympathies l'ont même maîtrisé plusieurs fois au point de lui en arracher la manifestation; ainsi, le 18 octobre, il s'est indigné contre la proposition relative au deuil expiatoire du 21 janvier. Le 25 mars, il a combattu le ministère qui voulait suspendre l'organisation de la garde nationale dans quelques petites localités où les carlistes ont de l'influence.

Au reste, M. Laugier de Chartrouse, qui s'occupe, dit-on, beaucoup de son cabinet d'*ornitologie*, qui jouit de plus de 80,000 fr. de rentes, ne pense pas qu'un représentant soit fait pour travailler aux lois de son pays; il use de la députation comme de la seule haute dignité qui existe actuellement. C'est pour lui un moyen de distinction et de crédit. Sous Louis XIV, un homme comme M. le baron, eût été courtisan, aujourd'hui il est député.

Nous n'avons pas le courage de blâmer M. Laugier de Chartrouse de remplir son mandat comme il l'entend. Nous sommes de ceux qui pensent que les bons électeurs font les bons députés. Quand le collège électoral d'Arles désirera envoyer à la chambre un homme comprenant les intérêts de la France, il n'est pas douteux qu'il ne réélira point M. Laugier de Chartrouse.

GRAS-PRÉVILLE.

Les sentimens de ce député sont connus. S'il n'eût été appelé par son âge à présider un jour la chambre, ce député n'y eût révélé sa présence qu'en jetant dans l'urne une boule légitimiste. Il saisit avec empressement cette occasion pour lire un discours où l'on reconnaissait l'expression de ses sentimens et le style de l'orateur de son parti, discours qui du reste ne lui attira ni les applaudissemens, ni les remercîmens du centre. Il a pris en outre deux fois la parole pour défendre la loi d'expiation du 21 janvier, et les pensions des chouans.

M. Gras-Préville a eu l'honneur d'offrir, au temps jadis, un déjeûner à Mme la duchesse de Berry, passant à Tarascon. C'est là un souvenir qui ne sort jamais du cœur d'un marquis.

CALVADOS.

Ce département nomme sept députés.

MM. *Chatry-Lafosse*, 1er *arrondissement de Caen.* — *Abel Lecreps*, 2e *id. de Caen.* — *Tardif, id. de Bayeux.* — *Fleury, id. de Falaise.* — *Guizot, id. de Lisieux.* — *Lenouvel, id. de Vire.* — *Thil, id. de Pont-l'Évêque.*

CHATRY-LAFOSSE.

M. Chatry-Lafosse a fourni sa carrière parlementaire sans faire parler de lui, confondu dans la masse des centres. Les gens qui lisent attentivement le *Moniteur* ont cependant découvert qu'il avait prononcé quelques paroles sur l'autorisation de s'imposer, demandée par la ville de Caen, et sur des brochures légitimistes distribuées dans la chambre.

Satisfait de cet effort d'imagination, M. Chatry-Lafosse est resté silencieux sur son banc, où il vote constamment pour le ministère.

ABEL LECREPS.

M. Lecreps a secoué sa torpeur habituelle pour proposer un tout petit amendement à l'adresse au roi (4 décembre). Malgré tout le soin qu'il avait mis à confectionner cette œuvre législative, il n'avait pu rédiger deux lignes sans faire des fautes de français : c'est M. Vérollot qui fut chargé de les corriger. M. Lecreps avait, pour cette occasion solennelle, composé un discours de huit lignes qu'il vint lire à la tribune ; c'était pour y développer cette vérité toute neuve : *que, si on parlait moins on agirait plus.*

Fidèle à cette maxime, qui paraît faire tout le fond de ses idées, M. Lecreps garda le silence pendant le reste de la session. Cette discrétion, du reste, lui est commandée par la conscience de sa valeur politique.

M. Lecreps a constamment voté pour le ministère.

TARDIF.

Ce député se tait à la chambre, et vote constamment pour le ministère.

FLEURY.

C'est encore un de ces hommes dévoués dont les ministres savent faire un si bon usage.

GUIZOT.

M. Guizot, ancien secrétaire de M. Decazes, est maintenant l'un des éditeurs responsables de la pensée immuable.

La commission de la loi des comptes avait signalé l'absence d'un crédit particulier pour les frais de premier établissement de M. Guizot, à son avénement au ministère. Le nouveau ministre prétendait se faire un mérite de son désintéressement lorsque l'on découvrit que les 24,000 fr. de premier établissement avaient été prélevés sur les fonds secrets (14 février). La discussion qui eut lieu à ce sujet fut le début du nouveau ministre.

Chargé par le président postiche du conseil de répondre à M. Mauguin sur les affaires étrangères (21 février), M. Guizot s'acquitta de cette tâche avec l'habileté d'un homme qui se noie.

La Pologne, selon lui, est tout simplement retombée à l'état où elle était il y a trois ans : sa position à cette époque n'était pas beaucoup meilleure. Le doctrinaire vantait en outre l'influence du ministère français sur les décisions de la sainte-alliance. C'est à ce ministre que la chambre est redevable d'une nouvelle théorie sur l'indépendance des députés fonctionnaires : M. Guizot leur permet un vote silencieux (6 mars). Peu de jours après, le même ministre sentit le besoin de revenir sur ses paroles ; il vint expliquer, commenter, désavouer son premier discours (28 mars) ; mais une maladresse ne répare pas une sottise. M. Guizot a combattu la proposition du divorce (23 mars). Non content de voir la chambre juge et partie dans l'affaire de la *Tribune*, il s'efforça de priver l'accusé de défenseurs (9 avril) ; on le vit parler aux centres à cette occasion ; les endoctriner, leur faire des signes négatifs, imprimer enfin sa direction à leur intelligence.

M. Guizot a combattu la proposition de M. Salverte de comprendre, dans l'instruction primaire, les notions premières des droits et des devoirs du citoyen (29 avril). C'est ainsi que ce ministre de l'instruction publique entend sa mission.

Nous ne rappellerons pas que M. Guizot rédigeait le *Moniteur de Gand*, nous ne rappellerons pas ses élans de tendresse sous les fenêtres de Louis XVIII, tous les actes enfin de cet ami ardent de la légitimité. Combien de fois n'a-t-on pas opposé M. Guizot à lui-même dans ses paroles, dans ses écrits ? Qu'importe la vie passée des parasites cramponnés aux flancs du budget ; leur conduite présente suffit au jugement du pays. Pauvre France !

LENOUVEL.

M. Lenouvel a constamment voté contre le ministère.

THIL.

L'arrondissement de Pont-l'Evêque a fait une perte d'autant plus sensible dans la personne de M. Thouret qu'il a été remplacé par un ministériel, M. Thil. Les travaux législatifs de M. Thil sont si peu de chose qu'il est inutile d'en parler. M. Thil est un de ces ci-devant patriotes qui faisaient quelque bruit sous la restauration, et qui aujourd'hui n'ayant plus rien à désirer, s'inquiètent fort peu de leur pays.

Ce député a dû son élection à la défection, à l'intrigue, à l'union des carlistes et des doctrinaires.

CANTAL.

Ce département nomme quatre députés.

MM. *Roussilhe, arrondissement de Saint-Flour.* — *Bonnefons,* id. *d'Aurillac.* — *Salvage fils,* id. *de Mauriac.* — *Teillard de Nozerolles,* id. *de Murat.*

ROUSSILHE.

M. Roussilhe est le seul député patriote du Cantal. Il a constamment voté avec l'opposition.

BONNEFONS.

Quelques observations, dans la discussion de la loi départementale (15, 17 janvier); voilà le résumé des travaux de ce député.

Du reste, fonctionnaire public, soumis à la férule ministérielle, il vote aveuglément avec les centres.

SALVAGE FILS.

Ministériel dévoué, mais toujours muet. On assure que M. Mahul en fait beaucoup de cas.

TEILLARD DE NOZEROLLES.

Ce député fonctionnaire est un triste exemple des effets déplorables de la peur. Il a peur de l'étranger, il a peur de la France, il a peur de la liberté, il a peur de tout. Aussi s'est-il réfugié sous l'aile du ministère, afin de n'avoir pas peur d'une destitution.

Inutile de dire qu'il vote toujours avec le gouvernement. Un fonctionnaire comme M. Teillard de Nozerolles ne rêve, ne parle que du gouvernement : vive le gouvernement!

CHARENTE.

Ce département nomme cinq députés.

MM. *Gellibert*, *arrondissement d'Angoulême*. — *Levrault*, *id. de Barbezieux*. — *Caminade*, *id. de Cognac*. — *Dulimbert*, *id. de Confolens*. — *Ernest Girardin*, *id. de Ruffec*.

GELLIBERT.

Il est difficile de pouvoir écrire sur l'existence politique de M. Gellibert ; sa vie est un tout compacte de ministérialisme. Une fois seulement, dans l'adresse des 221, il s'est signalé par un vote d'opposition ; mais cet effort est le seul qu'il ait fait pour la liberté. Toute son énergie politique s'est ensevelie dans l'urne avec son bulletin. Redevenu indifférent depuis cette époque, il n'a semblé recouvrer un peu d'énergie que pour un acte de vengeance. Il demanda un congé le jour où la proposition *Viennet* était débattue devant la chambre. Le congé accordé, l'indolent député, sur le point de regagner ses foyers, s'arrête. « J'allais partir, dit-il, mais je veux rester pour condamner » la *Tribune*. »

M. Gellibert a parlé, le 26 février, sur les épidémies.

Quant à ses votes n'en parlons pas ; traîné à la remorque par les Viennet, les Guizot, etc., il a secondé toutes les mesures les plus impopulaires. Espérons que les électeurs de la Charente, éclairés sur leurs véritables intérêts, finiront par faire justice, en envoyant à la chambre un homme plus actif et un peu mieux disposé. La faible majorité qu'a obtenue M. Gellibert aux dernières élections, et le triple échec qu'il a essuyé dans sa candidature du conseil-général, nous fait espérer ce résultat.

Dans un banquet administratif de son département, M. Gellibert a déclaré que le gouvernement ne pourrait, de long-temps, alléger les charges publiques. Un tel aveu est fort encourageant pour ceux qui dévorent le budget ; mais pour ceux qui le paient !....

LEVRAULT.

Voulez-vous un homme votant pour toutes les dépenses, en faveur de l'hérédité de la pairie, en faveur des chouans, en faveur d'une énorme liste civile, contre tout ce qui ressemble à du patriotisme? Prenez M. Levrault. Il accourra, comme le 3 décembre 1832, lors de la délibération de l'adresse, pour s'opposer à tout ce qui peut apporter quelque espoir d'avenir aux malheureux exilés (amendement Bignon en faveur de la Pologne). Il viendra, comme il le fit le 21 février, défendre avec acharnement le traitement du médecin attaché au ministre des affaires étrangères.

Voilà l'homme du choix de MM. les électeurs de Barbezieux!

CAMINADE.

Le 23 février 1833, M. Caminade a réclamé contre le droit que s'attribuent les juges de paix, de désigner des huissiers auxquels ils accordent le privilége exclusif de signifier les actes de leur tribunal. M. Caminade appuya le renvoi au garde-des-sceaux.

M. Caminade vote plus souvent pour le ministère que pour l'opposition.

DULIMBERT.

M. Dulimbert, colonel en activité, a constamment voté pour le pouvoir.

ERNEST GIRARDIN.

Député de la jeune droite, M. Girardin comprend et défend de son vote les intérêts de la France.

C'est le seul député patriote du département de la Charente.

CHARENTE-INFÉRIEURE.

Ce département nomme sept députés.

MM. *Admirault fils*, 1er arrondissement de *La Rochelle* — *Chassiron*, 2e id. de *La Rochelle*. — *Beauséjour*, id. de *Saint-Jean-d'Angely*. — *Duchâtel (Tanneguy)*, id. de *Jonzac*. — *Sennée*, id. de *Marennes*. — *Audry-de-Puyraveau*, id. de *Rochefort*. — *Eschassériaux*, id. de *Saintes*.

ADMIRAULT.

En toute circonstance, M. Admirault s'est montré, se montre et probablement se montrera ministériel dévoué.

CHASSIRON.

Par sa conduite ministérielle, M. Chassiron mérite les récompenses qu'il obtient pour ceux qu'il protége : il a le double avantage d'obtenir le sourire des élus du 11 octobre et les bénédictions de ses obligés. Mais les pauvres contribuables, dont il néglige les intérêts, et dont il soupçonne à peine l'existence, ne doivent pas avoir la même bienveillance pour lui.

BEAUSÉJOUR.

Plus heureux que les électeurs de La Rochelle, ceux de Saint-Jean-d'Angély ont pour représentant un de ces hommes énergiques et forts qui luttent avec persévérance contre la corruption parlementaire. Leur nombre est petit sans doute, mais leurs paroles ont du retentissement hors de l'enceinte législative; ils trouvent dans le peuple des cœurs chauds et généreux que l'égoïsme ne parviendra jamais à flétrir. M. Beauséjour est en première ligne parmi les plus intrépides défenseurs des libertés publiques.

M. Beauséjour s'est opposé énergiquement au vote de nouveaux douzièmes provisoires (7 décembre); et, dans un discours remarquable, il a flétri le système déplorable du gouvernement.

DUCHÂTEL (TANNEGUY).

Il est impossible de rencontrer un fils qui ressemble davantage à son père. Même dévouement au ministère, même tendresse pour les privilégiés, même indifférence pour les intérêts des masses.

Le 16 mars, M. Duchâtel, étant rapporteur du projet de loi portant demande de deux douzièmes, plaida vivement en faveur d'une seconde session qu'il jugeait nécessaire pour sortir du provisoire. Le 2 avril, il demanda que des fonds fussent affectés à la guerre sur les cinq douzièmes provisoires pour les fortifications de Paris. — Lors du fameux procès de la *Tribune*, M. Mérilhou ayant demandé que le minimum de la peine fût appliqué, et cela seulement dans le cas où la culpabilité serait reconnue par les deux-tiers des membres, cette disposition fut combattue par M. Duchâtel, avec toute l'ardeur d'un nouvel initié (10 avril).

La deuxième session vit le député de Jonzac fidèle à ses antécédens. Le 30 avril, il prit part à la discussion du projet de loi sur l'instruction primaire, et proposa divers amendemens qui furent adoptés (30 avril). Le 24 mai, il combattit la proposition de M. Laffitte sur l'amortissement et soutint le projet présenté par le gouvernement; c'était dans l'ordre. Le 8 juin enfin, il fut rapporteur de la commission des finances sur le budget des recettes.

M. Duchâtel paraît affectionner particulièrement les questions de finances, et cela ne doit point surprendre; mieux que personne il peut défendre le budget, qu'il concourt à rédiger en sa qualité de secrétaire-général du ministère des finances; mais moins que personne il devrait être choisi pour rapporteur par la chambre, qui est chargée de décider du travail du ministre et du secrétaire-général.

SENNE.

M. Senne a demandé l'annullation des crédits proposés pour les dépenses résultant des épidémies, faisant observer que les fonds déjà employés à cet usage n'avaient produit aucun bon résultat (26 février). Il a appuyé la proposition de dégrever de tout impôt les sels consommés pour la nourriture des bestiaux et les besoins de l'agriculture (17 avril). Il a présenté quelques observations dans la discussion de la loi pour l'instruction primaire (3 et 4 mai).

M. Senne a constamment voté contre le ministère.

AUDRY-DE-PUYRAVEAU.

Les électeurs de Rochefort, en envoyant M. Audry à la chambre des députés, ont fait acte de patriotisme. Pouvaient-ils en effet élire un homme dont les précédens fussent plus honorables? Il n'a rien manqué à la gloire de M. Puyraveau, pas même l'ingratitude, les persécutions et les calomnies des hommes du pouvoir.

Le 7 décembre, M. de Puyraveau repoussa la loi sur les douzièmes provisoires. Plus tard, il s'éleva contre le vote d'un monument à la Bastille, regardant comme une mystification la proposition faite par les hommes qui ont trahi la révolution de juillet d'élever un souvenir à cette révolution.

Le 26 février, dans un discours qu'il prononça sur le budget des finances, il parla vivement en faveur des intérêts populaires, et, malgré les murmures du centre, il fit entendre aux ministres de dures vérités.

La conduite de M. Puyraveau pendant la session, a été conforme à son honorable caractère.

ESCHASSÉRIAUX.

M. Eschassériaux ne se contente pas de voter en faveur de ses principes, il sait les défendre à la tribune et souvent avec succès.

Il a demandé que les conseils-généraux et d'arrondissement fussent admis à prononcer sur la validité des opérations électorales (18 janvier). Il a réclamé du ministère, le 12 février, la communication des documens diplomatiques sur la question grecque.

Lors de la discussion sur l'obscur budget de la marine, M. Eschassériaux tenta, mais inutilement, d'obtenir quelques économies (21 mars). Dans le budget de la guerre, il obtint que désormais les fourrages formeraient un chapitre particulier au budget de la guerre.

Conjointement avec M. Charlemagne, il avait proposé un amendement sur les logemens accordés à titre gratuit dans les bâtimens de l'état ; il demandait qu'ils ne fussent concédés que par ordonnance royale. Cet amendement fut adopté dans la séance du 5 avril.

Dans la deuxième session, M. Eschassériaux parla contre le projet de loi sur l'emprunt grec (20 mai). Le 22 du même mois, dans la discussion du projet de loi, il demanda que la garantie ne fut définitive qu'après la sanction de l'assemblée nationale et l'affectation au remboursement de l'emprunt, du produit de la vente des propriétés publiques.

Ennemi des prodigalités, il appuya les réductions proposées sur le ministère des cultes, demandant qu'à l'avenir il ne fut point affecté de fonds à la dotation des siéges épiscopaux non compris dans le concordat de 1801, qui viendraient à vaquer, et ce, jusqu'à la conclusion définitive des négociations entamées à ce sujet entre le gouvernement français et la cour de Rome. Cet amendement ayant été adopté, produisit une vive sensation au banc des ministres, et dut jeter l'alarme dans le monde dévot. Le 31 mai, M. Eschassériaux demanda que l'on terminât les ponts et les routes avant de réparer, ou de construire des cathédrales.

Le 10 juin, il se plaignit vivement de la légéreté avec laquelle la chambre des pairs avait bouleversé la loi déjà si imparfaite, sur l'organisation départementale. Cependant, comme la session était fort avancée il témoigna le désir que cette loi fût votée.

Le 17 juin, il combattit l'introduction des curés dans les comités de surveillance de l'instruction primaire.

M. Eschassériaux, qui travaille avec soin ses discours, rend des services parlementaires ; mais il serait à désirer qu'il ne se bornât point à attaquer les abus du pouvoir et que, remontant à la source du mal, il combattît le système politique du 7 août, incompatible avec les améliorations qu'il réclame.

<hr />

CHER.

Ce département nomme quatre députés.

MM. Devaux, 1er arrondissement de Bourges. — Gaëtan de Larochefoucault, 2e id. de Bourges. — Jaubert, arrondissement de Saint-Amand. — Duvergier de Hauranne, arrondissement de Sancerre.

DEVAUX.

M. Devaux a présenté un projet de loi sur la responsabilité des ministres (3 décembre), qui, pris en considération (4 décembre), a bientôt été étouffé par un projet de loi ministériel. Grâce aux lenteurs de la commission chargée d'en faire le rapport, ce projet n'a pas même été mis en discussion. Si l'on en excepte cette proposition, M. Devaux qui, lorsqu'il faisait partie de l'opposition, a prononcé plus d'un discours remarquable, s'est contenté de voter silencieusement pour toutes les mesures du pouvoir.

GAËTAN DE LAROCHEFOUCAULT.

Dans la discussion de l'adresse M. Gaëtan de Larochefoucault s'est élevé contre l'embargo mis sur les vaisseaux hollandais, mesure inutile qui a fait peser sur le commerce les malheurs d'une quasi-guerre, et rendu encore plus insupportables aux nations les querelles des royautés (3 décembre) ; il a critiqué le système suivi pour la colonisation d'Alger (8 mars, 4 avril) à diverses reprises, et a démontré que la colonisation avait été plus que négligée par le ministère (7 juin). Lorsque M. Sébastiani fut nommé ministre sans portefeuille, M. Larochefoucault de manda des explications sur le rôle que ce nouveau fonctionnaire était appelé à remplir, sur la nature de ses fonctions, sur son traitement, sur l'étendue de sa responsabilité (28 mars). Il releva avec assez d'énergie le mot fameux de M. Viennet sur la légalité (28 mars). Il repoussa également la dénonciation Viennet contre *la Tribune*, et prit avec chaleur la défense de la liberté de la presse (8 avril).

Si, dans ces différentes circonstances, M. Larochefoucault a paru se détacher enfin du système déplorable du gouvernement, il a prouvé d'autre part que certains préjugés étaient chez lui profondément enracinés. C'est ainsi qu'il s'est opposé à la proposition pleine de moralité de M. Portalis sur le mariage des prêtres (23 février). C'est ainsi qu'il a combattu deux fois le projet de loi sur les vainqueurs de la Bastille, qu'il a insulté ces premiers héros de la liberté, et défiguré, par des mensonges historiques, la glorieuse révolution de 89 (23 janvier, 22 avril). Deux fois également le général Lafayette a pris la parole, et, avec cette finesse et cet esprit qui le distinguent, il a vengé la révolution de 89 des calomnies héréditaires de l'aristocratie.

M. Gaëtan de Larochefoucault a voté quelquefois avec l'opposition, plus souvent encore avec le ministère.

JAUBERT.

Lorsque la chambre des députés fut appelée à délibérer sur le projet de loi amendé par la pairie, relativement au deuil du 21 janvier (15 janvier), une voix lamentable s'éleva des profondeurs du milieu, et dit :

« Messieurs, étranger par mon âge à la fatale époque du » 21 janvier, j'éprouve le besoin de décliner, au nom d'un sen- » timent qui sera toujours celui de la France, quoiqu'on puisse » dire, toute participation, même la plus indirecte, à un acte » que l'histoire a déjà jugé. » Cette voix, était celle de M. Jaubert. Cette protestation solennelle, cet attendrissement monarchique, et par dessus tout l'âge heureux de l'intéressant orateur, excitèrent dans la chambre une hilarité prolongée.

M. Jaubert ne produisit pas un effet moins agréable sur l'assemblée quand il vint s'opposer à la proposition Portalis sur le mariage des prêtres (23 février). Là encore, en bon royaliste, il trouva le moyen de se plaindre de l'abrogation de la loi du 21 janvier; puis, par une transition tout à fait ingénieuse, venant à parler de lui-même, il apprit à la chambre qu'il avait fait la révolution de Juillet.

Lorsque M. Dupin, dont la partialité pour les centres cède parfois au plaisir malin de lancer une épigramme, eût répondu vertement au maréchal Soult que, *quand un crédit est fermé, on ne paie pas*, M. Jaubert, attendri par les larmoyantes supplications du ministre de la guerre, monta à la tribune pour réprimander le président (7 mars). Là il consultait plutôt son courage que sa capacité, et M. Jaubert, vis-à-vis de M. Dupin n'était que le pot fragile de la fable. Mais ces deux grands hommes sont trop bien faits pour se comprendre, et bientôt des démarches conciliatrices, une invitation à dîner, réparèrent le mal occasionné par la bouillante ardeur de M. Jaubert.

Par reconnaissance, il réclama le premier le scrutin secret pour le budget de la chambre, de concert avec MM. Fulchiron, Augustin Giraud, Jacqueminot, Lefèbvre, Mahul (5 avril), et contribua ainsi à faire doubler un traitement si bien employé par l'honorable président. Il s'est fait remarquer par sa ridicule insistance à demander la nullité d'un scrutin parfaitement valable (26 mars). Les centres eux-mêmes, dans cette circonstance, honteux de son opiniâtreté, lui reprochèrent la futilité et l'inconvenance de l'incident qu'il avait soulevé.

Mais c'est surtout dans la dénonciation Viennet, en repoussant l'ordre du jour motivé, que l'éloquence de M. Jaubert parut dans tout son lustre (9 avril). L'orateur attaqua violemment la presse, *cette puissance gigantesque, envahissante, qui bientôt aurait absorbé tous les pouvoirs si on la laissait faire.* De là, il se rua sur l'opposition en général, sur plusieurs députés en particulier ; il tomba sur le *Compte-Rendu*, sur les biographies, sur les charivaris. M. Jaubert, en débitant des personnalités, en cherchant à provoquer un orage parlementaire n'était que l'agent de son parti. Les provocations de M. Jaubert ne pouvaient être que méprisées, elles le furent. Cette tirade comico-monarchico-doctrinaire était entrelacée de ces grands traits si chers à M. Viennet, de ces locutions dont M. Jaubert a dérobé le secret à M. Syrieys de Mayrinhac : *Pour qui, s'écriait-il, pour qui, je prévois que vous allez rire* (on rit effectivement), *pour qui sont ces charivaris ?......* etc., etc., etc. *Messieurs, nous avons un patrimoine, et c'est là le secret de nos opinions.* Ce qui veut dire que, si M. Jaubert n'avait pas de patrimoine, il penserait tout autrement. Quoique nous fassions peu de cas de la conscience de ce député, nous ne nous serions certainement pas exprimé sur son compte avec la même crudité qu'il l'a fait lui-même. En tout cas, nous prenons acte du brutal égoïsme que nous révèle cet étrange aveu.

Dans la discussion du projet de loi d'attributions municipales, M. Jaubert s'est opposé à la proposition de M. Delaborde, tendant à imposer la condition du serment aux plus forts contribuables, appelés à voter les emprunts ou contributions (15 mai). Ce n'est pas nous qui prendrons la défense du serment politique, toujours absurde, souvent immoral ; mais nous avons droit de nous étonner de l'inconséquence de M. Jaubert qui, comme tous ses collègues ministériels, approuve le serment imposé aux électeurs pour la chambre, et le repousse quand il s'agit de l'imposer aux personnes chargées de répartir les contributions. Du reste, M. Jaubert fut tout aussi agréable dans ce discours que dans les autres : *Messieurs*, dit-il, *ne vous laissez pas aller, en adoptant l'amendement, à un sentiment de malice* (rires)...., *le trône que nous avons fondé en Juillet est assez fort pour n'avoir pas besoin d'une aussi futile précaution, et nous le consoliderons encore, s'il plaît à Dieu* (hilarité générale). Les expressions bizarres et ridicules, employées par l'orateur, produisirent sur la chambre leur effet accoutumé.

Ce député a pris encore la parole dans la discussion du budget sur les travaux publics (4 juin) et sur le ministère de la guerre. Ennemi juré des économies, il s'est opposé aux réductions proposées par M. Gauthier de Rumilly.

M. Jaubert est un des plus frénétiques partisans du gouvernement déplorable, soit qu'il pérore à la tribune avec ce ton rogue et pédant qui lui est propre, soit qu'il assourdisse la chambre de ses cris furieux et de ses bruyantes interruptions.

Ce député est l'homme aux petits services du ministère, son dévouement est à toute épreuve. Son appui fanatique et criard est acquis à tous les gouvernemens : c'est la mouche du coche dynastique.

M. Jaubert a su mettre à profit la faveur ministérielle pour ses créatures. Il a fait nommer sous-préfet à Issengeaux un médecin, chez lequel se réunissaient les électeurs qui le portaient à la députation : par contre-coup, il a fait destituer le sous-préfet de Saint-Amand, qui avait paru peu favorable à son élection. Il a procuré aux uns des recettes particulières, aux autres des emplois dans la magistrature. Pour mieux assurer sa future élection, il vient de parcourir, pendant un mois, tous les cantons, promettant des routes, faisant dresser des plans, multipliant les visites et les prévenances. M. Jaubert, en même temps, ne néglige pas certains moyens d'accroître son *patrimoine*, et le député qui attaquait avec tant de violence *la Tribune*, qui avait osé suspecter le désintéressement de certains législateurs, a, comme d'autres, un genre spécial de spéculation. S'il faut en croire les patriotes de son département, quand il s'agit de tracer certaines routes qui peuvent lui procurer de grands avantages, on consulte plutôt M. Jaubert que les besoins des localités.

DUVERGIER DE HAURANNE.

M. Duvergier de Hauranne, dans la discussion de l'adresse, vint prononcer un long et ennuyeux panégyrique du système du gouvernement, accuser le *Compte-Rendu* d'avoir produit les journées des 5 et 6 juin, et justifier de son mieux la mise en état de siége de Paris (28 novembre). La meilleure justification qu'il put trouver fut une calomnie contre M. Dupont de l'Eure, qui mit à nu la mauvaise foi de son adversaire, en prouvant qu'il avait été complètement étranger à la mise en état de siége du département du Gard.

Rapporteur du budget de l'intérieur et des cultes pour 1833 (14 février), M. Duvergier de Hauranne prit la parole à diverses reprises dans le courant de la discussion. Il combattit la réduction de 15 mille francs demandée sur le traitement de l'archevêque de Paris; porté à 40 mille francs par une escobarderie ministérielle (15 février). Cette réduction fut adoptée. Il s'opposa également à une réduction sur les évêchés nouvellement créés. M. Duvergier de Hauranne prétendit que le pape avait le droit d'intervenir dans les arrangemens temporels et les circonscriptions intérieures des évêchés. Cette doctrine, subversive du principe de la souveraineté de la nation dans son territoire, fut étayée des plus singuliers argumens : on allait, disait M. le rapporteur, *se brouiller avec le pape.* Sensible à ces craintes, la majorité rejeta la réduction proposée.

M. Duvergier de Hauranne s'est vivement opposé à l'espèce de transaction, proposée par M. Jolivet dans le procès de *la Tribune* (8 avril). Il a fortement engagé la chambre à juger dans sa propre cause. Il se permit dans cette circonstance d'insulter l'Assemblée Constituante, en déclarant qu'il n'y eut pas de justice à cette époque. Le général Lafayette, citant des faits positifs, démentit l'assertion de l'orateur, et vengea cette glorieuse assemblée des calomnies du Pigmée doctrinaire.

Dans ce même procès, M. Duvergier de Hauranne repoussa la proposition de la majorité des deux tiers (10 avril). Il prononça à cette occasion un long discours, où il dénonça un journal patriote.

M. Duvergier de Hauranne est aussi ministériel, mais non aussi incapable que son beau-frère, M. Jaubert.

CORRÈZE.

Ce département nomme quatre députés.

MM. *Bedoch*, arrondissement de Tulle. — *Laviasle de Masmorel*, id. de Brives. — *Gauthier*, id. d'Uzerche. — *Plazanet*, id. d'Ussel.

BEDOCH.

Membre presqu'inamovible de la commission des pétitions, M. Bedoch se charge volontiers des rapports relatifs aux réclamations importantes. Il prend chaudement à cœur la cause des pétitionnaires qui savent l'intéresser à leur situation.

Le rôle de M. Bedoch pendant cette session s'est borné à faire ces rapports de pétitions, à présenter de courtes observations sur la loi d'organisation départementale (26 janvier), et à voter constamment pour le ministère.

LAVIASLE DE MASMOREL.

Ce député, dans la session de 1831, s'était fait connaître par des amendemens au budget; il paraît que le ministère, en lui accordant quelques places, quelques décorations, pour ses électeurs, lui a fait perdre cette manie incommode de réclamer des économies. Dans ces deux dernières sessions, il a, sans distinction et sans réserve, voté pour le pouvoir.

GAUTHIER D'UZERCHE.

Semblable à ses collègues de la Corrèze, ce député ne se distingue pas plus par ses talens que par son indépendance. Il avait pris, vis-à-vis des électeurs, l'engagement verbal de siéger sur les bancs de l'opposition, et son allocution, après son élection, respirait le patriotisme le plus chaleureux. Mais, dès son arrivée à Paris, le ministère a trouvé le moyen d'amortir ce beau feu. Aujourd'hui, M. Gauthier ne représente nullement l'opinion des électeurs dont il s'est joué.

PLAZANET.

M. Plazanet ne dépare nullement la représentation de la Corrèze. Approbation constante de toutes les turpitudes ministérielles, voilà tout ce qu'on peut attendre des déplorables députés de ce département.

CORSE.

Ce département nomme deux députés.

MM. Tiburce Sébastiani, arrondissement d'Ajaccio; — Limpérani, id. de Bastia.

SÉBASTIANI.

M. Tiburce Sébastiani s'est opposé au projet ministériel de suspendre la garde nationale en Corse, en déclarant que la réorganisation de la garde nationale, loin d'entraîner des inconvéniens, offrirait au contraire de grands avantages (25 février).

Du reste M. Tiburce Sébastiani a constamment appuyé de ses votes le système qui a valu à son frère une si triste célébrité.

LIMPÉRANI.

M. Limpérani s'est opposé dans un discours remarquable à la suspension des gardes nationales en Corse. (22 février).

M. Limpérani paraît avoir rompu avec le système déplorable du gouvernement, dont il n'a pas voulu partager plus long-temps la responsabilité. Neveu de M. Sébastiani, ministre sans portefeuille, ce député a de nombreuses garanties à donner à la liberté pour faire oublier que sa conduite politique s'est ressentie de la présence de son oncle au pouvoir.

COTE-D'OR.

Ce département nomme cinq députés.

MM. *Hernoux*, 1er *arrondissement de Dijon.* — *Cabet*, 2e *id. de Dijon.* — *Mauguin*, *id. de Beaune.* — *Vatout*, *id. de Semur.* — *Louis Bazile*, *id. de Châtillon-sur-Seine.*

HERNOUX.

Patriote ferme et dévoué, M. Hernoux a constamment voté contre le ministère.

CABET.

Lorsque plusieurs pétitions réclamèrent en faveur de la duchesse de Berry, soustraite déjà par le gouvernement à la justice des tribunaux, M. Cabet demanda sa mise en jugement et l'exécution des lois (5 janvier). Il appuya la pétition du sieur Perrotte, victime du guet-apens de la police sur le pont d'Arcole, et qui, ayant vainement essayé tous les degrés de juridiction, venait demander justice à la chambre (11 janvier). M. le procureur-général Persil s'empressa de prendre la défense des sergens de ville, et la majorité passa à l'ordre du jour.

M. Cabet a demandé que le cens départemental ne fût que de 20 francs (15 janvier). Cette proposition fut rejetée. M. Cabet, sans se décourager, s'efforça d'introduire, dans la loi d'organisation départementale, un amendement pour supprimer le cens d'éligibilité (17 janvier). Cette tentative ne fut pas plus heureuse que les précédentes.

M. Cabet s'est élevé contre le projet de loi relatif à la suspension de la garde nationale dans plusieurs communes des départemens des Bouches-du-Rhône et de la Corse (25 février). Les renseignemens qu'il fournit sur ce dernier pays prouvèrent le patriotisme de ses habitans et l'inutilité, pour ne pas dire plus, d'une mesure qui privait les citoyens de leur plus importante garantie. Mis en accusation pour la publication d'un ouvrage plein de vérités utiles, il demanda à la chambre que des poursuites fussent autorisées contre lui (11 mars), et il fit preuve, à l'occasion de ce procès, d'autant de franchise et de loyauté que M. Persil montra d'acharnement et de fausseté.

Patriote dévoué et consciencieux, M. Cabet n'a pas craint de braver toutes les inimitiés et d'assumer toutes les haines monarchiques, en publiant un ouvrage qui a rendu de grands services à la cause de la liberté. Mis en jugement, il sortit triomphant de cette épreuve, et, cette fois du moins, les juges furent forcés d'absoudre l'histoire. M. Cabet, animé d'une ardeur infatigable, vient de fonder un nouveau journal, le *Populaire*, destiné à la défense des intérêts du peuple.

MAUGUIN.

Dans la discussion du projet de loi du monument de la Bastille, M. Mauguin signala le ridicule d'un monument élevé à l'insurrection victorieuse par les ministres serviteurs et négociateurs de Charles X, et observa spirituellement que si la somme de 900,000 francs était peu de chose relativement à la grandeur de la nation, c'était beaucoup pour ce qu'était devenue la révolution de juillet (15 décembre). Il appuya la proposition de M. Salverte pour le maintien des commissions nommées d'une session à l'autre, lorsque leur travail ne serait pas terminé, et demanda que cette disposition nouvelle, qui n'intéressait que l'organisation intérieure de la chambre, fût adoptée comme article réglementaire (31 janvier). Dans la discussion sur le projet de loi d'organisation départementale, les patriotes virent avec peine M. Mauguin se séparer de l'opposition en demandant la conservation des conseils d'arrondissement (9 janvier). Les murmures de la gauche et les applaudissemens inusités des centres accueillirent cette démarche inattendue ; il est vrai que, peu de jours après, dans la même loi, il demanda l'abaissement du cens électoral (16 janvier).

M. Mauguin a pris la parole à diverses reprises dans la discussion du projet de loi d'expropriation pour cause d'utilité publique. Dans l'emprunt d'Haïti, il prépara un amendement ayant pour but de régulariser un versement ordonné par M. Laffitte dans des circonstances urgentes, et défendit la conduite de l'ancien ministre contre les sourdes menées des centres (12 février). Il appuya vivement une demande en communication des documens diplomatiques relatifs à l'emprunt grec. Il soutint la pétition des condamnés politiques sous la restauration (16 février). Il prononça un discours énergique sur l'attitude humiliante du cabinet français vis-à-vis des puissances étrangères (19 février). Dans la question de l'amortissement, il ne se laissa pas abuser par les promesses de M. Humann, et persista à demander la suppression de cette source de profits honteux pour les coryphées de la Bourse et de ruine pour le pays. (27 février).

M. Mauguin a demandé avec les patriotes la révision des pensions, et, comme les centres le rappelaient à la charte, il leur prouva que cette charte, bâclée en cinq ou six heures, n'avait pas même été votée par articles, mais que de simples amendemens y avaient été ajoutés (5 mars). L'orage parlementaire soulevé par cette démonstration ne fut pas favorable à la proposition de M. Bousquet, et la révision des pensions fut rejetée par une majorité auprès de laquelle il faut au moins de l'adresse pour faire adopter des mesures conformes à la justice et au bon droit.

Dans la discussion sur l'élection des 3e et 4e colléges de l'Aisne, on vit se renouveler chez M. Mauguin cette incertitude inexplicable dont il a donné plus d'un exemple dans le cours des deux sessions. Deux candidats se disputent la nomination, M. Fould, ministériel, M. Harlé, de l'opposition. M. Harlé a évidemment le droit pour lui, ainsi que la chambre a été forcée de le reconnaître. Eh bien! M. Mauguin se prononce en faveur du candidat ministériel (25 février).

M. Mauguin a protesté contre l'atteinte portée à l'indépendance de la chambre par la destitution de MM. Baude et Dubois (6 mars). Il a demandé aux ministres des explications sur les frais de l'expédition française en Belgique (8 et 11 mars). Il a soutenu, contre M. d'Argout, la liberté du théâtre (15 mars). Il s'est occupé de la question des sucres (20 mars). Dans le budget de la guerre (4 avril), il blâma vivement le ministère de n'avoir respecté ni les choses ni les personnes à Alger, d'avoir abattu les mosquées, d'avoir laissé rendre des jugemens monstrueux; il demanda de nouveau si la France conserverait Alger : à cette interpellation, tant de fois répétée, les ministres ne répondent que par le silence ou par des phrases évasives.

M. Mauguin déploya de l'activité dans la seconde session. Dès l'ouverture, il parla contre la précipitation de la convocation, qui empêchait plusieurs députés de se trouver à leur poste (26 avril). Dans la discussion sur les attributions municipales, il réclama, pour les communes, une plus complète indépendance en ce qui concerne la gestion de leur budget particulier (7 mars). La malencontreuse proposition de la garantie de l'emprunt grec trouva en lui une énergique opposition (20 mai). Il s'est élevé contre les rigueurs exercées sur les détenus politiques par leur translation au mont Saint-Michel (28 mai), de même qu'il protesta contre la violation des lois par la détention arbitraire et la mise en liberté sans jugement de la duchesse de Berry (10 juin).

Dans le budget des recettes, à l'occasion du recouvrement de plusieurs créances étrangères, il demanda aux ministres s'ils avaient pris leurs dispositions pour faire rentrer les dépenses occasionnées par notre expédition en Belgique, et si les frais d'entretien et de retour des prisonniers hollandais resteraient à la charge du gouvernement français (19 juin). La réponse entortillée du ministère fut d'un mauvais augure pour les contribuables.

La conduite vague et indécise de M. Mauguin pendant les deux dernières sessions a plus d'une fois étonné les patriotes. Les questions extérieures ont été traitées par lui avec la supériorité qui le distingue habituellement; mais, dans les questions intérieures, sur tout ce qui intéresse plus immédiatement la cause de la liberté, M. Mauguin a considérablement faibli; on peut dire même que sa marche incertaine a exercé une fâcheuse influence sur le talent de l'orateur. M. Mauguin semble manquer de principes arrêtés. Il devrait se rappeler qu'il n'est pas seulement avocat, mais qu'à la chambre il est homme politique; le pays a le droit de lui demander compte de chacun de ses actes, et ses relations, dont il ne fait du reste aucun mystère, avec des hommes qu'il a tant de fois accusés avec raison de perdre le pays, sont au moins une grave inconséquence. En somme, la marche de M. Mauguin a paru inexplicable. La conduite d'un homme politique doit être exempte d'ambiguité et comprise de tous. Celui qui se réserve en énigme pour l'avenir ne peut être que d'une faible utilité dans le présent.

VATOUT.

Dans la loi d'organisation départementale, M. Vatout proposa que les membres des conseils-généraux fussent élus par les mêmes colléges que les députés, avec l'adjonction seulement de la seconde liste du jury (14 janvier). M. Vatout demanda une augmentation de 36 mille francs pour le conseil d'état (24 janvier); la chambre se refusa à cette nouvelle prodigalité. En demandant une subvention pour le Théâtre-Français, il trouva le moyen de glisser des saillies tout à fait déplacées, et excita la grosse hilarité des centres par d'agréables quolibets sur la république (15 mars).

M. Vatout présenta à la chambre ses vœux pour le rétablissement des secrétaires-généraux de préfecture (19 mars), déjà supprimés par la double raison de leur inutilité et d'une économie nécessaire. Les traitemens cumulés par les maréchaux trouvèrent en lui un chaud défenseur (5 avril). *C'était avec un profond regret,* disait-il, *qu'il voyait tout rapetisser ; qui donc doit avoir une grande existence, si ce n'est un maréchal de France ?* Selon M. Vatout, c'est le cumul des traitemens *qui fait les vertus et enfante les héros.*

Dans la discussion du projet de loi sur l'instruction primaire, M. Vatout demanda qu'aucune association ayant pour but de former des instituteurs et des institutions, ne pût être établie qu'en vertu d'une ordonnance royale ; que ses membres fussent astreints au serment. Il se répandit en éloges sur l'association des ignorantins, affirmant qu'elle méritait la reconnaissance du pays et la protection du gouvernement (30 avril). Cette proposition restrictive de la liberté de l'enseignement fut heureusement rejetée par la chambre.

M. Vatout a constamment voté pour le ministère. C'est un courtisan assidu des Tuileries.

Il a gratifié son arrondissement d'un sous-préfet qui, dans les beaux temps de la restauration, faisait merveille au tourniquet Saint-Jean. En l'annonçant à ses familiers : « Je vous envoie, leur disait-il, un sous-préfet pour vous et pour moi. » Il avait fait bon nombre de promesses pour assurer son élection ; le tout s'est résolu en eau bénite de cour pour ceux dont il avait alléché l'égoïsme. Il faut en excepter cependant quelques-unes de ses créatures qu'il a affligées de la croix d'honneur.

BAZILE (LOUIS).

M. Basile se mêle fort peu de ce qui se passe à la chambre ; les électeurs feraient bien de le laisser à la direction de ses forges, qu'il entend probablement beaucoup mieux que la confection des lois.

Il vote souvent avec le ministère.

COTES-DU-NORD.

Ce département nomme six députés.

MM. Tueux, arrondissement de Saint-Brieuc. — Riollay, 2ᵉ id. de Saint-Brieuc. — Beslay père, id. de Dinan. — Leprovost, id. de Guingamp. — Bernard (de Rennes), id. de Lannion. — Glais-Bizoin, id. de Loudéac.

TUEUX.

M. Tueux, qui, pendant la session de 1831, votait avec l'opposition, s'est beaucoup rapproché du ministère pendant les deux dernières sessions. Nous ignorons ce que M. Tueux a pu trouver de séduisant dans le système de l'état de siége, des expéditions de la police et des prodigalités du budget.

RIOLLAY.

Ministériel dévoué, n'a rien dit pendant toute la session.

BESLAY PÈRE.

M. Beslay père a constamment voté pour le ministère.

LEPROVOST.

Envoyé à la chambre comme un patriote dévoué aux intérêts du pays, M. Leprovost a pleinement justifié la confiance de ses commettans. Il a signalé avec raison les abus des quêtes ecclésiastiques dans le département des Côtes-du-Nord (18 février). M. Leprovost a demandé une réduction sur l'impôt du sel qui pèse d'une manière si intolérable sur les classes pauvres et sur l'agriculture (17 avril). Mais que pouvait-il attendre des hommes qui considèrent l'invention de l'impôt du sel comme une œuvre de génie ? Aussi ne fut-il pas écouté.

M. Leprovost a donné une preuve de sa sollicitude pour les intérêts des contribuables, en s'opposant fortement aux nouveaux crédits demandés pour la liquidation de la liste civile : examinant quels étaient les titres des pensionnaires, il a fait voir que les personnes pour lesquelles on réclamait des secours, étaient en grande partie d'anciens chouans, des émigrés, des courtisans, tous payés préférablement aux fournisseurs et aux légitimes créanciers. Les vociférations des centres ont bientôt couvert la voix de l'orateur (15 juin).

M. Leprovost s'est recusé dans le procès de la *Tribune*. Il a constamment voté contre le ministère.

BERNARD DE RENNES.

Il est dans la chambre une nuance politique et inexplicable, qui vote tantôt pour, tantôt contre le ministère, qui ne part d'aucun principe arrêté, ne marche vers aucun but déterminé, qui se décide au hasard, et dont la modération et l'impartialité prétendues n'annoncent autre chose qu'une vague incertitude et une absence complète de toute conviction raisonnée.

Telle est la catégorie dans laquelle est descendu M. Bernard de Rennes, après avoir marché long-temps dans les rangs de l'opposition. Ce n'est du reste que dans des questions tout-à-fait secondaires qu'il a pris la parole pendant les deux sessions. Quelques observations sur le projet de loi d'expropriation pour utilité publique (6 février), une réclamation en faveur des condamnés politiques de la restauration (18 février), un amendement rejeté dans le projet de loi relatif aux dépenses résultant d'épidémies, voilà les épisodes les plus saillans du rôle auquel M. Bernard de Rennes a cru devoir se résigner.

Dans les questions importantes, ce député vote assez volontiers avec le ministère.

GLAIS-BIZOIN.

Pendant ces deux dernières sessions, M. Glais-Bizoin a continué à lutter contre les prodigalités du budget. Dans la discussion sur le projet de loi d'organisation départementale (14 janvier), il fit adopter un amendement consistant à faire dépendre le nombre des membres des conseils-généraux du nombre de cantons dont se compose chaque arrondissement administratif; M. Glais-Bizoin prit une part utile à la discussion de cette loi. Dans le budget des cultes (18 février), il demanda une réduction de 500,000 francs sur les constructions et réparations d'églises; il prouva que, pendant les premières années de la restauration, cette allocation ne figurait même pas au budget, et fit voir comment, par les efforts de la congrégation et l'envahissement de l'esprit religieux, ce chapitre s'était graduellement élevé à 1,982,000, somme que l'on demandait actuellement. Mais les doctrinaires trouvent ces fonds trop bien employés pour permettre à la chambre de voter la moindre réduction sur cet article. Le même jour, M. Glais-Bizoin se plaignit énergiquement du retard que les ministres apportaient à la présentation de la loi départementale à la chambre des pairs. C'est à cette occasion que le ministre de l'intérieur osa déclarer qu'il combattrait devant la chambre des pairs les dispositions d'une loi adoptée par la chambre des députés.

Dans le discours sur l'emprunt grec (22 mai), le député de Loudéac, demanda que la garantie ne reçût son effet qu'après la sanction donnée à l'emprunt par la Grèce, selon les formes d'un gouvernement constitutionnel et représentatif. Mais c'est en vain qu'il s'est efforcé de stipuler quelques libertés pour ce malheureux pays. Plus d'un député a dû se trouver embarrassé lorsque, se laissant aller à son indignation, M. Glais-Bizoin fit entendre ces paroles sévères :

«...... Pour suivre en tout le ministère actuel, pour s'a» vouer hautement son partisan, il faut du courage, beaucoup » de courage, beaucoup plus que pour le combattre. Oui, as» surément, il faudra du courage au député qui, devant ses » commettans, à la face du pays, pourra dire : « On a mis aux » voix dans la chambre si la Grèce serait libre, indépendante, » si elle serait un état constitutionnel, représentatif; et le » ministère a voté négativement; il a voulu une monarchie » quand même, et j'ai voté pour une monarchie selon le bon » plaisir ! »

Sans se laisser décourager par l'inutilité de ses efforts, M. Glais-Bizoin a renouvelé cette année la demande d'une réduction sur l'impôt du sel, ainsi qu'une diminution sur les droits de timbre et d'affranchissement à la poste (18 juin). Ces deux propositions furent de nouveau rejetées par les centres.

M. Glais-Bizoin a constamment combattu le ministère, et a complètement justifié le choix éclairé de l'arrondissement patriote dont il est le représentant.

CREUSE.

Ce département nomme quatre députés.

MM. Leyraud , arrondissement de Bourganeuf. — Emile Cornudet, id. d'Aubusson. — Tixier-Lachassaigne, id. de Guéret. — Voysin de Gartempe, id. de Boussac.

LEYRAUD.

Dans la discussion de l'adresse au roi, M. Leyraud a proposé un amendement qui, loin de combattre l'état de siége, était de nature à consacrer la légalité de cette odieuse mesure (30 novembre). C'est là une grave erreur que l'on ne devait pas attendre d'un homme aussi éclairé que ce député.

Du reste, M. Leyraud a presque constamment voté contre le ministère. Une lettre fort spirituelle qu'il a publiée dans les journaux dévoile quelques-unes des manœuvres que les ministres emploient pour s'assurer des votes favorables : M. Leyraud signale des faits très curieux de corruption parlementaire.

EMILE CORNUDET.

Nous ne dirons rien de ce député, et c'est en dire assez. Il voté fidèlement pour le ministère.

TIXIER-LACHASSAIGNE.

M. Tixier-Lachassaigne a présenté le rapport de la commission sur le projet de loi concernant le crédit pour indemniser les personnes dont les propriétés ont éprouvé des dommages en juillet 1830 (17 février). C'est à ce rapport que se bornent tous ses travaux.

Ce député a constamment voté pour le ministère : aussi a-t-il été nommé, après la session, président de la cour royale de Limoges.

VOYSIN DE GARTEMPE.

Dans la discussion de l'adresse au roi (17 février), M. Voysin de Gartempe monta à la tribune pour y parler de son fils, qui, chargé des fonctions du ministère public, avait soutenu la légalité de l'illégale et violente mesure de l'état de siége devant la cour de cassation. Il fit l'apologie de la conduite de ce jeune qui, disait-il, s'était contenté d'exposer des doutes. Il parla ensuite de la sagesse, de la modération et de l'impartialité du ministère public, toujours dans l'état de siége. Cherchant enfin à défendre cette mesure ; il s'entortilla si bien dans ses raisonnemens que la chambre, fatiguée, vint au secours de l'orateur embarrassé en lui coupant la parole par ses cris d'impatience.

M. Voysin de Gartempe vote constamment avec le ministère.

DORDOGNE.

Ce département nomme sept députés.

MM. Perrin, arrondissement de Périgueux. — Bugeaud, id. d'Excideuil. — Prévost-Leygonie, id. de Bergerac. — Garraube, id., de Bergerac. — Lamy, id. de Nontron. — Duchizeau, id. de Riberac. — Mérilhou, id. de Sarlat.

PERRIN.

M. Perrin a pris part à la discussion du projet de loi d'organisation départementale : il a proposé que tout membre du conseil général absent pendant deux sessions fût réputé démissionnaire (17 janvier). Cette proposition, amendée par le général Demarçay, a été adoptée par la chambre.

M. Perrin est un patriote sûr et dévoué : il a constamment voté contre le ministère.

BUGEAUD.

M. Bugeaud s'est opposé à la proposition faite par M. Comte d'abaisser le cens départemental (15 janvier). Il a également combattu la publicité proposée pour les séances des conseils généraux (18 janvier); telle est la part qu'il a prise à la discussion du projet de loi d'organisation départementale.

En s'opposant à la proposition de M. Comte, relative à la nomination des commissions par le président, M. Bugeaud expliqua naïvement les raisons de la majorité. « Il est impos- » sible, dit-il, de se méprendre sur le but des propositions » continuelles qu'on vous présente pour changer votre régle- » ment : c'est la majorité qui *pèse*. (On rit)..... **La majorité**

6

» fait trop bien les affaires du pays pour que le pays ne soit
» pas content. (*Une voix :* Dites qu'elle fait très bien ses pro-
» pres affaires.) » L'orateur, continuant à faire l'éloge de la
majorité, toujours dans le même style, affirma qu'elle avait
préservé l'Europe et la France d'une guerre imminente ; qu'elle
nous avait donné une armée formidable, des alliés fidèles et
dévoués ; et qu'enfin notre situation actuelle était un objet
digne d'envie pour les autres peuples.

Une mission étrange commise au général Bugeaud priva
bientôt cette bienheureuse majorité des élucubrations de ce
brillant orateur : à défaut du geolier de Blaye, la chambre
dut se contenter, pour ses menus plaisirs, de MM. Verol-
lot, Viennet, Abraham Dubois, Mahul et autres de la même
force.

Mais, du fond de sa retraite, M. Bugeaud ne voulut pas laisser chômer le public. Politique, poésie, économie industrielle,
M. Bugeaud manie tout avec le même succès : il *empoigne*
avec la même grâce, dans ses champêtres délassemens, les cor-
des de sa lyre ou le manche de sa charrue : tantôt, remontant
aux jours de sa jeunesse, il chante les temps heureux

> Où le printemps de ses années
> N'était *semé* que de combats ;

Tantôt il entonne l'éloge de l'ordre de choses, du monarque
citoyen et de son auguste famille.

Puis, tout à coup, il confectionne épitres sur épitres : le *Mé-
morial*, le *Nouvelliste*, le *Journal des Débats*, l'*Indicateur de Bordeaux* regorgent de ses *productions brutes* : M. Bugeaud en a-
dresse à tout le monde, au *National*, à la *Tribune*. Voici un
échantillon de son stylé épistolaire :

« Le peuple du *National* et de la *Tribune* reste donc compo-
» sé des chiffonniers, des forçats libérés, des vagabonds, des
» ouvriers et des domestiques renvoyés par inconduite, et de
» tout ce que les grandes villes renferment de crapuleux. »
Nous ferons remarquer que, dans cette charmante énumération M. Bugeaud, n'a pas cru devoir comprendre les geoliers.

« Vous assurez, continue l'aimable littérateur, que le tra-
» vail n'enrichit guère que ceux qui ont commencé avec des
» capitaux. Je pourrais citer un million de preuves du con-
» traire ; je me contente d'une : c'est moi. Mon grand-père
» était un simple forgeron : avec son bras vigoureux, et en se
» brûlant les yeux et les doigts, il acquit une propriété que
» mon père, aristocrate oisif, exploita avec intelligence et ac-
» tivité. »

Que de finesse et d'agrément! Certes, le juste-milieu a fait preuve d'une attention délicate en envoyant le général Bugeaud pour les délassemens de la captive de Blaye : et l'on ne conçoit pas vraiment l'éloignement que la princesse n'a cessé de témoigner pour ce facétieux personnage.

Avant son départ de Blaye, M. Bugeaud adressa aux troupes de la garnison un ordre du jour dans lequel il leur annonçait que *ses affaires* et la *pluie* l'avait empêché de les passer en revue; il dit aux soldats qu'ils étaient de *taille* à prouver, *dans les circonstances les plus grandes*, leur dévouement *au roi et au pays qu'ils confondent dans leur amour, comme ils sont confondus dans leurs intérêts.* Il terminait en disant qu'il partagerait leurs *travaux* et leur *gloire*.

Nous ne nous arrêterons pas plus long-temps sur M. Bugeaud : les rédacteurs du *Corsaire* et du *Charivari* en ont suffisamment entretenu le public.

PRÉVOST-LEYGONIE.

Ministériel dévoué et muet : c'est une de ces pétrifications adhérentes aux bancs du milieu.

GARRAUBE.

M. Garraube a pris la parole dans le budget de la guerre pour appuyer l'indemnité de rassemblement donnée aux troupes de Grenoble (8 mars). A l'occasion de l'expulsion des Polonais de Bergerac, il donna contre eux des détails qui ne tardèrent pas à être complètement démentis par les patriotes de cette ville. Le dévoûment de M. Garraube est, sinon aussi grotesque, du moins tout aussi robuste, que celui de son collègue M. Bugeaud.

Cependant, M. Garraube a souvent des velléités d'indépendance subalterne, et M. Gisquet a failli en être la victime. Le préfet de police avait, par excès de zèle, dénoncé au ministre de la guerre dix officiers appartenant au régiment commandé par le colonel Garraube. Celui-ci, fort peu endurant, alla jusque dans le cabinet de l'ex-banquier provoquer des explications qui furent refusées. De là une altercation vive où les chenets et les pincettes jouèrent, dit-on, leur rôle. Dans une lettre aux journaux, M. Garraube prétendit être sorti avec honneur de cette affaire. Nous pensons qu'il fait allusion à la retraite savante qu'il fit au milieu de la nuée d'agens de police tenus en respect par l'arme à feu qu'il avait saisie dans la cheminée.

Nommé colonel, M. Garraube s'est montré, au commencement de la la dernière session, ce qu'il avait toujours été l'un des plus chauds partisans du pouvoir. Mais un peu plus tard, mécontent de la conduite du ministère dans l'affaire de M. Gisquet, son zèle s'est un peu refroidi.

LAMY.

M. Lamy s'est acquis une triste célébrité en se faisant le rapporteur et le défenseur du projet monarchique des forts détachés (1er avril). Il n'est pas de pouvoir, si impopulaire qu'il soit, qui ne trouve des hommes dévoués ; il n'est pas de mesure, quelqu'odieuse qu'elle puisse être, qui ne trouve des panégyristes toujours prêts.

En toute occasion, M. Lamy vote pour les projets du gouvernement.

DUCLUZEAU.

M. Ducluzeau, patriote dévoué et consciencieux, a constamment combattu le nouveau système déplorable.

MÉRILHOU.

Nommé conseiller à la cour de cassation, M. Mérilhou fut réélu et admis à la chambre le 21 novembre. Dans la discussion de l'adresse, il s'éleva contre la mise en état de siége de la capitale, et proposa un amendement pour blâmer cette violation des lois (30 novembre). Il prit la défense des condamnés politiques sous la restauration (16 février). Dans le procès de la *Tribune*, il demanda que la condamnation ne pût être prononcée qu'à la majorité des deux-tiers (10 avril). La chambre rejeta cette proposition qui pouvait lui enlever le plaisir de la vengeance.

M. Mérilhou a approuvé l'augmentation proposée sur les cours royales par la commission du budget des dépenses (24 janvier). La magistrature, il est vrai, n'est pas fortement rétribuée ; mais la première question à examiner serait de savoir si les contribuables peuvent supporter toutes les charges qui leur sont imposées.

M. Mérilhou a pris la parole sur le projet de loi des travaux publics (4 juin). Dans la discussion sur l'emprunt grec, il a demandé que la réalisation de la garantie de la France n'eût lieu qu'après que l'armée russe aurait évacué le territoire ottoman (21 mai). Cette proposition fut rejetée aussitôt par la majorité.

Nous regrettons que M. Mérilhou ait voté avec le ministère aussi souvent qu'avec l'opposition. Dans les circonstances actuelles, tout homme qui louvoie, qui ménage les deux partis, qui se prépare des chances des deux côtés, n'est plus digne de confiance. Les opinions et les systèmes sont assez tranchés pour que les indécis quittent enfin le ruisseau du milieu et prennent parti pour le peuple ou pour l'aristocratie.

DOUBS.

Ce département nomme cinq députés.

MM. Gréa, arrondissement de Besançon. — Bourqueney, id. de Besançon. — Clément, id. de Beaune. — Blondeau, id. de Montbéliart. — Jouffroy, id. de Pontarlier.

GRÉA.

M. Gréa a demandé au ministre du commerce des explications sur l'insertion au Bulletin des lois d'une loi qui, adoptée par la chambre des députés, décidait la réunion de deux communes, et qui, présentée ensuite avec des motifs contraires à la chambre des pairs, avait été décidée dans un sens différent. La loi avait été insérée au Bulletin des lois sans revenir à la chambre des députés. M. Gréa signala l'inconstitutionnalité de cette mesure, que le ministre s'efforça d'attribuer à une négligence de bureau, et qui, sans la vigilance du député de Besançon, eût passé inaperçue (3 juin).

M. Gréa a constamment voté contre le ministère.

BOURQUENEY.

M. Bourqueney a voté assez régulièrement avec l'opposition.

CLÉMENT.

Ce député dévoué au pouvoir, toujours muet, comme dans les précédentes assemblées où il a joué un rôle peu flatteur, vote constamment avec le gouvernement.

BLONDEAU.

M. Blondeau, qui fait partie de l'opposition, a proposé sur les droits d'enregistrement un amendement qui n'a pas été adopté par la chambre (17 avril).

JOUFFROY.

M. Jouffroy a réclamé contre la destitution brutale de M. Dubois (6 mars), et prononcé un discours assez énergique à cette occasion (25 mars). Il a fait une proposition qui annonce quelque intérêt pour la prospérité de l'agriculture, en demandant la suppression des droits sur les sels consommés pour les bestiaux ou employés comme engrais (17 avril). La chambre rejeta cette proposition.

M. Jouffroy a plaidé pour l'introduction du curé dans le comité de surveillance de l'instruction primaire (17 juin). Ennemi de la centralisation, il a demandé l'affranchissement des communes en ce qui concerne leurs intérêts (6 mai).

Il est étonnant qu'après avoir prononcé quelques discours qui annoncent un esprit éclairé, et réclamé des améliorations utiles, M. Jouffroy ait constamment voté pour le ministère, qui se refusait à ces améliorations.

M. Jouffroy est doctrinaire par ses principes, sa position et ses relations.

DROME.

Ce département nomme quatre députés.

MM. Bérenger, arrondissement de Valence. — Giraud, id. de Romans. — Réalier-Dumas, id. de Crest. — Morin, id.. de Montélimart.

BÉRENGER.

Dans les dernières sessions, comme dans celle de 1831, M. Bérenger a été vice-président de la chambre (22 novembre).

M. Bérenger a flétri la brutalité des ministres dans la destitution de MM. Baude et Dubois de la Loire-Inférieure, qui s'étaient avisés de critiquer les pensions continuées aux chouans

et à l'émigration. « Si la chambre, dit-il, n'exprime pas
» hautement combien profondément elle vient d'être blessée,
» elle se voue elle-même au mépris public..... » Certes, nous
approuvons l'indignation de M. Bérenger dans cette circonstance, mais nous regrettons qu'elle soit restée tout-à-fait
muette devant tant de turpitudes gouvernementales bien autrement importantes.

M. Bérenger a présenté à la chambre (26 avril 1833) le rapport du projet de loi sur la responsabilité des ministres, si
long-temps promis et indéfiniment ajourné. Nous ne regrettons pas du reste le retard apporté à cette œuvre ministérielle, où la multiplicité des formes et les entraves mises à
dessein rendent à peu près illusoire toute espèce de responsabilité.

Quoique M. Bérenger se soit élevé une fois contre le ministère, il n'en a pas moins voté avec lui dans presque toutes
les questions politiques.

GIRAUD.

C'est un de ces députés silencieusement dévoués au pouvoir,
tapisserie obligée des centres.

RÉALIER-DUMAS.

M. Réalier Dumas a appuyé la proposition de M. Salverte sur le déficit Kessner (7 janvier), ajoutant même à la proposition primitive un amendement par lequel il demandait la
responsabilité pécuniaire du baron Louis (12 avril). Mais on
sait ce que vaut la responsabilité ministérielle que le pouvoir
ose invoquer chaque jour comme une excellente garantie.

M. Réalier Dumas a prit une part active à la discussion du
projet de loi d'expropriation pour cause d'utilité publique
(30 janvier). Mais à propos du budget du ministère de la justice, M. Réalier, conseiller de cour royale, a fait l'éloge de la
modération qui présidait à ce département (25 janvier).

M. Réalier a demandé que la justice coloniale fût transpor-
tée du ministère de la marine à celui de la justice (20 avril). Il
s'est opposé à la suspension de la garde nationale en Corse
(25 février). Il a demandé la réduction des impôts dans la discussion du budget des recettes. Pourquoi, dans cette dernière
circonstance, M. Réalier-Dumas a-t-il affecté de mettre sur

la même ligne les factions carliste et républicaine (17 avril).
Est-ce une tactique pour se ménager un avenir?

MORIN.

Ce député qui ne dit jamais rien, ne s'est fait connaître, dans
ces deux sessions, que par un congé qu'il a demandé à la
chambre.

Il a constamment voté pour le ministère. Que cette conduite
lui soit tracée par intérêt ou par conviction, peu nous importe, puisque le résultat en est le même ; du reste, occupé
de ses propres affaires, il s'occupe fort peu de celles du pays.

EURE.

Ce département nomme sept députés.

*MM. Dumeylet, arrondissement d'Evreux. — Dulong, id. de Verneuil. — Bignon, id. des Andelys. — Dupont, id. de Bernay.—
Passy. id. de Louviers. — Legendre, id. de Pont-Audemer. —
Bioche, id. de Brionne.*

DUMEYLET.

M. Dumeylet s'opposa au vote des contributions directes
pour l'année 1833 (7 décembre), mais ce fut là le seul acte de
fermeté de ce député. Pendant le reste de la session, il vota
presque toujours pour le ministère. Il a demandé que la proposition de M. Salverte, relative aux commissaires, fût convertie en un article réglementaire (31 décembre).

M. Dumeylet vient de mourir : il a été remplacé par M.
Salvandy.

DULONG.

Dès la présentation du projet d'adresse au roi, M. Dulong
demanda, conformément au règlement, le renvoi de l'adresse
dans les bureaux avant la discussion générale (27 novembre).
Cette proposition fut adoptée malgré les murmures des centres.
M. Dulong présenta un amendement tendant à exprimer le
désir de voir alléger les charges qui pèsent sur les classes pauvres (3 décembre), mais, combattue par les Ch. Dupin et autres,

cette proposition quasi-séditieuse fut rejetée par la majorité.

M. Dulong a pris une part active à la discussion de la loi d'organisation départementale (23 janvier). Il s'est opposé à toute augmentation sur le chapitre des cours royales (26 janvier). Il a demandé la publicité pour les secours accordés aux artistes et aux savans ; répondant aux objections ministérielles : « Ce qui peut blesser et humilier le malheur, dit-il, c'est d'être » accolé à la corruption..... C'est comme membre de la com- » mission que je viens demander hautement la publicité, et je » ne crains pas d'être démenti en disant que les ministres qui » ont inscrit certains de ces noms n'auraient pas osé le faire » s'ils avaient su que la France le saurait. »

Dans la discussion du budget du ministère de l'instruction publique, M. Dulong a demandé des économies que la majo- rité s'est bien gardée d'adopter (25 mars) ; il a réclamé avec M. Mauguin contre la précipitation de la convocation des chambres (26 avril) ; il a soutenu les intérêts du pays dans le projet de loi sur les attributions municipales et a défendu no- blement les souvenirs de 89, attaqués par les pygmées minis- tériels (9 mai). « Jusqu'ici, a-t-il dit, nous n'avions pas encore » été condamnés à entendre un organe ministériel s'attaquer » à l'ère glorieuse d'où date notre régénération politique. On » s'en prenait à d'autres époques où l'on trouvait, sinon pour » excuse, du moins pour prétexte, les malheurs au prix des- » quels la France a conquis son indépendance. Il est bon de » constater que, dans sa marche rétrograde, le pouvoir en est » à ne pas vouloir nous accorder autant de liberté que nos » pères en avaient conquis en un seul jour. »

Digne collègue de M. Dupont de l'Eure, M. Dulong a fait preuve, depuis son arrivée à la chambre, d'un esprit droit et éclairé et d'une honorable indépendance. Il vote toujours contre le ministère.

BIGNON.

M. Bignon a présenté, dans la discussion de l'adresse au roi, un amendement en faveur de la nationalité polonaise (3 dé- cembre). La majorité n'osa refuser cette timide protestation, et, quoique quelques orateurs ministériels eussent eu le courage de s'opposer à cette réclamation en faveur de l'humanité, l'amendement fut adopté par la chambre.

M. Bignon a appuyé la pétition des condamnés politiques sous la restauration (16 février). Il a demandé que les frais de l'expédition en Belgique ne demeurassent pas à notre charge

(11 mars). Dans la discussion du projet de loi concernant les secours aux étrangers réfugiés, il a pris la défense de ces martyrs de la liberté (11 avril), et, comme le ministre exigeait que des secours ne fussent accordés qu'aux réfugiés en dehors de toute amnistie, il prouva que ces amnisties n'avaient aucune valeur, et qu'en Pologne surtout elles ne pouvaient être acceptées même sous la garantie illusoire du juste-milieu.

Dans la discussion sur l'emprunt grec (20 mai), M. Bignon a présenté le tableau de notre situation extérieure. Il a montré la France humiliée partout, et partout agissant et payant pour tout le monde. Il a prouvé le mensonge de cet axiôme ministériel, l'or et le sang de la France n'appartiennent qu'à la France, tandis qu'en Belgique, en Italie, en Grèce, de tous côtés enfin, l'or et le sang de la France sont prodigués dans un intérêt dynastique ou pour le service des rois absolus de l'Europe. Son discours, plein de force et de logique, dicté par une parfaite connaissance des faits et des choses, eût entraîné toute autre assemblée que la chambre actuelle.

M. Bignon vote ordinairement avec l'opposition ; il reconnaîtra sans doute que la fermeté est aujourd'hui plus nécessaire que jamais pour s'opposer au système d'exploitation des fictions constitutionnelles, et qu'il importe que les mandataires du peuple sauvent le pays s'ils ne veulent pas que le pays soit réduit à se sauver par lui-même.

DUPONT.

Dans la discussion de l'adresse, M. Dupont dementit les fausses allégations de M. Duvergier de Hauranne, qui s'efforçait de le mettre en contradiction avec lui-même, en lui attribuant la mise en état de siége du département du Gard (28 novembre) ; M. Dupont prouva que cette mesure avait été prise sans sa participation par le préfet soumis au ministre de l'intérieur ; que cette mise en état de siége, d'ailleurs, n'avait pas produit de commissions militaires et que tous les délits avaient été jugés par les tribunaux ordinaires.

Lorsqu'il fut constaté que M. Guizot, à son entrée au ministère, avait prélevé sur les fonds secrets une somme de 25,000 francs de frais de premier établissement, afin de se donner le mérite d'un désintéressement qu'il n'avait pas, une discussion fut soulevée sur la conduite des ministres précédens dans cette même circonstance (14 février). La chambre apprit que M. Dupont avait refusé pour lui-même cette allocation. Les centres pétrifiés d'étonnement regardèrent plus que jamais M. Dupont comme un homme inimitable.

Dans le réquisitoire de M. Persil contre la *Tribune* (9 février), quand ce magistrat irréprochable eut excité l'hilarité de la chambre, et qu'il eut traité ces rires de *scandaleux*, M. Dupont ne put maîtriser son indignation et lui adressa l'épithète méritée *d'insolent*. Rappelé à l'ordre par un président qui montra dans cette circonstance une révoltante partialité, il répondit avec fermeté qu'en traitant de scandaleux ces rires et ces paroles, M. Persil avait été un insolent, et qu'il le lui déclarait de nouveau.

Dans ce même procès, M. Dupont de l'Eure se récusa. « Convaincu, dit-il, que le principe qui défend au juge de prononcer dans sa propre cause n'est point un lieu commun, ainsi que l'a qualifié un des orateurs entendus dans la séance d'hier, mais un principe d'éternelle vérité, un principe de pudeur et de conscience, je déclare que je me récuse. »

PASSY.

Rapporteur des comptes définitifs pour l'exercice de 1830 (6 février), M. Passy a pris une part active à la discussion avec la facilité qui le distingue. Il a présenté également le rapport de la commission pour les primes à la sortie des sucres (4 mars). Suppléant du rapporteur de la commission pour le budget de la guerre, il a signalé quelques abus et appuyé les réductions proposées par la commission (juin).

M. Passy est l'une des notabilités de cette nuance insaisissable qui quelquefois combat le ministère doctrinaire, et dont l'opposition accidentelle est toute de rivalité et non de système. Aussi, ces petites hostilités, ces mesquines combinaisons n'intéressent-elles guère que ceux de ces messieurs qui espèrent en profiter. Assurément la France n'y est pour rien. Peu lui importe, en effet, que le budget soit gaspillé par MM. Thiers et de Broglie, ou par MM. Dupin et compagnons; peu lui importe le renouvellement des serviteurs de la pensée immuable. Le pays n'a rien à attendre de ces tripotages de cour et de ces changemens domestiques.

LEGENDRE

M. Legendre a proposé une réduction de 48 millions sur l'amortissement, et les promesses trompeuses du ministre des finances ne l'ont pas engagé à retirer son amendement (27 février). Dans la seconde session, il renouvela ses réclamations sur le même sujet, et s'opposa vivement à l'accumulation des rentes rachetées (12 juillet).

M. Legendre est un député éclairé, consciencieux, un patriote plein de dévouement et de courage.

BIOCHE.

M. Bioche est loin de réaliser les espérances que les patriotes avaient fondées sur lui ; ils pensaient que le patriotisme éclairé de M. Dupont de l'Eure guiderait les premiers pas du nouveau député et suppléerait à son inexpérience ; mais M. Bioche s'est de plus en plus rapproché du pouvoir.

Patriote faible en 1831, ministériel flottant en 1833, M. Bioche sera peut-être ministériel dévoué en 1834 : triste progression qui aurait pour terme le méprisant abandon des électeurs.

EURE-ET-LOIR.

Ce département nomme quatre députés.

MM. Chasles, arrondissement de Chartres. — Rimbert-Sévin, id. de Châteaudun. — Firmin Didot, id. de Dreux. — Texier, id. de Nogent-le-Rotrou.

CHASLES.

M. Chasles a demandé une meilleure répartition des logemens militaires (3 décembre) en rappelant que le ministre des travaux publics avait pris l'engagement, à la dernière session, d'examiner la législation sur cette matière. Il a également demandé quelques économies. Il a proposé une réduction de deux millions sur le budget de la Légion-d'Honneur (1er mars) ; et une autre de 216 mille francs sur la rétribution universitaire (18 avril). Avons-nous besoin de dire que la chambre a repoussé avec horreur ces deux propositions anarchiques ?

Si M. Chasles désire sincèrement des économies, ce n'est pas par quelques *misérables* amendemens, comme a dit un ministériel connu, qu'il peut espérer soulager les contribuables, c'est en combattant franchement un pouvoir prodigue des deniers du pays.

RIMBERT-SEVIN.

M. Rimbert Sevin a réclamé avec raison, à plusieurs reprises, des indemnités pour les communes qui supportent exclusivement les logemens militaires (18 mars). Il a prouvé que, dans certaines localités, cet impôt équivaut pour le simple journalier à cinq ou six fois le montant de ses contributions personnelle et mobilière; que, si une nouvelle loi sur cet objet est difficile à faire, la loi actuelle est bien autrement difficile à supporter pour les communes exclusivement grevées; qu'il ne demandait pas enfin la création d'un nouvel impôt, mais la répartition équitable d'un impôt qui existe. Ces utiles observations sont restées sans effet.

M. Rimbert Sevin vote presque toujours avec les patriotes.

FIRMIN DIDOT.

M. Firmin Didot n'a pris la parole qu'une seule fois, et c'était pour défendre les intérêts du monopole. Une pétition demandait que l'impression des affiches pût être exécutée par des imprimeurs non brevetés. M. Firmin Didot combattit avec vivacité cette demande (15 décembre). Malgré les efforts intéressés de l'imprimeur, la chambre décida le dépôt au bureau des renseignemens.

M. Firmin Didot est un ministériel dévoué.

TEXIER.

Ce député est un fidèle partisan du ministère.

FINSTÈRE.

Ce département nomme six députés.

MM. Daunou, arrondissement de Brest. — Las Cases fils, 2ᵉ id. de Brest à Landerneau. — Blaque Belair, id. de Châteaulin. — Kératry, id. de Morlaix. — Lebastard de Kerguiffinec, id. de Quimper. — Kermorial, id. de Kimperlé.

DAUNOU.

L'âge de M. Daunou l'empêche de se livrer aux fatigues de la tribune et d'assister assidûment à la chambre. M. Daunou a pour lui ses luttes constantes en faveur de la liberté, pendant une longue carrière honorablement remplie, qui lui assurent la confiance du pays.

LAS CASES FILS.

« .... En abandonnant le principe de non intervention, » sur la foi duquel plusieurs peuples ont proclamé leur indé-» pendance, la France verra écraser les unes après les autres » les nations qui se sont déclarées pour le principe de la » souveraineté nationale, et se trouvera rester seule aux pri-» ses avec une nouvelle coalition européenne. Je ne puis me » dissimuler les dangers que courent notre principe et notre » patrie, en considérant que 160 millions d'habitans marchent » en Europe sous le droit divin, et quarante millions seule-» ment sous la bannière de la souveraineté nationale. ···

« .... Je vous prie donc, monsieur, de me regarder » comme membre de l'association de mon département, etc.. »

Celui-là même qui écrivait cette lettre le 20 mars 1831, au rédacteur du *Finistère,* journal de Brest, est maintenant le partisan dévoué du système qui a sacrifié tous les peuples sou-levés pour la liberté! M. Las Cases applaudit aujourd'hui aux lâches persécutions dirigées contre les réfugiés de tous les pays! Il ne voit d'autres moyens, pour conjurer la colère du droit divin, que des prières et d'humiliantes concéssions.

Les dépenses du ministère de la guerre ont trouvé dans M. Las Cases un apologiste dévoué (7 mars). Après un faux exposé de la situation présente, *qui pourrait dire,* s'est-il écrié, *que la France n'est pas redevenue notre glorieuse France!* Des ri-res de pitié répondirent à cette ministérielle emphase.

Ce député a songé à sa réélection. Il a su, par son crédit, le-ver tous les obstacles qui s'opposaient à l'achèvement d'une route royale jusqu'à la mer, dans le canton de Lesneven. Il comptait par là se rendre favorable un canton qui renferme le plus grand nombre des électeurs de la campagne; mais tous ceux qui tiennent quelque peu aux conséquences de la révolu-tion de juillet; ceux qui ne sacrifient pas l'intérêt général à des intérêts de localité, se garderont de réélire un député qui a failli à tous ses engagemens; et nous sommes bien sûrs que l'arrondissement patriote de Landerneau ne subira pas deux fois un pareil représentant.

BLAQUE-BELAIR.

Indépendant par sa fortune et son caractère, M. Blaque-

Belair, qui vote habituellement avec l'opposition, devrait sentir que l'énergie est plus que jamais nécessaire aux adversaires du pouvoir.

KÉRATRY.

Les prodigalités du budget, les illégalités et les violences des doctrinaires trouvent en M. Kératry un complaisant toujours prêt. La quasi-légitimité voit en lui l'un de ses plus fidèles soutiens. M. Kératry appuya chaudement le projet malencontreux de confier 18 millions à la liste civile, pour l'achèvement du Louvre. Cette royale spéculation lui paraissait *éminemment nationale* (3 juin); et avec cette éloquence élégiaque qui a défendu si malheureusement l'hérédité de la pairie, il s'est écrié *que ce serait un des souvenirs les plus intéressans de sa vie que d'avoir fait partie de la commission qui avait proposé une pareille loi.* Heureusement pour le pays, l'attendrissement dynastique de l'orateur n'a pas gagné la chambre. La majorité a eu plus de pudeur que M. Kératry, et les efforts de l'opposition ont sauvé dans cette circonstance quelques parcelles de la fortune publique.

M. Kératry a publié une brochure contre le mariage des prêtres : c'est une production qui ne fait pas plus d'honneur à l'homme politique qu'au métaphysicien.

LEBASTARD DE KERGUIFFINEC.

Dans son discours sur le projet de loi des céréales (21 mars), M. Lebastard de Kerguiffinec a eu le tort de faire l'apologie du système prohibitif, et de développer des idées surannées sur la balance du commerce. M. Lebastard a mieux compris les véritables intérêts du pays quand il s'est élevé contre l'impôt du sel (18 avril), et quand il a mis à nu le charlatanisme des ministres, promettant sans cesse, mais remettant à une époque reculée la diminution de cette taxe, véritable fléau pour l'agriculture. Dans toutes les questions politiques, ce député a voté avec l'opposition.

KERMORIAL.

La promotion de M. Kermorial au grade de lieutenant-colonel, justifiée d'ailleurs par de longs et glorieux services, n'avait altéré en rien son dévouement à la cause de la liberté. Dans toutes les circonstances, il avait voté contre le gouvernement de l'état de siége.

M. Kermorial vient de mourir à Lorient, où il avait été envoyé comme commandant de place.

———•———

GARD.

Ce département nomme cinq députés.

MM. Chastellier, 1er arrondissement de Nîmes. — Teulon, 2e id. de Nîmes. — Boyer de Peyreleau, id. d'Alais. — Teste, id. d'Uzès. — Bousquet, id. du Vigan.

CHASTELLIER.

Ce député a présenté quelques observations fort insignifiantes sur le projet de loi d'organisation départementale. C'est un partisan dévoué du ministère.

TEULON.

Nommé conseiller à la cour royale de Poitiers, M. Teulon est sorti victorieux de l'épreuve de la réélection. Il a pris vis à vis des électeurs des engagemens patriotiques, et particulièrement celui de s'opposer de tout son pouvoir à l'érection des bastilles.

M. Teulon saisira sans doute avec empressement l'occasion de dissiper, par sa conduite énergique à la chambre, les doutes conçus par les patriotes par suite de la faveur ministérielle dont il vient d'être l'objet.

BOYER DE PEYRELEAU.

M. Boyer de Peyreleau s'est montré, dans ces deux sessions, ce qu'il a toujours été, patriote inébranlable.

TESTE.

M. Teste est venu dans la discussion de l'adresse proposer un amendement de juste-milieu sur la légalité de l'état de siége (30 novembre). Il ne désapprouvait pas l'état de siége; il ne l'approuvait pas non plus; les ministres n'avaient pas tort, mais ils n'avaient pas raison. L'orateur étayait son insaisissable opinion des argumens les plus contradictoires. Le rôle de M. Teste est de paraître faire un semblant de quasi-opposition; aussi entoure-t-il son opinion des précautions oratoires les plus rassurantes pour le pouvoir. « L'amendement que je propose a déjà » reçu le sanction du ministère, dit-il..... ; cette suppression » n'emporte aucune condamnation de la conduite du gouverne- » ment..... ; je pense que je ne m'expose pas à être contredit par » M. le ministre des affaires étrangères..... (4 décembre.) » Quelle hardiesse! quelle sauvage indépendance! Prenez garde, M. Teste, qu'on ne vous prenne pour un révolutionnaire!

Ce député a pris la parole dans le projet de loi d'expropriation pour cause d'utilité publique (1er février).

Rapporteur du projet de loi tendant à accorder des pensions aux veuves des généraux Daumésnil, Decaen et Duhesme, M. Teste a conclu au rejet avec la commission (1er avril). À quoi songeaient ces illustres braves en combattant l'ennemi, au lieu de piller et de rançonner pour leur avantage particulier! quelle folie que de servir son pays avec désintéressement! Soyez donc chouans, émigrés, traîtres, et vous aurez des pensions dont vos veuves conserveront la survivance, des pensions inamovibles, inattaquables comme la charte!

Après avoir excité le chantre des mules à sa dénonciation de la Tribune, M. Teste se récusa pour des motifs personnels (9 avril); quels que soient ces motifs, ils ne sont rien à notre avis, auprès de la monstruosité d'être juge dans sa propre cause.

M. Teste s'est montré l'un des plus fervens apologistes du projet admirable de confier des fonds à la liste civile pour l'achèvement du Louvre. C'est presque les larmes aux yeux qu'il s'écriait : « Dans la même enceinte, se trouveront réunies le » trône constitutionnel, c'est-à-dire, ce qu'il y a de plus pré- » cieux pour nous et pour la France, et puis toutes nos richesses » scientifiques et littéraires, comme si nous voulions indiquer » que c'est par la diffusion des lumières que nous sommes par- » venus à la conquête du plus parfait des gouvernemens mo- » dernes. »

Il est à remarquer qu'aujourd'hui on ne flatte plus uniquement un roi, un personnage, mais le trône, le gouvernement, quel qu'il soit, c'est bien plus sûr, et partant plus adroit.

M. Teste, avocat du trésor et recevant à ce titre du gouvernement des honoraires considérables, n'a pas été renvoyé devant les électeurs. Il est cependant dans une position moins favorable que celle où se trouvait l'inspecteur-général des eaux de Vichy, que le gouvernement, cédant aux exigences de l'opinion publique, vient de soumettre à la réélection.

Ce député, qui s'est associé à presque tous les méfaits du pouvoir hors du parlement, a de grandes prétentions d'indépendance. Ce qui les justifie sans doute c'est sa nomination à la qualité lucrative d'avocat du trésor et celle de son fils à la place de conseiller référendaire à la cour des comptes.

BOUSQUET.

M. Bousquet a renouvelé, dès la première session (5 mars), sa patriotique proposition de supprimer les pensions accordées pour services dans la Vendée et les armées étrangères contre le pays. Son projet garantissait la conservation des pensions régulièrement obtenues. Aussitôt les centres s'émurent violemment. Toucher aux pensions des chouans! quelle audace! Après une épreuve douteuse, cette proposition factieuse fut rejetée aux acclamations des centres. *Vive la charte!* s'écrièrent dans leur triomphe les doctrinaires; *Vivent les chouans! vivent les traîtres!* leur répondirent ironiquement les patriotes.

Mais M. Bousquet ne se laissa pas décourager par le scandale de cette déplorable séance. Dans la seconde session (13 juin), il reproduisit, pour la troisième fois, avec une louable persévérance, la demande de reviser les pensions des chouans. Cette fois elle fut rejetée à une forte majorité. Triste effet des progrès croissans de l'influence ministérielle!

M. Bousquet a demandé qu'on n'accordât des secours aux pensionnaires de l'ancienne liste civile, reconnus les plus nécessiteux, que sur la présentation d'un certificat d'indigence (15 juin). Cette proposition fut adoptée.

M. Bousquet est l'un des patriotes qui comprennent le mieux et soutiennent avec le plus de fermeté les intérêts du pays.

GARONNE (HAUTE-).

Ce département nomme six députés.

MM. le général Pelet, 1er arrondissement de Toulouse. — Bastide-d'Isard, 2e id. de Toulouse. — Sans, 3e id. de Toulouse. — Rémusat, id. de Muret. — Amilhau, id. de St-Gaudens. — Saubat, id. de Villefranche.

PELET.

Le général Pelet a présenté quelques observations en réponse au général Demançay, qui demandait la suppression des fonds alloués à la confection dispendieuse de la carte de France.

Le général Pelet vote assez régulièrement avec l'opposition.

BASTIDE-D'ISARD.

M. Bastide-d'Isard prit la parole dans la discussion de l'adresse, pour soutenir l'amendement que M. Dulong avait présenté en faveur des classes pauvres (3 décembre). Les centres répondirent par des cris aux philantropiques efforts de l'orateur. Il appuya la proposition de M. Harlé fils sur les ventes à terme, cherchant à l'améliorer par un amendement (30 janvier). Le budget des finances a fourni à M. Bastide-d'Isard l'occasion de déployer des connaissances spéciales très étendues (26 février). Il fit ressortir le tort immense que font au pays ces emprunts ruineux qui enrichissent si vite les loups-cerviers de la banque. Son discours, plein de faits, émut les financiers accroupis derrière les bancs de leurs patrons, et M. Lefebvre rompit une lance en faveur de l'aristocratie d'argent.

Dans la discussion du budget des recettes (15 avril), M. Bastide-d'Isard revint sur ces importantes questions, qu'il traita de nouveau d'une manière approfondie. Il présenta tout un système d'impôts. Il demanda la suppression de l'impôt du sel et des taxes qui pèsent plus particulièrement sur le peuple, et proposa, en remplacement, des impôts sur les objets de luxe. Son discours, écouté avec une attention soutenue, produisit une grande impression. Mais pourquoi un homme aussi éclairé que M. Bastide-d'Isard croit-il nécessaire d'appuyer la justice de ses réclamations par ces paroles :

« Qu'on ne confonde pas mes critiques avec cette exaspéra-

» tion politique, avec ces opinions subversives qu'on se plaît
» à attribuer à l'opposition ; mais la conservation du gouver-
» nement actuel, comme présentant au plus haut point toutes
» les garanties ; mais la rectification de toutes ses erreurs :
» voilà mon but. »

M. Bastide-d'Isard croit-il que le pouvoir lui saura beaucoup de gré de ces protestations monarchiques? Qu'y a-t-il de
subversif dans la libre discussion d'opinions qui tendent à
éclairer l'esprit public ?

Dans la seconde session, M. Bastide-d'Isard a présenté avec
persévérance de nouvelles réclamations (24 mai). Il a établi
que l'impôt des boissons, de même que celui du sel, était
inconstitutionnel, et a proposé l'annullation intégrale des
rentes rachetées par l'amortissement. L'inutilité de ces repré-
sentations, le refus de toute amélioration, l'obstination du
pouvoir à conserver tous les abus dont il profite, eût dû faire
comprendre à M. Bastide-d'Isard que les améliorations matérielles dépendent complètement des améliorations politiques.

M. Bastide-d'Isard vote avec l'opposition.

SANS.

— M. Sans a pris la parole dans la discussion sur les travaux
publics, et demandé qu'un crédit de trois millions fût ouvert
pour perfectionner la navigation de la Garonne entre Toulouse et Bordeaux (4 juin). Cette demande a été rejetée.

M. Sans, qui semble avoir perdu quelque chose de l'énergie
qu'il déploya dans la première session, vote néanmoins avec
l'opposition.

RÉMUSAT.

M. Rémusat s'est escrimé longuement contre la *Tribune* dans
la dénonciation Viennet (8 avril). Il commença par une de ces
distinctions si chères aux doctrinaires : « C'était, disait-il, une
» question politique, et non une question de presse.... Il
» fallait mettre un frein au parti des mécontens, qui, s'il
» n'était pas comprimé, finirait par triompher.... (On rit.)
» L'illustre Périer était mort l'homme le plus populaire de
» France.... » (Vives réclamations.) Puis, s'adressant aux centres : « Je vous le demande, Messieurs, reculerez-vous ?....
» (Les centres : Non ! non ! Rires aux extrémités.) La chambre
» de 1824 a mal fait ce qu'elle a fait en 1826, parce qu'elle
» ne représentait pas le pays..... (Hilarité générale.) Mais vous,

» vous représentez le pays. (Aux centres : Oui ! oui ! nous re-
» présentons le pays. Rires prolongés aux extrémités et dans
» les tribunes publiques.) *C'est quelque chose, Messieurs, dans*
» *ce monde, que d'avoir tort ou d'avoir raison.* (Eclats de rire dans
» toutes les parties de la salle). »

M. Rémusat a présenté et soutenu le rapport du budget du
ministère des affaires étrangères (11 mai).

Dans la discussion de l'emprunt grec, les doctrinaires expé-
dièrent à la tribune M. Rémusat (18 mai). Au milieu de
phrases pompeuses, de rhétorique de collége, pour engager la
chambre à voter les vingt millions en faveur du principicule
bavarois, M. Rémusat laissa échapper d'excellentes fácéties ;
fidèle à son système de subtiles distinctions, ce n'était plus
une question politique, comme dans le procès de la *Tribune*,
c'était, disait-il, une question *économique*. Economique à propos d'une prodigalité de 20 millions, c'était trop naïf, même
pour les centres. L'orateur félicita ensuite la Grèce d'être
devenue monarchique. « Il faut que la Grèce, dit-il, russe par
» la religion, devienne française par l'argent. Je voterai pour
» le projet de loi. »

Cette improvisation, qu'il avait apprise par cœur la veille,
en se promenant sur les boulevards, produisit peu d'effet.

M. Rémusat, prenant la parole dans le budget des recettes,
a eu la témérité de demander au gouvernement la permission
d'exprimer le vœu qu'il daignât, dans la prochaine session,
nous éclairer parfaitement sur notre position à Alger (18 juin).
Irrité sans doute par cet excès d'audace, le gouvernement n'a
pas daigné répondre.

M. Rémusat a toutes les prétentions des chefs doctrinaires,
sans en avoir le talent. Il vote constamment pour le ministère.

AMILHAU.

M. Amilhau a été ministériel cette année comme dans les
précédentes sessions.

Ce député pousse son dévouement jusqu'à l'oubli de sa vie
entière. Il fulminait un jour contre les associations secrètes
qui ont existé sous la restauration, et reprochait à un de ses
collègues d'en avoir fait partie. Celui-ci, dédaignant de se défendre, se contenta de lui dire qu'il trouvait étrange qu'un
pare   roche lui fût adressé par le président de son ancienne
          onari.

SAUBAT.

M. Saubat, qui, dans la seconde session, a pris la parole à l'occasion des affaires étrangères, a constamment voté contre le ministère.

GERS.

Ce département nomme cinq députés.

MM. Barada, *arrondissement d'Auch. — Alfred Montébello, id. de Condom. — Subervic, id. de Lectoure. — Persil, id. de Lombez. — Galabert, id. de Mirande.*

BARADA.

M. Barada a appuyé le projet du gouvernement qui demandait une somme considérable pour les remontes de la cavalerie malgré le désarmement si long-temps et si ridiculement promis (29 mars).

Ministériel flottant en 1830, M. Barada s'est encore rapproché du gouvernement en 1833 ; membre de ce tiers-parti, qui se dit et n'est nullement indépendant, il appuie habituellement les projets du pouvoir.

Il a voté les pensions des chouans.

ALFRED MONTÉBELLO.

Successeur de M. Gavaret, M. Alfred Montébello a pris place à la chambre dans les rangs de l'opposition.

SUBERVIC.

Le général Subervic a pris la parole à diverses reprises dans la discussion du budget du ministre de la guerre. Il a blâmé le système coûteux de remontes, adopté par le gouvernement, et prouvé que les chevaux revenaient au double de leur valeur (29 mars). Il s'est étonné, avec juste raison, de l'accroissement annuel du budget de la guerre, après les promesses réitérées de désarmement général, et, ne pouvant attribuer cette contradiction qu'à l'habitude du ministre de demander de l'ar-

gent, il a déclaré qu'il voterait contre l'allocation proposée.
Il s'est opposé au système des forts détachés, système vicieux,
qui ne pourrait défendre la capitale que pendant quelques
heures. Il a déclaré qu'il ne comprenait pas qu'après la révolution de juillet on voulut exécuter ce que Napoléon lui-même
n'osa entreprendre.

Le général Subervic s'est prononcé contre le cumul des
maréchaux (5 avril). Une indisposition du maréchal Soult
l'empêcha de répéter sa sordide exclamation : *on ne m'arrachera mon traitement qu'avec ma vie.* Mais la majorité, qui
veut que le maréchal vive, s'opposa chaudement à la proposition séditieuse d'une pareille réforme ; et ce que M. de
Corbière blâmait sous la restauration, fut loué, exalté par le
juste-milieu de 1832.

Dans la seconde session, le général Subervic, en examinant
le budget du ministère de la guerre, se prononça en faveur
d'un système de réserve bien combiné, qui rendit la France
non seulement invincible, mais encore inattaquable (7 juin).
Il prit la défense des Polonais de Bergerac, et les justifia des
calomnies ministérielles (18 mai).

Le général Subervic est un patriote ferme et dévoué.

PERSIL.

M. Persil s'est vivement opposé à la proposition philantropique de M. Roger, sur la liberté individuelle : il défendit la
législation actuelle, prétendant que le pouvoir n'en abusait
jamais, et que les détenus étaient traités avec tous les adoucis-
semens et tous les égards imaginables (21 décembre). Un rire
amer accueillit dans la chambre cette assertion de l'accusateur
public. Lorsque M. Perrotte, l'une des victimes du guet-à-pens
du Pont d'Arcole vint demander justice à la chambre après
avoir essayé inutilement tous les degrés de juridiction,
M. Persil prit aussitôt la défense des sergens de ville (16 janvier). « Si l'on avait voulu s'arrêter à faire des sommations,
» dit le procureur-général, les délinquans fussent allés cent
» pas plus loin recommencer leurs vociférations. La police de
» Paris entend les choses autrement, dès qu'il y a délit elle
» court sus aux délinquans. Loin de blâmer M. le préfet de
» police, vous devriez voter des remercimens ; du reste, il n'y
» avait que six personnes *piquées plus ou moins profondément,*
» ajouta-t-il, et le sieur Perrotte avait fort mauvaise grâce à
» venir se plaindre. » Voilà comment un de nos premiers
magistrats entend la loi et le respect de la justice !

Lorsque M. Cabet vint demander à la chambre l'autorisation de se faire juger, M. Persil répondit, en dressant un nouvel acte d'accusation contre les trois députés poursuivis sans aucune espèce d'indice, et déclarés innocens par les tribunaux (11 mars). Puis il s'efforça de dénaturer l'affaire en question, et la présenta sous un jour tout à fait faux, à la chambre. Son discours ou plutôt sa diatribe se fit remarquer par sa grossièreté habituelle et par le mépris le plus complet de toutes les convenances.

Rapporteur de la commission pour la dénonciation Viennet contre la *Tribune* (4 mars), M. Persil s'opposa avec une âpreté remarquable à toutes les garanties qui furent réclamées en faveur de la défense. Son irritation furieuse excita la pitié et le rire sur les bancs de la chambre. *Messieurs,* s'écria-t-il, *vos rires sont scandaleux.* Vous êtes un *insolent*, répondit M. Dupont de l'Eure (9 avril).

Veut-on un échantillon de l'éloquence parlementaire de M. le procureur-général? *Nous passerons outre,* s'écria-t-il dans le procès de la *Tribune, et le pays saura quels sont ceux qui ont fait leur devoir, et ceux qui y ont manqué* (cris d'indignation aux extrémités et sur quelques bancs du centre).....

Si j'ai eu tort, j'en conviendrai avec franchise (éclats de rire aux extrémités et dans les tribunes publiques). *Oui, avec franchise* (nouveaux éclats de rire long-temps prolongés). *Quant à moi, je suis plus tolérant que qui que ce soit* (bruyante hilarité). *Oui, je suis plus tolérant que qui que ce soit* (nouveaux éclats de rire).

Si M. Persil est procureur-général à la chambre, il a emporté les frayeurs et les haines du député ministériel au parquet.

C'est là qu'il poursuit avec un fanatisme incroyable tous ceux qui n'approuvent pas complètement le système immuable. Que n'a-t-il pas inventé en fait de réquisitoire? Que n'a-t-il pas avancé depuis le jour où il déclarait que s'il voyait le roi commettre un crime, il soutiendrait que la chose était impossible, afin de préserver le dogme de l'inviolabilité royale? Que n'a-t-il pas demandé depuis le jour, où, suppliant le jury de lui accorder la tête du gérant du *National*, il regrettait de ne pouvoir demander en même temps celle du rédacteur en chef? C'était là le *bouquet*, disait-il, qu'il gardait pour la fin de son réquisitoire! Ce magistrat a été jusqu'à provoquer les juges à la violation des lois.

« Messieurs, disait-il, c'est de haut qu'il faut examiner

» cette question. Une contravention ordinaire, une influence
» immédiate sur le repos de la société, se juge d'après le texte
» littéral de la loi. Une contravention qui a pour but d'atta-
» quer la base du gouvernement établi et le repos de la so-
» ciété se décide par des raisons politiques, et plus encore par
» la loi que par un texte littéral. » (Affaire du crieur public
» Delente.)

Quand les magistrats veulent tuer la loi faut-il s'étonner si
la légalité les tue !

Mais ce qui suit passe toute croyance.

« Il ne faut pas s'y tromper, messieurs, tout ce que la jus-
» tice aura fait contre la licence de la presse et contre les asso-
» ciations tant redoutées en France, serait perdu si on pouvait
» persuader aux ouvriers qu'ils sont des hommes comme les
» autres. »

On croit rêver en vérité, quand, au 19e siècle, après la révolution de juillet, on entend proférer ces pitoyables paroles !
Voilà la doctrine sociale des gouvernans actuels !

Mais le zèle de M. Persil ne se borne pas à de simples paroles. On sait que dans la conspiration du Pont-des-Arts, il voulut
obtenir d'un de ses substituts un *réquisitoire anti-daté* contre les
accusés, et que cette proposition fut repoussée avec indignation.
Dans un procès politique tout récent, M. Persil a été beaucoup
plus heureux. Le zèle de l'accusation a été poussé jusqu'à l'al-
tération de pièces importantes dans le but de charger les accusés. Cette falsification a attiré à M. Persil, de la part de tous
avocats présens à l'audience, la qualification publique de *faus-
saire.*

Au surplus, nous devons moins nous en prendre à M. Persil qu'aux électeurs qui l'ont nommé. De tels choix justifient
le mot d'un auteur moderne: « Je crois, en vérité, que si les
moutons nommaient un député, ils choisiraient le boucher. »

GALABERT.

M. Galabert a pris la parole dans le budget des dépenses et
réclamé en faveur du canal des Pyrénées, destiné à opérer la
jonction des deux mers. Dans la discussion sur les travaux publics, il a demandé qu'un projet de loi fût présenté pour perfectionner la navigation de la Garonne.

M. Galabert a constamment voté contre le ministère.

GIRONDE.

Ce département nomme neuf députés.

MM. Dariste, 1er arrondissement de Bordeaux.— De Bryas, 2e id. de Bordeaux.—Dufour-Dubessan, 3e id. de Bordeaux.—Roul, 4e id. de Bordeaux.— Nicod, id. de Bazas. — Aubert, id. de Blaye. — Gaillard, id. de Lesparre. — Martel, id. de Libourne.—Jay, id. de La Réole.

DARISTE.

M. Dariste a combattu vivement la suppression des primes à la sortie des sucres, dans la discussion sur le projet de loi relatif à cette matière (19 mars). Il a prononcé, sur le projet de loi concernant les droits civils et politiques dans les colonies, un très long discours perdu au milieu du bruit, des marques d'impatience et des conversations particulières (13 avril.)

M. Dariste vote toujours pour le ministère.

DE BRYAS.

Patriote dévoué, quoiqu'un peu craintif, M. de Bryas a combattu, par ses votes, le système honteux du juste-milieu.

DUFOUR-DUBESSAN.

M. Dufour-Dubessan fait partie de ces députés flottans de droite à gauche, du ministère à l'opposition, de ces hommes qui décorent leur incertitude du beau nom d'impartialité.

ROUL.

Ce député s'est signalé à la chambre. Dès la discussion de l'adresse (18 novembre), on le vit donner l'essor à son ministérialisme furieux, vociférer des attaques calomnieuses contre l'opposition, qualifier le compte-rendu d'acte coupable soldé sur la place publique dans les journées des 5 et 6 juin, et protester de son inviolable attachement au système et au gouvernement du juste-milieu; puis, d'un air inspiré : « Remer- » cions, s'est-il écrié, le roi et le gouvernement de leur cou-

» rage et de leur fermeté ! Flétrissons ici bien haut la chouan-
» nerie et la bousingoterie ! » Une explosion générale d'hilarité accueillit cette déclaration aussi remarquable par le choix
des termes que par la noblesse de la pensée. Affectant ensuite
un ton lugubre, M. Roul déplora sentimentalement la mort de
Casimir Périer, interpella l'ombre de ce ministre, et finale-
ment proposa son éloge par amendement. Un rire inextinguible dans toute la chambre couronna la bachique invocation
du loustic bordelais.

Encouragé sans doute par les succès qu'il avait obtenus, M.
Roul se présenta de nouveau à la tribune le 3 décembre, toujours avec l'éloge de Casimir Périer : c'est l'idée fixe de M.
Roul. Puis, s'établissant dans la tribune, l'orateur vint à parler de lui-même par une transition tout-à-fait ingénieuse.

« Puisque je me trouve à cette tribune, dit-il, permettez-moi,
Messieurs, de vous donner quelques explications qui me sont
personnelles...

A la question ! à l'amendement !

M. Roul.—« Permettez-moi, Messieurs, de courtes explications...

Non ! non ! A l'amendement !

M. Roul. —« Je prie la chambre... » (Nouvelle et bruyante
interruption.)

M. Roul s'obstinait toujours ; mais enfin les cris d'impatience le forcèrent à lâcher prise.

Que la chambre écoute quelquefois les discours de M. Roul,
rien de mieux ; cela distrait, c'est un moment réjouissant ; mais
s'occuper de sa personne !

M. Roul infligea encore à la chambre un échantillon de son
talent oratoire en s'opposant au projet sur les primes des sucres (19 mars). Ce législateur monta à la tribune en bonnet de
soie noire, ce qui ajoutait une teinte de solennité à sa physio-
nomie naturellement pittoresque. La chambre, qui avait déjà
fait connaissance avec l'éloquence de M. Roul, plus pressée de
dîner que de rire, opéra une marche savante pour échapper à
l'orateur, et fit retraite en masse. M. Roul continua coura-
geusement la lecture de son interminable manuscrit ; long-
temps ses paroles retentirent dans l'enceinte solitaire, et son
discours fut très profitable aux garçons, qui attendaient
impatiemment la sortie de l'orateur pour éteindre les lumières.

M. Roul est un des plus fermes ministériels de la chambre.

NICOD.

Dans la discussion de l'adresse (1ᵉʳ décembre), M. Nicod prononça un discours plein de méthode, de force et de logique, qui pulvérisa les argumens des souteneurs de la légalité de de l'état de siége. La parole grave et sévère, de cet honorable magistrat eut un long retentissement dans le pays. En vain M. Barthe balbutia quelques excuses, en vain ce premier gardien de la loi vint poursuivre de ses lourdes plaisanteries les arrêts de la cour suprême, la légalité des conseils de guerre sous l'empire de la charte de 1830 était jugée.

Jurisconsulte habile, orateur distingué, M. Nicod ne devrait pas se contenter de voter avec l'opposition. Ses connaissances étendues l'appellent à jouer un rôle important à la chambre.

AUBERT.

Ce député appuie plus souvent le ministère que l'opposition. C'est encore là un de ces législateurs sans-principes politiques sur lesquels le pays ne doit pas compter.

GAILLARD.

Ministériel silencieux et dévoué.

MARTEL

Vote habituellement avec-le ministère.

JAY.

M. Jay fut chargé de présenter à la chambre le rapport de la commission sur la proposition de M. Salverte, relative à la continuité des travaux de la chambre (29 décembre). M. Jay approuve et soutient au besoin toutes les prodigalités du budget. C'est ainsi qu'il vint faire de la sensiblerie et de l'héroïsme sur la Grèce, afin de faire passer l'emprunt du prince bavarois (21 mai). Le discours de M. Jay ne fut pas écouté : les centres eux-mêmes couvrirent sa voix de leurs cris habituels.

M. Jay, dans ses tournées électorales, se conduit en homme de cour : il promet des emplois, des rubans aux électeurs ; il leur envoie même, bonheur insigne! des exemplaires de ses œuvres. Grâce à M. Jay, le sous-préfet de la Réole a reçu la décoration de la Légion-d'Honneur ; parmi ses créatures, l'un est nommé juge-de-paix, le juge de paix est nommé procureur du roi; chacun enfin reçoit le prix de ses bons sentimens et de son dévouement au député de la Réole ; et voilà comme les élections sont parfaitement libres!

HÉRAULT.

Ce département nomme six députés.

MM. Granier, 1er arrondissement de Montpellier. — Charamaule, id. de Montpellier. — Viennet, id. de Béziers. — Reboul-Coste, id. de Pézénas. — Vidal, id. de Saint-Pons. — Rénouvier, id. de Lodève.

GRANIER.

Ce député est le même en 1833 qu'en 1831. Par position, par convenance et par inclination il vote constamment pour le ministère.

CHARAMAULE.

Dans le projet de loi concernant la prescription des dépôts faits à la poste, M. Charamaule s'opposa à toute espèce de prescription (17 décembre). Il appuya vivement la proposition philantropique de M. Roger sur la liberté individuelle (31 décembre). M. Charamaule prit une part active à la discussion de la loi d'organisation départementale (11 janvier), et surtout à la loi d'expropriation pour cause d'utilité publique (4 février). Il appuya la proposition du sieur Perrotte, l'une des victimes du Pont-d'Arcole, et, examinant la question judiciaire sous son véritable point de vue, il prouva que dans cette affaire les lois avaient été indignement violées (11 janvier). M. Chamaraule s'opposa à tort à la proposition de M. Auguis, relativement à la justice coloniale, prétendant que l'objet de cette proposition était du ressort du pouvoir exécutif, et que la chambre n'avait pas à s'en occuper (25 décembre); les attributions des ministères doivent, au contraire, être réglées par une loi et non par ordonnance royale. M. Chamaraule a pris la défense des condamnés politiques sous la restauration (16 février). Il s'est opposé à la monstruosité du procès de la *Tribune*, et a demandé le renvoi de l'affaire devant les tribunaux (9 avril).

M. Charamaule vote contre le ministère.

VIENNET.

M. Viennet qui, dans la discussion de la loi d'expropriation pour cause d'utilité publique., avait proposé un amendement qui retranchait le mot *royale* appliqué à la marine, s'empressa de faire amende honorable dès qu'il vit l'insistance des centres à maintenir cette qualification , et, retirant son amendement, déclara qu'il était le premier à appuyer le mot *royale* (8 février).

Les travaux parlementaires de M. Viennet se divisent, cette année, en deux points culminans, son discours sur les fonds secrets et sa dénonciation contre la *Tribune*. Ces deux incidens ont porté à son apogée la renommée colossale du chantre des mules, et fourni un texte fécond au *Corsaire*, à la *Caricature*, et au *Charivari*.

Le discours de M. Viennet sur les fonds secrets avait été annoncé à l'avance par lui-même dans les salons du tiers-parti : il devait être foudroyant, disait-il; il avait distribué pour la séance un bon nombre de billets ; il voulait produire un éclat dont on parlerait pendant près de huit jours. Plein de cette idée, radieux de confiance, armé de son manuscrit, M. Viennet vint à la tribune s'escrimer contre les républicains , les clubs, les complots, les jurés, l'opposition, les journaux. On le laissa dire. *La légalité nous tue*, s'écria-t-il ; on haussa les épaules. Quand, enfin, il réclama l'appui de la police pour le gouvernement, quand il parla *de la clé d'or*, et demanda *que l'on fît servir la cupidité au bien public*, un mouvement prononcé de dégoût protesta contre l'apologiste du cloaque de la rue de Jérusalem. Du reste, on ne prit même pas la peine de répondre à l'enfant perdu des fonds secrets, à l'ami intime de la liste civile, au bout émissaire de la police. On regretta seulement que son discours ne fût pas versifié ; c'eût été plus risible.

Sa dénonciation contre la *Tribune* offrit un spectacle non moins curieux.

Depuis le commencement de la séance, M. Viennet se promenait de banc en banc, un journal à la main ; il allait, venait, s'arrêtait, se posait, croyait tous les regards fixés sur lui, puis il se recueillait dans une méditation profonde ; sa figure prenait une expression imposante : il se sentait le héros du jour.

Enfin il se présenta à la tribune, et, avec un organe superbe (comme il le dit lui-même), lut deux articles, l'un relatif à la chambre, l'autre à lui-même. Voici le second :

« Il y a dans certain ministère un chef de bureau nommé » Rosman ; ce chef a un caissier appelé Gérin.

» Celui-ci est chargé de payer chaque mois aux amis bien » connus de la royauté, et à des titres plus ou moins heureu- » sement inventés, de légers secours prélevés sur les fonds se- » crets : ici pour payer la parole hardie ; là pour récompenser » le silence ; plus loin pour décider une conscience incertaine ; » quelquefois pour assurer une conviction.

» Il y a un certain nombre d'hommes parlementaires et au- » tres, qui sont très connus de M. Gérin.

» Serait-il vrai, comme on l'assure depuis quelques jours, » que l'honorable chantre des mules aurait des relations très » intimes avec l'estimable caissier dont nous avons parlé plus » haut?

» Serait-il vrai, que, depuis le ministère Montalivet, le digne » correspondant des chiffonniers, reçoive une indemnité (pre- » nez le terme le plus honnête) qui est de mille francs par mois, » pour ses bons et loyaux services ?... »

La lecture de ces détails très circonstanciés, faite par M. Vien- net, au milieu de l'hilarité générale, releva beaucoup la consi- dération dont il jouit.

L'autre article donnait à la chambre l'épithète de *prostituée* ; ce fut celui-là qui occupa spécialement la majorité. On connaît les débats de cette affaire, le résultat du procès, et l'on sait comment cette majorité si pure, jugeant dans sa propre cause, se donna un brevet de *chasteté* ; rien ne manqua à cette excel- lente charge, pas même la présence du héros de la séance, le chantre des mules, qui avait distribué un bon nombre de billets d'auteur.

Cet honorable député est abonné aux charivaris que lui donne la jeunesse des départemens. On peut citer parmi les té- moignages flatteurs de ce genre, qui lui ont été administrés, le charivari historique d'Estagel, admirable invention des temps modernes ; une foule d'ânes se donnèrent rendez-vous sous les fenêtres de l'académicien, afin de lui exprimer toute la sympa- thie qu'ils éprouvaient pour sa personne.

C'est sans doute sous l'inspiration de ces nouveaux Pégases, qu'il écrivit au *Journal des Débats* une lettre dans laquelle il annonçait qu'il avait pris *la résolution d'attaquer la faction du dé- sordre et de l'anarchie, qu'il savait qu'il se dévouait aux calomnies,* aux quolibets, aux injures, aux charivaris, aux lettres anonymes, aux lapidations, et aux autres gentillesses de ses affiliés. Il ajoutait, qu'il se cuirassait de mépris et d'indifférence ; mais il était une injure qu'il ne pouvait supporter: « Je déclare, disait-il, qu'en » parlant du roi, les mots de *mon auguste ami*, qu'on a l'indi- » gnité de me prêter, ne sont jamais sortis de ma bouche. Je » sais que, malgré cette déclaration, la faction persistera à le » dire, je n'ai pas le pouvoir de l'en empêcher, mais je supplie » les honnêtes gens de ne pas le croire. »

M. Viennet, avec de hautes prétentions à l'indépendance, a constamment voté avec le ministère. Nous ne parlerons pas de l'incroyable assurance de ce député, de sa crédulité bouffonne, des petites ruses de son petit amour-propre. Nous aurions vraiment trop à faire. On connaît, d'ailleurs, assez une foule de traits relatifs à ce réjouissant personnage, dont la célébrité est devenue pyramidale.

REBOUL-COSTE.

M. Reboul-Coste a constamment voté contre le système déplorable du gouvernement.

VIDAL.

M. Vidal a pris part à la discussion sur l'amortissement, et demandé une réduction de 7 millions, plus forte que celle proposée par la commission. Cet amendement fut rejeté. Il combattit le projet présenté par M. Humann, et se prononça fortement contre toute augmentation sur l'impôt des boissons (24 mai).

M. Vidal a toujours voté contre le système du pouvoir.

RENOUVIER.

M. Renouvier, l'un des hommes les plus éclairés et les plus consciencieux de la chambre, a constamment voté avec l'opposition.

ILLE-ET-VILAINE.

Ce département nomme sept députés.

Jollivet, 1er arrondissement de Rennes. — *Mangin d'Oins*, 2e id. de Rennes. — *Louis Blaise*, id. de Saint-Malo. — *Berthois*, id. de Vitré.—*Lariboissière*, id. de Fougères.—*Defermon* (Jacques), id. de Redon. — *Gaillard Kerbertin*, id. de Montfort.

JOLLIVET.

Dans la discussion de l'adresse (1 décembre), M. Jollivet donna au pays le spectacle étrange d'un député venant, sans droit, sans mission, lancer contre ses collègues les paroles d'un accusateur public. *Je viens*, dit-il, *demander compte au député de l'Isère, non pas de sa conduite, de ses actions, mais de ses opinions politiques*. On a peine à comprendre cette incroyable inquisition de la pensée.

Mais quand M. Jollivet vint dresser l'acte d'accusation de M. Berryer, quand, par des rapprochemens de date, il s'efforça d'établir la culpabilité de son collègue, déjà innocenté par le jury, les murmures couvrirent la voix de l'orateur, et l'indignation, soulevée par cette scène odieuse, fut à son comble.

M. Jollivet, qui avait trouvé un milieu entre protester et ne pas protester contre l'insultante dénomination de sujets, a trouvé un expédient de la même force dans le procès de *la Tribune*. Ce sont là les hautes combinaisons qu'enfante le vaste cerveau de M. Jollivet. Il vint proposer un ordre du jour motivé dans lequel la chambre se déclarait au-dessus des attaques de *la Tribune*. Mais cette demi-mesure ne pouvait satisfaire la rancune ministérielle. Aussi fut-elle vivement combattue par la coterie des Duvergier de Hauranne, des Giraud, des Jaubert, des Montjau, déterminés à saisir à tout prix une si belle occasion d'attaquer la liberté de la presse. Ces messieurs voulaient juger : ils jugèrent.

M. Jollivet, depuis son arrivée à la chambre, a fait preuve d'une merveilleuse versatilité et d'une absence totale de principes politiques. Il s'est encore rapproché cette année du gouvernement qui pèse sur le pays, et affecte en toute occasion une grande admiration pour la dynastie.

MANGIN D'OINS.

Ce député, qui vote le plus souvent avec le ministère, est resté à peu près muet à la chambre pendant le cours des deux sessions. Du reste, M. Mangin s'occupe peu des affaires du pays. Ce n'est pas de pareils députés que la France peut attendre sa régénération.

LOUIS-BLAISE.

Le temps que M. Louis-Blaise passait à l'église ne lui permettait plus d'assister aux séances de la chambre; il a donc parfaitement bien fait de quitter les choses d'ici bas, afin de s'occuper sans distraction des choses de l'autre monde.

M. Louis Blaise, démissionnaire, a été remplacé par M. Hovins qui n'a pas encore siégé.

BERTHOIS.

M. Berthois est aide-de-camp du roi : c'est dire assez qu'il est ministériel et par système et par position. Par quelle inconséquence un homme qui doit sa nomination à une démonstration contre les chouans se trouve-t-il dans la nécessité de voter pour un pouvoir qui pensionne les émigrés et les vendéens, maintient en place tous les carlistes, et recommence la restauration ?

LARIBOISSIÈRE.

Il est peu de personnes à Fougères qui n'aient eu des parens, des amis, victimes de la férocité des chouans, et tel électeur peut y compter jusqu'à 32 personnes assassinées dans sa famille. Qui croirait que le député de cette ville vote pour les pensions de ces assassins? voilà les œuvres du juste-milieu, voilà comment nos députés actuels représentent les intérêts et la volonté du pays!

M. Lariboissière ne s'est fait entendre que dans quelques rapports de pétitions. Mais s'il n'a pas le talent nécessaire pour soutenir le pouvoir, de sa parole, il n'en est pas moins un sujet tout dévoué, il emploie tous les moyens possibles de propagande pour le compte du juste-milieu.

DEFERMON (JACQUES).

Ce député se renferme dans une heureuse obscurité. Il vote quelquefois avec l'opposition, très souvent avec le ministère,

GAILLARD KERBERTIN.

C'est M. Gaillard Kerbertin devenu, grâce à la révolution de juillet, premier président de la cour royale de Rennes, qui fut spécialement chargé par le ministère de prouver, dans la discussion de l'adresse, la légalité de l'état de siège (29 novembre). Les centres assuraient gravement que les raisonnemens de M. Gaillard Kerbertin allaient être foudroyans; or, ces raisonnemens foudroyans ne furent au résumé qu'une triste apologie du coup d'état, apologie aussi pauvre dans la forme que dans le fonds. Il ne manquait plus, après la violation de la charte, que de voir cette violation justifiée par des magistrats! Belle garantie pour les citoyens qui comptent sur la justice!

M. Gaillard s'est distingué tout particulièrement dans une autre circonstance. Un député patriote s'élevait avec indignation contre les rigueurs exercées sur les détenus politiques, transférés au Mont-Saint-Michel (28 mai). Il flétrissait ces hommes de boue qui cherchent leur odieuse satisfaction dans une lente et secrète vengeance, et auxquels il ne manque plus que de dévorer leurs victimes. Le ministre qui avait ordonné cette translation, M. Thiers, cherchait à se justifier en parlant de son *humanité :* les centres applaudissaient aux paroles ministérielles.

M. Gaillard vint à son tour.

« J'ai été chargé par le gouvernement de visiter la prison de » Saint-Michel, dit M. Gaillard Kerbertin, et je dois déclarer » qu'elle est très *salutaire.* »

Une explosion de rires accueillit cette déclaration; depuis cette époque, le naïf président n'est plus désigné en Bretagne que par le surnom historique du *salutaire* Gaillard.

M. Gaillard est un des plus empressés serviteurs du juste-milieu. S'agit-il de décider les magistrats de Rennes à assister en corps à la procession? aussitôt M. le premier président est envoyé en poste, afin d'emporter d'assaut cette *salutaire* décision. Manque-t-il une voix pour l'emprunt grec ou pour consacrer quelque nouvelle turpitude parlementaire? vite! M. Gaillard est rappelé par le télégraphe; il accourt : il est prêt à tout et en tout temps. Les patriotes de Rennes ont reconnu ce beau zèle par un énorme charivari.

M. Gaillard ne manque aucune occasion de s'élever vertueusement contre les anarchistes et les factieux, lui qui fut longtemps un anarchiste et un factieux sous la restauration : il est vrai qu'alors il n'était pas président de cour royale. Depuis, M. Gaillard a acheté un des plus beaux hôtels de Rennes, auquel il a fait faire de nombreux embellissemens et qu'il rend digne de lui par des dépenses considérables. C'est ainsi que tout prospère aux députés bien pensans.

INDRE.

Ce département nomme quatre députés.

MM. le *général Bertrand*, arrondissement de *Châteauroux*. — *Thabaud-Linetière*, id. d'*Issoudun*. — *Duris-Dufresne*, id. de *La Châtre*. — *Charlemagne*, id. du *Blanc*.

LE GÉNÉRAL BERTRAND.

La conduite du général Bertrand pendant les deux dernières sessions a répondu à ce qu'on devait attendre de son patriotisme. Il a appuyé la pétition d'un nouveau comptoir d'escompte, et défendu le petit commerce contre le privilége (26 janvier). La mesure odieuse prise à l'égard de MM. Baude et Dubois, destitués pour avoir osé voter contre les pensions des chouans, a rencontré chez lui une éclatante désapprobation (6 mars). « La France, dit-il aux ministres, la France » peut tout oublier, mais elle n'entend pas récompenser les » plus criminels attentats. Je ne crains pas de dire que nos » deux collègues, par leurs votes d'hier, ont acquis de nou- » veaux droits à l'estime publique. La mesure que vient de » prendre le ministère sera flétrie par l'opinion nationale. » Dans la discussion du budget du ministère des affaires étrangères (20 février), le général Bertrand a signalé la conduite humiliante du cabinet français devant les cabinets étrangers.

Dans la loi des sucres, le général Bertrand a démontré combien l'augmentation des taxes sur cette matière était préjudiciable aux intérêts du commerce maritime. Il a pris la parole dans le procès de la *Tribune* en faveur de l'accusé, et, quand la majorité se fut constituée en tribunal, il refusa de s'associer à cette inique procédure (8 avril).

Fidèle à sa noble coutume, le général Bertrand, chaque fois qu'il est monté à la tribune, n'a cessé de faire entendre ses patriotiques réclamations en faveur de la liberté illimitée de la presse. C'est le cri persévérant d'un homme de bien qui, par la publicité, veut détruire tous les privilèges et les abus, c'est la pensée dominante d'un législateur éclairé qui veut asseoir la liberté sur des bases impérissables.

THABAUD-LINETIÈRE.

Les travaux législatifs de ce député tout dévoué au pouvoir se sont bornés à un insignifiant rapport de pétitions.

DURIS-DUFRESNE.

M. Duris-Dufresne a demandé, dans la discussion du budget, une réduction sur les dépenses de l'administration centrale des forêts (1er mars).

Fidèle à ses honorables antécédens, ce député dévoué et consciencieux n'a cessé de marcher avec les patriotes les plus énergiques de la chambre.

CHARLEMAGNE.

Dans la discussion sur la loi départementale, M. Charlemagne a demandé que le nombre des conseillers de préfecture fût égal à celui des cantons (14 janvier). Il s'est réuni à M. Bousquet pour demander la révision des pensions des chouans (5 mars). Il a réclamé, à diverses reprises, des économies sur le budget.

M. Charlemagne a voté habituellement avec l'opposition.

INDRE-ET-LOIRE.

Ce département nomme quatre députés.

MM. Gouin, 1er arrondissement de Tours.—César Bacot, 2e id de Tours. — La Pinsonnière, id de Loches.—Piscatory, id de Chinon.

GOUIN (ALEXANDRE).

M. Gouin, proche parent d'un des membres les plus dévoués de la chambre introuvable et des autres chambres que les fraudes électorales firent successivement trouver à la restauration, M. Gouin, nommé député en 1831, n'a accepté la succession législative que sous bénéfice d'inventaire. Il se donnait bien de garde, dans le principe, de faire acte d'héritier, et l'on n'entendait jamais parler de lui. S'il votait pour le ministère, les électeurs de Tours n'en pouvaient rien savoir; s'il leur parlait indépendance, à son retour de la session, c'était à petit bruit et assez bas pour qu'il n'en revînt rien au pouvoir. Mais, dans la session dernière, c'est à dire, depuis que les ministres ont mis Paris en état de siége, détenu et relâché la duchesse de Berry sans jugement, proposé l'embastillement de Paris, et fait commencer à Bourges un établissement que le comité d'artillerie voulait voir fonder à Tours, M. Gouin a constamment voté comme M. Madier de Montjau, d'après les conseils de M. Thiers et sous les inspirations de M. Humann. Aussi, M. Gouin a-t-il été chargé du rapport sur le budget des recettes, distinction qu'il a su reconnaître, dans la seconde session, par une courageuse défense de l'amortissement qui pèse sur 32 millions de Français, au profit d'une douzaine de banquiers. Cela prouve que M. Gouin est un excellent banquier. Mieux vaudrait qu'il fût bon député.

BACOT (César).

M. Bacot est un député exact, désintéressé. C'est un de ces patriotes qui se laissent encore aller à toutes les illusions d'une monarchie citoyenne.

M. Bacot a proposé une réduction de 100,000 fr. sur les constructions d'établissemens militaires et particulièrement sur celui d'une école d'artillerie à Bourges. La réduction a été adoptée, mais l'établissement de Bourges n'en a pas moins été commencé. M. Bacot a, dans cette circonstance, parlé comme il vote, dans l'intérêt des contribuables.

LA PINSONNIÈRE.

Un homme qui ne tentera jamais rien contre un ministère quelqu'il soit, c'est M. La Pinsonnière. M. La Pinsonnière demande toujours; il sent qu'il aurait mauvaise grâce à refuser. Aussi, quand les ministres viennent réclamer budgets, allocations nouvelles, crédits supplémentaires, M. La Pinsonnière se dit, sans doute : «Ça me coûte si peu, et ça leur fait tant de plaisir! »

M. La Pinsonnière a été chargé d'un rapport sur un projet de loi d'intérêt local; il a lu une proposition sur l'organisation des justices de paix, et a fait le rapport de la loi d'attributions départementales de manière à satisfaire les excellences les plus exigeantes.

Lorsque les bancs où il siége eurent enlevé, contre l'opposition et la presque totalité du tiers-parti, le maintien des pensions de Clouet et des autres chouans qui ensanglantent l'Ouest, il fit, pour chanter sa victoire, entendre le cri de *vive la charte!* Ce cri eut pu passser pour une méchanceté; mais les personnes qui connaissent M. La Pinsonnière assurent qu'il en est incapable.

PISCATORY.

M. Piscatory a succédé à M. Girod de l'Ain. M. Girod a été fait pair; c'est pour M. Piscatory un précédent, que M. de Talleyrand, qui lui veut du bien, dit-on, pourra faire valoir en sa faveur.

En attendant que M. Piscatory aille au Luxembourg, il est allé visiter les Bédouins. Il fait partie de la commission d'Alger, où il a également fait comprendre son collègue M. La Pinsonnière.

Nous ne savons ce que M. Piscatory pense en Alger, mais au Palais-Bourbon il pense comme M. Humann en finances, comme le maréchal Soult en administration militaire, comme M. Guizot en instruction publique, comme M. de Broglie en relations extérieures; enfin, il penserait comme M. Barthe, si M. Barthe pensait. On a, du reste, pu lire dans le journal patriote d'Indre-et-Loire, une polémique qui semblait vouloir établir que M. Piscatory pensait comme son ami M. Jaubert, sur l'établissement d'artillerie de Bourges, si préjudiciable au département qu'il représente.

M. Piscatory est monté trois ou quatre fois à la tribune: il s'y présente bien, il a le physique de l'orateur, il ne lui manque que la parole. De tout ce qu'il a essayé de dire, il ne nous est resté souvenir que d'un rappel au silence assez original, et bien désintéressé de la part de M. Piscatory, qui a parfaitement compris qu'il avait plus de chances de l'obtenir en le demandant pour les autres.

M. Piscatory, pour venir siéger à côté de M. Mahul, qui est *la chair de sa chair*, comme il est, lui, *les os des os* du député de Carcassonne, a pris, dit-on, beaucoup d'engagemens envers les électeurs. Nous ne savons pas précisément quelles promesses il a pu faire, mais s'il leur a promis de faire oublier ses prédécesseurs: il est loin encore d'avoir tenu parole. M. Piscatory n'est qu'un trois centième obscur des trois cents modernes. Mais Girod de l'Ain ! ô colosse !

ISÈRE.

Ce département nomme sept députés.

MM. *Félix Réal*, 1er *arrondissement de Grenoble.* — *Dubois-Aymé*, 2e *id. de Grenoble.*—*Couturier , id. de Vienne.* — *Garnier-Pagès, id. de la Côte-St-André.* — *Penet, id. de St-Marcellin.* — *Prunelle , id. de la Tour-du-Pin.* — *Sappey , id. de Voiron.*

FÉLIX RÉAL.

M. Félix Réal a pris la parole sur le projet de loi d'organisation départementale (14 janvier) et défendu les intérêts des condamnés politiques sous la restauration (16 février). Dans la discussion du projet de loi de crédits supplémentaires et extraordinaires pour 1832 ; M. Félix Réal s'est opposé à l'indemnité de rassemblement pour les troupes envoyées à Grenoble. Il a présenté des observations judicieuses sur le mauvais emploi de la somme demandée (8 mars). Dans la discussion sur l'arriéré de la guerre, il a défendu avec zèle les intérêts des contribuables (12 mars). Il est à regretter que M. Félix Réal ne paraisse pas dirigé par des principes bien arrêtés. On a vu avec peine qu'il ait accepté, après la session, la décoration de la Légion-d'Honneur, récompense qui ne lui était pas due, puisqu'elle est ordinairement le prix des services rendus au ministère.

DUBOIS-AYMÉ.

M. Dubois-Aymé s'est attaché avec persévérance à introduire la concurrence et la publicité dans les marchés passés par l'état. Trois fois la proposition qu'il avait présentée à ce sujet avait été adoptée par la chambre des députés, et chaque fois elle avait été rejetée par la chambre des pairs. M. Dubois vint la représenter (21 décembre). M. d'Argout la combattit avec un étrange acharnement. *La meilleure garantie pour les contribuables , s'é-cria le ministre, c'est la responsabilité ministérielle.* Un rire général fit justice de cette mauvaise plaisanterie, et , malgré la solide garantie de la responsabilité ministérielle , la chambre adopta l'amendement de M. Dubois , beaucoup plus rassurant pour la fortune des contribuables.

M. Dubois-Aymé a soutenu l'amendement de M. Comte , tendant à élargir le cercle des électeurs pour les conseils de dé- partement (16 janvier). Il a présenté sur l'amortissement une proposition que la majorité s'est bien gardée d'adopter (28 fé- vrier) : il demandait que l'amortissement se composât de l'ex- cédent des recettes sur les dépenses; c'est là la seule et vraie manière de procéder à l'extinction de la dette publique. M. Dubois s'est opposé à l'indemnité de rassemblement pour les troupes envoyées à Grenoble (7 mars). Il s'est élevé contre l'em- ploi mal justifié des sommes allouées au ministre de la guerre, contre un budget énorme grossi de supplémens, de fonds secrets et d'une foule de dépenses dont la majorité elle-même a refu- sé d'assumer la responsabilité (8 mars).

M. Dubois-Aymé, comme son collègue M. Réal, appartient à cette nuance d'opposition qui attribue aux hommes du 11 oc- tobre le système désastreux qui remonte au 9 août, et croit qu'un changement dans le personnel du ministère suffirait au bonheur du pays.

COUTURIER.

Dans le projet de loi d'organisation départementale, M. Cou- turier a soutenu l'élection des conseillers généraux par cantons de préférence à l'élection par arrondissement et par agglomé- ration de cantons (11 janvier). Il a pris la parole sur les con- cessions à accorder pour l'établissement du chemin en fer de Montbrison à Montrond (27 mars).

Dans la seconde session, M. Couturier a pris part à la discus- sion du projet de loi sur les attributions municipales (15 mai). Il a demandé, dans la délibération sur l'emprunt grec, que la garantie fût ajournée jusqu'à la fin des négociations qui se poursuivaient en Orient (21 mai). Les ministres, qui déjà avaient pris des engagemens et versé des fonds sans autorisa- tion, se hâtèrent de combattre l'amendement de M. Coutu- rier, et la majorité rejeta au plus vite une proposition qui sauvait 15 millions à la France.

M. Couturier a constamment voté contre le ministère.

GARNIER-PAGÈS.

La part active que prend M. Garnier-Pagès aux travaux de la

société qui publie ces notes, quoiqu'il soit complètement étranger à leur rédaction, ne nous permet de donner qu'une analyse de ses travaux législatifs.

Dans la discussion de l'adresse (29 novembre), M. Garnier-Pagès demanda aux ministres ce qu'ils avaient fait pour le peuple depuis trois années ; lui avaient-ils rendu l'exercice de ses droits ? avaient-ils eu quelque souci des classes malheureuses ? qu'avaient-ils fait pour les ouvriers de Lyon ? *On leur a fait la charité*, répondit M. Fulchiron, digne interprète de la pensée ministérielle. Après les attaques de M. Fulchiron, M. Garnier-Pagès eut encore à repousser les provocations de M. Jollivet (1er décembre). On vit ce dernier monter à la tribune, et annoncer hautement qu'il venait lui demander compte de ses opinions politiques. Le député de l'Isère consentit à répondre à cette étrange sommation. Laissant de côté la partie irritante soulevée par son adversaire ; il expliqua franchement sa conduite, exposa ses principes, et les résuma ainsi : « Si, par une » mauvaise administration, le peuple était conduit à faire ce qu'il » a fait en Juillet, comme alors je serais avec le peuple et pour » le peuple. »

Dans le projet de loi concernant la prescription des dépôts d'argent faits à la poste, M. Garnier-Pagès, demandant que cet argent, provenant des pauvres, retournât aux pauvres, proposa que les dépôts prescrits fussent acquis aux hospices (17 décembre).

Conformément au principe de la souveraineté du peuple, il appuya l'amendement de M. Comte pour l'extension du cens départemental, tout en déclarant qu'il le regardait comme une amélioration bien incomplète (16 janvier). Dans cette occasion encore, il eut à relever les attaques de M. Fulchiron, qui se plaignait du banquet offert au député de l'Isère par les habitans de Lyon, tandis que lui, député de Lyon, errait inaperçu au milieu de ses concitoyens.

M. Garnier-Pagès a réclamé la publicité entière des séances des conseils-généraux (18 janvier). Il a combattu la proposition de M. Harlé fils sur la négociation des effets publics (30 janvier), en démontrant que le meilleur moyen de faire cesser l'agiotage était de rentrer franchement dans les voies larges de la liberté et de l'égalité. A l'occasion de l'emprunt grec, il soutint la demande en communication des documens diplomatiques qui se rattachaient à cette affaire (12 février). Il appuya une pétition des habitans de diverses communes, réclamant une meilleure répartition des impôts et la réduction des gros traitemens (22 février) ; peu sensible aux misères des classes souffrantes, la majorité passa à l'ordre du jour. Une nouvelle pétition, couverte de douze cents signatures des habitans du Var, réclamant leurs droits politiques, l'affranchissement complet de la presse, et une meilleure répartition des impôts, fut, pour le député de l'Isère, l'occasion de renouveler ses justes réclamations (13 avril). Un discours insignifiant du ministre de la justice, et l'ordre du jour, voté par les centres, furent les seules réponses faites à l'expression des souffrances du peuple. M. Garnier-Pagès s'est opposé à l'indemnité de rassemblement demandée pour les troupes de Grenoble (8 mars). Il a combattu la proposition de M. Jacques Lefèvre, qui avait pour but de monopoliser toutes les publications commerciales au profit des journaux ministériels (9 mars). Il a défendu M. Cabet contre les assertions mensongères de MM. Barthe et Persil (11 mars), et a signalé les pitoyables prétextes inventés par les hommes du pouvoir pour assouvir leur vengeance sur des représentans du peuple.

Dans le cours de la discussion du budget des dépenses, M. Garnier-Pagès flétrit la censure dramatique ressuscitée par le bon plaisir de M. d'Argout (15 mars). Il attaqua avec énergie l'exécrable loi contre les réfugiés, mesure de proscription, dictée au gouvernement par sa haine contre la liberté et sa complicité avec la sainte-alliance (30 mars). Peu touché de l'exclamation du maréchal Soult : *On ne m'arrachera mon traitement, qu'avec la vie,* il s'est opposé au cumul des maréchaux (5 avril). Il a appuyé une pétition des habitans de Chalons-sur-Saône, contre la conduite illégale du préfet (6 avril) ; l'ordre du jour, prononcé sur cette pétition apprit au pays combien la majorité ministérielle est sensible à l'oppression des citoyens.

La dénonciation Viennet, contre la *Tribune,* fournit à M. Garnier-Pagès une occasion de défendre la liberté de la presse. (8 avril.) Il fit ressortir la maladresse de la démarche dans laquelle la majorité s'engageait ; en s'exposant à se voir demander des explications sur ces croix d'honneur, ces fournitures, ces fortunes subites, ces concessions prodiguées par la faveur ministérielle à des députés qui repoussaient vertueusement la qualification de prostitués.

Pendant la seconde session, M. Garnier-Pagès montra la même activité. En appuyant la pétition du sieur Barthélemy (18 mars), qui dénonçait des actes arbitraires du préfet de police, il signala les persécutions dirigées contre des magistrats membres de la société *Aide-toi, le ciel t'aidera.* Interrompu par le ministre de l'instruction publique, il lui rappela que, lui-même, ainsi que M. Barthe, faisaient autrefois partie de cette société. Interrompu par l'inévitable M. Fulchiron, il rappela à cet honorable le temps où il venait supplier le comité de le faire nommer député de la banlieue; interrompu par les centres, il leur rappela que 150 députés de la majorité actuelle avaient été, à une autre époque, membres ou correspondans de cette société. Les centres béants partagèrent la confusion de leurs patrons.

M. Garnier-Pagès a combattu la tentative d'immobiliser le budget, commencée par les ministres dans la question de l'amortissement (27 mai). Les lâches vengeances exercées contre les détenus politiques par leur translation au Mont-Saint-Michel, tandis qu'on annonçait la mise en liberté de la duchesse de Berry, ne pouvaient échapper à son indignation (28 mai); et, lorsque la duchesse fut mise en liberté, cette violation des lois fut sévèrement flétrie par le député de l'Isère (10 juin).

Dans la question du serment, soulevée par une pétition de M. Hyde de Neuville, les vrais principes de liberté trouvèrent dans M. Garnier-Pagès un défenseur (8 juin). Il prouva que le but du serment politique était un but d'exclusion; que le serment est immoral, contraire à la souveraineté du peuple, absurde dans sa formule par un triple engagement; il prouva enfin que l'on peut devoir un serment au pays, mais que le pays n'en doit à personne. M. Barthe ne put répondre que par des sophismes à ces vérités évidentes. Plusieurs imprimeurs, dont les brevets avaient été supprimés dans un intérêt politique, demandaient à être rétablis dans leurs droits (15 juin): M. Garnier-Pagès s'éleva contre le monopole de l'imprimerie, les entraves apportées à la publicité par les refus de brevets, et cita des abus de pouvoir et des illégalités bien connus du ministre du commerce. La pétition fut renvoyée à l'examen du ministre.

Cette réclamation, en faveur de la liberté de la presse, termina, avec la session, les travaux législatifs de M. Garnier-Pagès.

PENET.

Ce député, qui vote presque toujours avec le ministère, ne paraît jamais à la tribune.

PRUNELLE.

Dans la discussion sur l'état de siége, M. Prunelle proposa un amendement de juste-milieu, ayant pour objet, comme il le dit lui-même, *de laisser là question tout à fait indécise* (1ᵉʳ décembre), expédient merveilleux pour éclairer l'opinion. Mais les révélations de M. Prunelle furent beaucoup plus utiles que son amendement. « Ne demandez pas l'état de siége, lui di- » sait M. Casimir Périer, le gouvernement ne l'accordera ja- » mais. » A son arrivée à Lyon, le maréchal Soult tenait le même langage. Ces messieurs prenaient alors autant de soin pour combattre cette mesure, qu'ils en ont pris depuis pour la justifier.

M. Prunelle a présenté à la chambre le rapport de la commission sur le projet de loi d'attributions municipales (25 mars). Dans le budget des dépenses il a fait, sur le collège de France, quelques observations que personne n'a écoutées. Il a combattu une réduction de 6,000 francs, proposée par M. Lherbette, sur la bibliothèque royale, et a fait un pompeux éloge du nouveau réglement, qui néanmoins ne remédie à aucun des anciens abus (25 mars). Quelques observations sur les lois de l'instruction primaire et d'attributions municipales ont terminé les travaux de M. Prunelle (1ᵉʳ avril).

Ce député a reçu un témoignage lucratif de la reconnaissance ministérielle par sa nomination à la place d'inspecteur-général des eaux de Vichy. Mais le gouvernement, jaloux de se conserver un partisan dévoué, n'a convoqué le collège que long-temps après le terme légal, et après que l'opinion publique se fût énergiquement manifestée.

Grâce au monopole électoral, M. Prunelle a été réélu.

SAPPEY.

Rapporteur des pétitions relatives à la duchesse de Berry, M. Sappey a cru devoir assaisonner son rapport de quelques phrases constitutionnelles (6 janvier). *Le gouvernement représentatif,* dit ce profond penseur, *est le gouvernement du pays par le pays, mais par le pays représenté constitutionnellement, aux termes d'un contrat devenu le véritable souverain.* Ainsi ce n'est plus le peuple souverain qui fait ou défait sa constitution ; M. Sappey lui ravit ce droit. La constitution seule est souveraine, ce qui n'a plus de sens, à moins qu'elle ne soit octroyée ; encore, dans ce cas, faudrait-il remonter à son auteur.

Chargé de présenter le rapport des pétitions des condamnés politiques sous la restauration (16 février), M. Sappey trouva le moyen d'appeler la sévérité du pouvoir sur ceux d'entr'eux qui ne paraîtraient pas complètement satisfaits du gouvernement paternel sous lequel ils ont le bonheur de vivre ; il s'éleva en même temps contre ce qu'il appelait des prodigalités à l'égard des réfugiés étrangers, de telle sorte que son rapport fut presque un réquisitoire contre ces victimes du despotisme. Faut-il s'étonner après cela que M. Sappey ait voté les pensions des chouans ?

M. Sappey a été nommé conseiller maître à la cour des comptes, c'est trop peu vraiment pour reconnaître le dévouement à toute épreuve de ce vertueux député.

M. Sappey, le représentant le plus complaisant, a dû sa réélection aux services personnels qu'il a rendus aux électeurs et aux nombreuses lettres dont il les gratifie quotidiennement. Sa volumineuse correspondance est sans doute une des raisons qui lui font solliciter depuis long-temps la direction générale des postes.

JURA.

Ce département nomme quatre députés.

MM. Bachelu (le général), arrondissement de Dôle. — Delort, id. de Poligny.— Colin, id. de Lons-le-Saulnier.— Bavoux, id. de Saint-Claude.

LE GÉNÉRAL BACHELU.

En renvoyant à la chambre le général Bachelu, les électeurs de l'arrondissement de Dôle ont fait acte de patriotisme. Sa place était marquée à côté des plus zélés défenseurs de nos droits. Le général Bachelu combat aujourd'hui pour les libertés du pays, comme autrefois pour son indépendance.

LE GÉNÉRAL DELORT.

Le général Delort, dont nous ne rappellerons pas les fâcheux antécédens politiques, a continué à servir de son mieux la quasi-légitimité. Dans la discussion du budget de la guerre, il a demandé l'indemnité de rassemblement en faveur des troupes de Grenoble (8 mars). Sans doute, il lui appartenait mieux qu'à tout autre de réclamer pour des fonds si bien employés ; il a acquis tant de gloire dans ces tristes événemens!

. Ce député a présenté le rapport du projet de loi d'appel de 80,000 hommes, dans lequel il a fait une lourde apologie du ministre de la guerre. Dans la discussion sur l'établissement d'un dépôt d'artillerie à Lyon, la véracité du général Delort se trouva en défaut. Pressé d'emporter d'assaut la décision de la chambre, il annonçait que la ville avait entamé des négociations ; que les terrains étaient achetés pour des fortifications ; que tout obstacle allait retarder les travaux (1er avril). Le maire de Lyon démentit aussitôt ces assertions contraires à la vérité.

Le général Delort s'est constitué le défenseur de la croix de Saint-Louis (avril). En demandant une pension pour la veuve du général Decaen, il se permit d'injurieuses diatribes contre les réfugiés.

M. Delort a quelquefois des velléités d'indépendance avec les commis de la pensée immuable. C'est ainsi qu'à la suite d'une discussion avec son excellence Me Barthe, il donna sa démission de commandant de division militaire. Mais lorsque, plus tard, il se présenta aux Tuileries en qualité d'aide-de-camp du roi, on lui annonça sa destitution de ces dernières fonctions. Ainsi, les hauts faits de Grenoble ne sont plus des titres suffisans à la faveur de la royauté citoyenne.

Le général Delort ne peut se rappeler sans fureur le charivari qui l'a accueilli à Arbois : ce souvenir est un trait empoisonné qui le poursuit nuit et jour ; aussi, n'a-t-il songé qu'à se venger. Le conseil municipal d'Arbois a été dissous ; la garde nationale a été dissoute et désarmée. Il a imposé à ses concitoyens un maire de son choix, son homme d'affaires. Ne pouvant s'abuser sur les sentimens que lui a voués l'immense majorité de la population d'Arbois, il veut du moins en comprimer toute manifestation. Ses agens, et surtout l'homme de peine qu'il a si plaisamment transformé en maire, ont fait mille efforts pour obtenir du conseil municipal un vote pour les dépenses de construction d'une caserne. En attendant qu'une garnison permanente le protège contre une nouvelle symphonie, le général Delort ne sort jamais dans les rues d'Arbois sans se faire accompagner d'un gendarme.

M. Delort a pu se brouiller avec l'un des ministres ; mais, à coup sûr, il ne l'est pas avec le système ministériel.

COLIN.

M. Colin a continué à se maintenir dans cette ligne équivoque que lui trace sans doute sa qualité de fonctionnaire amovible. Il a voté plus souvent avec le ministère qu'avec les patriotes, et a discrètement gardé le silence.

BAVOUX.

M. Bavoux a présenté, dans la première session, un projet de loi sur le divorce (29 décembre). Développé par son auteur, ce projet fut pris en considération, discuté, puis enfin adopté par la chambre des députés. Mais la chambre des pairs, qui semble n'avoir d'autre mission que d'arrêter tout progrès et d'imprimer un mouvement rétrograde à la civilisation, rejeta la loi du divorce dès qu'elle lui fut présentée.

M. Bavoux a demandé et obtenu une réduction sur les dépenses du conseil-d'état (24 janvier). Dans la discussion du budget, il a reproché à M. Guizot d'avoir prélevé sur les fonds secrets ses 25,000 fr. de premier établissement, détournant ainsi une somme de sa destination spéciale, pour une application personnelle, afin de se donner les honneurs du désintéressement (14 février).

Dans la seconde session, M. Bavoux représenta sa proposition relative au divorce ; elle était destinée à éprouver le même sort.

M. Bavoux a constamment voté avec l'opposition.

LANDES.

Ce département nomme trois députés.

MM. Laurence, arrondissement de Mont-de-Marsan.—Disséré, id. de Dax. — Bretous-Peyron, id. de St-Sever.

LAURENCE.

M. Laurence a pris la parole en faveur de la proposition du général Demarçay, pour la formation de commissions chargées d'examiner le budget (13 décembre). Il a soutenu l'amendement de M. Glais-Bizoin, qui demandait que le nombre des membres des conseils-généraux fût égal à celui des cantons (4 janvier). Cet amendement fut adopté. Il s'est opposé à l'augmentation demandée en faveur des cours royales (24 janvier).

Le 24 février, il a pris la parole sur la loi d'expropriation.

Lors de la discussion du budget de la guerre (22 mars), M. Laurence fit entendre de justes observations sur le régime des bagnes, et réclama, en faveur des malheureux qui y sont entassés, une nourriture plus saine, plus abondante, plus en rapport, enfin, avec leurs rudes travaux.

Dans la discussion au sujet de la *Tribune*, il a appuyé l'ordre du jour.

M. Salverte ayant proposé que l'on comprît dans l'instruction primaire les notions des droits et des devoirs politiques, M. Laurence soutint avec chaleur cette proposition (20 avril). Il a demandé que les instituteurs fussent astreints au serment (30 avril).

Le cadastre, les travaux pour les fortifications de Paris, furent les objets de ses investigations (12 et 14 avril). Il somma le ministère de dire enfin si ces interminables travaux du cadastre seraient terminés quelque jour, et si le budget devait encore en supporter long-temps les dépenses. Il se plaignit vivement de ce que, malgré le vote de la chambre, l'adjudication des travaux eût été faite sans affiche et sans rabais.

Le 25 mai, M. Laurence parla dans la discussion sur l'amortissement. Le 25 juin, il proposa de réduire à deux millions le crédit demandé pour la liquidation de l'ancienne liste civile. Il s'opposa vivement à l'introduction des curés dans les comités de surveillance pour l'instruction primaire.

Dans ces deux sessions, M. Laurence n'a pas retrouvé l'énergie qu'il montrait en 1831. On ne peut lui reprocher, sans doute, d'avoir abandonné entièrement l'opposition, avec laquelle il a continué de voter ; mais il a voulu plusieurs fois l'entraîner dans des combinaisons politiques plus conformes à la volonté dynastique que favorables aux intérêts du pays. Dans l'affaire de la *Tribune*, il a refusé de faire partie de ceux qui se récusaient, et a, dans d'autres circonstances, demandé que les patriotes essayassent du fâcheux système des concessions. Si M. Laurence avait conservé la ferme conviction que les hommes du pouvoir perdent le pays, il n'aurait pas entretenu avec eux des relations qui leur ont permis de le nommer membre de la commission d'Afrique, nomination qui n'était pas, comme celle de M. Reynard, député de Marseille, justifiée par des intérêts de localité.

M. DUSSÉRÉ.

La nomination de M. Dusséré, élu en remplacement de M. Basterèche, démissionnaire, est due en partie aux efforts de l'administration. Lors de l'élection de ce député, le sous-préfet de Dax écrivit confidentiellement à chaque maire ou adjoint électeur, une circulaire électorale renfermant le passage suivant : « Qu'il me soit permis d'ajouter, monsieur, que j'attacherais un grand prix à votre coopération dans cette circonstance, et que je vous serai *personnellement* obligé et reconnaissant. »

M. Dusséré, obligé du pouvoir, lui a prouvé sa reconnaissance en votant pour toutes ses propositions.

BRÉTHOUS-PEYRON.

Député consciencieux, M. Bréthous-Peyron a voté constamment avec l'opposition.

LOIRE.

Ce département nomme cinq députés.

MM. Robert-Fleury, 1er *arrondissement de Saint-Étienne.* — *Ardaillon,* 2e *id. de Saint-Étienne.* — *Lachèze père, id. de Saint-Galmier.* — *Lachèze fils, id. de Montbrison.* — *Baude, id. de Roanne.*

ROBERT-FLEURY.

Tout ce que l'on sait de M. Fleury, c'est que les électeurs se trompèrent étrangement s'ils crurent envoyer à la chambre un député patriote. M. Fleury s'est montré partisan du vote silencieux et respectueux.

ARDAILLON.

Après avoir proposé d'ajouter 20,000 fr. au budget en faveur des juges-suppléans (25 janvier), M. Ardaillon a gardé le plus profond silence, qu'il n'a interrompu que pour demander un congé (20 février). Depuis son arrivée jusqu'à son départ, M. Ardaillon s'est montré bon ministériel.

LACHÈZE PÈRE.

A voté pour les ministres, et s'est tu.

LACHÈZE FILS.

Le 31 décembre, M. Lachèze fils s'est opposé à la proposition de M. Roger sur la liberté individuelle, et a défendu chaleureusement la procédure actuelle, qui, comme chacun le sait, est un modèle de perfection.

Le 25 janvier il a joint sa voix puissante à celle de M. Ardaillon, pour demander le paiement des juges de chambre temporaire.

Pendant les deux sessions, il a toujours voté avec le pouvoir.

Tels sont les titres de M. Lachèze fils à la reconnaissance publique.

BAUDE.

Dans la discussion de l'adresse, M. Baude a présenté des observations grammaticales fort peu importantes sur la différence des souvenirs ou doctrines de la restauration. Il s'est opposé à la proposition de M. Harlé sur la négociation des effets publics. Il a pris part à la discussion sur la loi d'expropriation pour cause d'utilité publique.

Le 5 mars, il proposa un amendement sur les pensions des anciens chouans, dont les amis se trouvèrent en majorité à la chambre. Ce fut à cette même séance que M. Baude stygmatisa Clouet de l'épithète de *misérable*, qualification dont le pays a doté bien d'autres noms.

Le discours de M. Baude contre les chouans lui attira sa destitution de membre du conseil d'état. Plusieurs orateurs réclamèrent à grand bruit contre cette brutalité ministérielle. Mais pourquoi certains députés acceptent-ils des fonctions publiques? Pourquoi se placent-ils entre leur devoir et leur intérêt, subissant une épreuve à laquelle leur indépendance succombe presque toujours. Nous ne blâmons pas les protestations qui s'élevèrent à cette occasion; mais quand des représentans du peuple furent poursuivis, traqués par la police, quand ils furent appelés à comparaître devant les caporaux de la garnison, transformés en tribunal, la chambre a-t-elle montré la même sollicitude pour la dignité, l'existence de trois de ses membres, que pour les fonctions salariées de MM. Baude et Dubois?

Le 9 avril, il demanda à retrancher de la citation devant la chambre l'un des articles de la *Tribune*, dénoncés par le héros d'Estagel, sans s'opposer au jugement du reste.

Le 18 du même mois, dans l'intérêt de la morale publique, il demanda la suppression de la loterie de Lyon.

Lors de la seconde session, M. Baude a dû se faire de grands ennemis en cour : car il a combattu (3 juin) le projet formé par le ministère d'adjuger 18 millions à la liste civile pour la construction d'une nouvelle bibliothèque. On offrait pour hypothèque l'engagement moral et de bonne foi de la liste civile : les 18 millions furent refusés.

Le 4 juin, il prit la parole sur le projet de loi relatif aux travaux publics, et, le 15 du même mois, il termina ses travaux parlementaires, en demandant que, sur le crédit de 750,000 f. ouvert au ministère des finances pour distribution de secours aux pensionnaires indigens de l'ancienne liste-civile, il fût distrait 220,000 fr., pour être appliqués aux condamnés politiques sous la restauration.

M. Baude, qui a conservé quelques souvenirs de son ancienne opposition, parle et vote quelquefois contre le ministère, mais malheureusement il lui arrive plus souvent d'oublier les principes qu'il a long-temps professés.

LOIRE (HAUTE-).

Ce département nomme trois députés.

MM. Bertrand, arrondissement du Puy. — Mallye, id. de Brioude.
— Berryer, id. de Monistrol.

BERTRAND.

M. Bertrand a constamment fait preuve d'un dévouement imperturbable aux volontés ministérielles.

MALLYE.

M. Mallye a continué, pendant ces deux sessions, à voter avec l'opposition.

BERRYER.

Dans le cours de la discussion de l'adresse (28 novembre),

M. Berryer donna à la chambre quelques explications sur son arrestation en Vendée. Il repoussa avec énergie les outrageantes interpellations de M. Jollivet, reproduisant contre lui devant la chambre une accusation que le ministère public lui-même avait abandonnée en présence des jurés.

Le 5 janvier, il prit la défense de la duchesse de Berry.

Dans la discussion du projet de loi sur le 21 janvier, amendé en dernier lieu par la chambre des pairs, M. Berryer prononça un discours remarquable en faveur des souvenirs de la légitimité.

Le 12 février, il défendit M. de Montbel sur les distributions d'argent faites à la garde royale pendant les journées de juillet.

Un orateur légitimiste est de toute nécessité religieux et même apostolique : c'est en vertu de ce principe que M. Berryer s'opposa si vivement à la proposition de M. Portalis sur le mariage des prêtres (23 février).

Le 9 avril, enfin, il repoussa les attaques de M. Jaubert, qui avait trouvé moyen d'injurier plusieurs de ses collègues, tout en se plaignant douloureusement des charivaris et des comptes-rendus.

M. Berryer est un des plus éloquens orateurs de la chambre. Malheureusement pour lui, il consacre son talent à la défense d'une cause perdue depuis long-temps. Général habile, il a livré plus d'un brillant combat. Mais peut-il espérer un triomphe que ne sauraient obtenir toutes les forces de son parti, alors qu'il ne lui reste à la chambre qu'un soldat : et quel soldat ? le doyen d'âge !

LOIRE-INFÉRIEURE.

Ce département nomme sept députés.

MM. Dubois, 1er arrondissement de Nantes. — Chaillou, 2e id. de Nantes. — Luminais, 3e id. de Nantes, moins la ville. — Levaillant, id. d'Ancenis. — Joseph Defermon, id. de Châteaubriant. — Saint-Aignan, id. de Paimbœuf. — Varsavaux, id. de Savenay.

DUBOIS.

Dans la discussion sur la loi départementale, M. Dubois

s'opposa à l'amendement de M. Comte, tendant à exclure les prêtres des conseils généraux (17 janvier).

Dans le budget des cultes (15 février), M. Dubois s'est plaint avec raison des perpétuels changemens d'attributions des divers ministères. Les cultes avaient passé de l'instruction publique à la justice : le département de la justice les avait jetés à l'intérieur. De là des frais d'établissement, des loyers d'hôtel, des remuemens de dossiers. L'orateur demanda en même temps une réduction sur les traitemens des évêques et plus de fermeté de la part du gouvernement contre les hostilités du clergé. M. Dubois a soutenu énergiquement la proposition patriotique de M. Bousquet, pour la révision des pensions des chouans (5 mars); mais l'amendement fut rejeté aux cris de vive la charte! proférés par les centres. Vivent les chouans ! vivent les traîtres ! leur répondirent ironiquement les patriotes.

L'opposition de M. Dubois lui valut sa destitution illégale de membre de l'Université. Les ministres s'efforcèrent de justifier cet acte arbitraire par de pitoyables sophismes (25 avril). M. Dubois monta à la tribune et termina ses explications par ces paroles vivement applaudies :

« Ici je suis souverain en restant dans les limites tracées par » la constitution : mon opinion ne relève d'aucune autorité au » monde, excepté de l'opinion publique et des électeurs qui, » redevenant souverains à leur tour, continuent ou retirent le » mandat donné. »

M. Dubois, qui avait été réintégré dans ses fonctions d'inspecteur-général de l'Université, lors de la discussion de la loi sur l'instruction primaire, s'opposa à la proposition de M. Salverte de donner aux élèves les notions premières des droits et des devoirs du citoyen (29 avril). Les centres trouvèrent beaucoup plus utile l'enseignement du plain-chant.

Dans la seconde session, le député gracié s'est rapproché de plus en plus du ministère. Le chaleureux adversaire des chouans aurait-il oublié les sympathies vendéennes de la quasi-légitimité ?

CHAILLOU.

Nommé conseiller de préfecture après la révolution de juillet, ce député est tout dévoué au ministère. Il n'a pas paru à la chambre pendant toute la seconde session.

LUMINAIS.

« Nous regrettons, Sire, que votre gouvernement ne croie

» pas pouvoir proposer de réductions sur les charges publiques;
» comme mandataires du peuple, notre devoir est de les récla-
» mer, bien persuadés que l'urgence des circonstances exige
» impérieusement que les intérêts matériels et populaires
» soient, dans le cours de cette session, mis en première ligne,
» comme le moyen le plus certain d'assurer la paix intérieure.
» Nous ne demanderons pas avec moins d'insistance les justes
» économies que nous avons le droit d'attendre, etc. etc. »

Tel est l'amendement que M. Luminais proposa dans l'a-
dresse au roi (3 décembre), et qu'il développa avec une courageuse persévérance, malgré les cris des centres et les facéties du
président. Cet amendement fut rejeté. Que peut-on attendre
d'une majorité qui interrompt par son hilarité le récit des malheurs de la Pologne, qui s'impatiente quand on lui retrace les
misères du peuple ?

Député éclairé et consciencieux, M. Luminais a toujours voté avec les patriotes.

LEVAILLANT.

M. Levaillant, qui siége dans les rangs de l'opposition, a pris
une part utile à la discussion de la loi d'expropriation pour
cause d'utilité publique (6 février).

JOSEPH DEFERMON.

M. Defermon s'est placé cette année, par ses votes, entre le
juste-milieu et l'opposition : il lui est rarement arrivé cependant de trouver mauvais les projets du ministère.

SAINT-AIGNAN.

Ce député fut chargé de présenter le rapport du budget des
affaires étrangères (7 février) : la commission ne pouvait choisir un rapporteur plus dévoué aux ministres en particulier et
au gouvernement en général. Il a pris la parole dans une autre
circonstance pour demander le rétablissement des secrétaires
généraux, superfétation administrative déjà supprimée par économie (18 mars).

VARSAVAUX.

Ce député vote souvent avec le ministère. C'est un législateur indécis, sans conviction politique, sans principes arrêtés.

LOIR-ET-CHER.

Ce département nomme trois députés.

MM. Pelet (de la Lozère), arrondissement de Blois.—Petit, id., de Romorantin.—Péan, id., de Vendôme.

PELET.

M. Pelet a combattu la proposition du général Demarçay, tendant à introduire un ordre plus régulier dans l'examen des lois de finance (4, 12, 13 décembre). Il s'est également opposé à l'amendement de M. Comte, qui avait pour but d'élargir la base électorale pour la nomination des conseils généraux (16 janvier.)

Il a pris la parole à plusieurs reprises sur le projet de loi d'organisation départementale, et présenté diverses observations sur les attributions des ministères de l'intérieur et des travaux publics, sur l'instruction primaire, sur une proposition réglementaire faite par M. de Corcelles, et sur le projet de loi relatif aux dépenses résultant des épidémies.

Dans la discussion sur les travaux publics, M. Pelet appuya une proposition relative à la navigation de la Garonne (4 juin). Il combattit toute réduction sur l'amortissement (25 mai); grâce à son vote et à celui des centres, le ministère a ressaisi la proie prête à lui échapper.

M. Pelet a constamment voté pour le pouvoir.

PETIT.

En prenant la parole trois fois dans le cours de la session, ce député fonctionnaire a donné de tristes gages de son dévouement au pouvoir. On le vit s'opposer à la proposition philantropique de M. Roger sur la liberté individuelle, proposition qui conciliait les droits de la justice avec les garanties que l'on doit aux citoyens (31 décembre). Mais c'est surtout dans la dénonciation de la *Tribune* que M. Petit joua un pitoyable rôle. Il s'efforça de combattre, par un déluge de sophismes, ce principe si simple et si vrai : Nul ne doit être juge dans sa propre cause. Son discours décelait un besoin de vengeance inconcevable. Ce magistrat refusait même d'accorder des défenseurs à la *Tribune* (8 avril), et, quoique la chambre eût décidé que l'accusé, c'est-à-dire le condamné, pourrait être défendu, M. Petit essaya encore d'empêcher les défenseurs de M. Lyonne de présenter leurs dernières observations (16 avril). Les centres eux-mêmes, fatigués de cet excessif et inutile acharnement, le forcèrent au silence.

PÉAN.

M. Péan a pris la parole à diverses reprises sur le projet de loi relatif aux impôts et aux crédits provisoires pour 1833 (7 décembre). Il a combattu le vote en bloc du budget, et les motifs, pleins de force et de justesse, avec lesquels il a appuyé son opinion, ont annoncé, dès ce premier début, un orateur utile. M. Péan a pris également une part active à la discussion de la loi d'organisation départementale (17 janvier). Rapporteur du projet de loi sur la suspension des gardes nationales de Corse, il rendit justice au patriotisme des habitans de cette île, et, de concert avec la commission, restreignit à quelques villes seulement l'arbitraire ministériel qui devait frapper la population tout entière. La chambre adopta ses conclusions (15 février).

M. Péan a montré de la facilité et des connaissances administratives. Il a toujours voté avec l'opposition.

LOIRET.

Ce département nomme cinq députés.

MM. Jules de Larochefoucauld , arrondissement de Pithiviers. — Crignon de Montigny, 1er id. d'Orléans. — Jousselin, 2e id. d'Orléans. — Roger, id. de Gien. — Bleuart, id. de Montargis.

JULES DE LAROCHEFOUCAULD.

Dans le budget du ministère des affaires étrangères, M. Jules de Larochefoucauld vint présenter une nouvelle organisation diplomatique de sa façon (19 février). Les traitemens des ambassadeurs déjà énormes, lui paraissaient trop modiques: « Il » faut, disait-il, soutenir dignement le nom français... L'hon- » neur du nom français est mal compris des modernes écono- » mistes... La France est mal représentée par des hommes sans » fortune et sans une brillante existence. »

La France est mieux représentée, dirons-nous à M. Larochefoucauld, par un roturier courageux que par un lâche gentillâtre. M. l'aide-de-camp du roi qui paraît imbu des bonnes traditions de l'OEil-de-bœuf, devrait aller à l'école de ces économistes bourgeois attaqués si dédaigneusement ; il y apprendrait que l'honneur de la France ne réside pas dans le faste ruineux d'un espion titré, mais dans une puissante et noble attitude, et dans la terreur qu'elle devrait imprimer aux ennemis de la liberté.

M. Larochefoucauld donna encore à la chambre un échantillon du savoir faire des Tuileries, en lisant un discours contre le divorce (23 mars). Mais il ne put aller jusqu'au bout. Le bruit des conversations particulières engagées sur tous les points, ne permit pas d'entendre cette lecture interrompue par les cris répétés aux voix ! aux voix ! la clôture ! Le lecteur désappointé, replia son manuscrit et descendit de la tribune d'assez mauvaise humeur.

M. l'aide-de-camp du roi est à la chambre l'aide-de-camp du ministère.

CRIGNON DE MONTIGNY.

M. Crignon de Montigny vote constamment avec le ministère. —

JOUSSELIN.

M. Jousselin est en même temps un de nos ingénieurs les plus distingués, et un de nos députés les plus actifs. Dans le projet de loi d'expropriation pour cause d'utilité publique, il prit la parole à plusieurs reprises, et proposa un système bien préférable à celui du gouvernement (30 janvier). Dans la discussion du budget des dépenses 1833, il fit d'importantes observations sur l'administration des ponts et chaussées (13, 22 mars, 5 avril). Divers projets de loi d'intérêt local ont également occupé M. Jousselin (27 mars, 6 avril). Dans le cours de ces discussions, il a déployé un zèle infatigable et des connaissances approfondies.

Lors des débats occasionnés par le projet du transport de la bibliothèque au Louvre (3 juin), M. Jousselin vint appuyer de l'inspection qu'il avait faite des lieux et du témoignage de sa longue expérience les observations si judicieuses de M. Arago. Il proposa de renvoyer le projet à une loi spéciale, ce qui équivalait à un ajournement indéfini. Cet amendement fut adopté au grand étonnement des spectateurs. M. Jousselin rendit dans cette circonstance un grand service au pays, en déconcertant la spéculation monarchique, et en sauvant dix-huit millions que la liste civile allait dévorer.

M. Jousselin a toujours voté contre le ministère.

ROGER.

M. Roger a présenté à la chambre une proposition sur la liberté individuelle, afin de concilier autant que possible les garanties des citoyens avec les intérêts de la justice (29 décembre). Il demandait que le cautionnement pût être réduit selon la circonstance, de 500 fr. à 50 f., et que le secret fût ordonné par le tribunal, et non laissé à l'arbitraire du juge d'instruction. C'est la deuxième fois que M. Roger représentait ce philantropique projet; il avait été pris en considération par la chambre dans une précédente session, et la commission tout entière avait conclu à son adoption. Cette fois la prise en considération même fut rejetée; triste effet des progrès de l'influence du pouvoir!

M. Roger a discuté certaines dispositions du projet de loi d'expropriation pour cause d'utilité publique (2 février). Dans le matériel de l'administration centrale des affaires étrangères, il demanda une réduction de 40,000 fr. sur la somme portée pour réparations (22 février), et une autre réduction de 14,000 f. applicable au conseil d'amirauté (21 février). Ces deux tentatives d'économie furent repoussées. M. Roger demanda, avec M. Mauguin, l'annullation des rentes rachetées (1er mars); mais les promesses ministérielles influencèrent la chambre : l'amendement fut rejeté, et cette source féconde d'agiotage fut conservée à la satisfaction générale des centres.

M. Roger a vivement attaqué les abus du ministère de la marine (11 février). Il a pris la parole dans la discussion sur la caisse des marins invalides (19 avril), et sur le projet de loi concernant le régime législatif des colonies (20 avril).

Par ses travaux assidus et ses votes éclairés, M. Roger a justifié la confiance des patriotes.

BLEUART.

M. Bleuart est ministériel comme M. Larochefoucauld et muet comme M. Grignon de Montigny. Le ministère ne se plaint pas de ses votes ni la chambre de son silence.

LOT.

Ce département nomme cinq députés.

*MM. de Mosbourg , 1er arrondissement de Cahors. — Conté, 2e id.
de Cahors. — Bessière , id. de Figeac. — Calmon, id. de Gour-
don. — Dufour, id. de Saint-Céré.*

DE MOSBOURG.

M. de Mosbourg fait partie de l'opposition active ; il ne se
contente pas de soutenir par son vote les intérêts du pays , souvent aussi il élève la voix pour combattre les ministres ou leurs
enfans perdus lorsqu'ils viennent à la tribune proposer des mesures désastreuses.

Le 1er décembre, pendant la discussion de l'adresse au roi, M.
de Mosbourg s'éleva contre la mise en état de siége, brutale violation de la charte et des lois. Le 7 du même mois , il s'opposa
au projet de loi relatif aux impôts et crédits provisoires pour
1833, ne voulant pas que l'on votât ainsi au pas de charge la
masse des contributions directes pour 1833.

M. de Mosbourg demanda la diminution des primes à l'exportation des sucres , signalant avec énergie les scandaleux bénéfices faits par des banquiers , hommes politiques (8 décembre); il parla sur le réglement du budget de 1829 (21 décembre),
et demanda des renseignemens précis sur les salines de l'Est ,
voulant qu'à l'avenir la comptabilité de la régie fût soumise aux
investigations de la cour des comptes. Il revint sur ce même
amendement le 13 février , le 4 mars , le 19 avril et combattit
la commission.

M. de Mosbourg soutint une proposition concernant la reprise des travaux législatifs interrompus par la clôture de la session, et dit quelques mots sur l'expropriation pour cause d'utilité publique.

Le budget de 1833 (dépenses) , l'amortissement (27 février),
les intérêts de la dette perpétuelle (28 février), les frais de perception (1er mars) , la loi sur les boissons (18 avril), la créance
d'Espagne (18 avril), la loi sur les sucres (19 mars) , furent autant de sujets qu'il traita avec talent dans le cours de la session.

Le 17 décembre, M. de Mosbourg proposa un amendement
au projet de loi concernant la prescription des dépôts faits à la
poste. Cet amendement avait un but philantropique en faveur

de la classe pauvre, aussi fût-il repoussé par les élus de la classe
riche. Le 22 janvier il parla sur le projet de loi d'organisation
départementale. Quelques jours après , M. de Mosbourg rappela à l'infaillible et savant M. Charles Dupin, qui soutenait que
l'impôt sur les vins était très modéré, un passage d'un discours
où ce député émettait l'opinion contraire , flétrissant cet impôt
des qualifications d'*intolérable* et d'*odieux*; mais il oublia de dire
qu'à l'époque où M. Charles Dupin faisait ce premier discours
il était représentant d'un pays vignoble.

Dans le cours de la deuxième session, M. de Mosbourg a pris
part à la discussion sur le projet de loi d'attributions municipales. Il a demandé, dans un discours remarquable, l'annulation
des rentes rachetées de l'amortissement (25 mai.)

Il serait à désirer que M. de Mosbourg, qui soutient avec énergie les intérêts matériels du pays , montrât la même fermeté à
l'occasion des intérêts politiques : cependant il vote habituellement avec l'opposition.

CONTÉ.

M. Conté, vote paisiblement pour le ministère ; c'est une
fonction dont il s'acquitte à la satisfaction de messieurs du cabinet.

DELPONT.

M. Delpont , qui votait habituellement avec le ministère , a
donné sa démission le 16 janvier ; sa conscience ne lui a sans
doute pas permis de jouer ce rôle plus long-temps.

BESSIÈRE.

M. Bessière, homme souple, intelligent, a succédé à M. Delpont. Le ministère a fait bon usage de ses votes et de son infatigable activité.

CALMON.

Le 18 décembre, M. Calmon a fait un rapport sur le budget
définitif de 1829.

Le 8 février 1833, il prit la parole sur le projet de loi d'expropriation pour cause d'utilité publique. M. Calmon , directeur
de l'enregistrement , a constamment montré l'indépendance
d'un fonctionnaire largement rétribué.

LE GÉNÉRAL DUFOUR.

M. Dufour, ministériel dévoué, est mort pendant la session.

TOURON.

M. Touron, successeur de M. Dufour, a montré une foi tout aussi vive dans l'infaillibilité des gouvernans.

LOT-ET-GARONNE.

Ce département nomme cinq députés :

MM. Dumon, 1er *arrondissement d'Agen.—Merle-Massonneau,* 2e *arrondissement d'Agen. — Bastard-d'Etang, id. de Marmande. —Lusignan, id. de Nérac.—Lafond-Blaniac, id. de Villeneuve-d'Agen.*

DUMON.

Si la terre était habitée par trois hommes, a dit un philosophe, l'un serait roi, l'autre son flatteur, et le troisième travaillerait pour nourrir les deux premiers. M. Dumon a trop d'esprit pour faire jamais partie de cette dernière catégorie ; il ne sera jamais dans la première; sa conduite à la chambre et le profit qu'il en retire, prouvent qu'il s'est rangé dans la seconde.

Dans une discussion soulevée par une pétition ayant pour but l'abolition de la peine de mort, M. Dumon s'est prononcé pour le maintien de cette terrible pénalité (15 décembre). Préjugeant cette importante question, il s'opposa même à ce qu'elle fût examinée, et combattit de tout son pouvoir le renvoi de la pétition au ministre. Ces philantropiques efforts donnent la mesure de son humanité.

Rapporteur du budget de la justice, le député d'Agen, loin de demander aucune réduction, n'a rien imaginé de mieux, pour le bien-être des contribuables, que de proposer diverses augmentations (18 janvier.) C'est ainsi qu'il entend l'économie.

Dans le projet de loi relatif à l'exercice des droits civils et politiques dans les colonies, il a combattu les dispositions favorables à l'affranchissement des esclaves (18 avril). Voilà pour la liberté !

M. Dumon s'est constitué l'avocat de la dénonciation Viennet (8 avril). Il s'est opposé à la proposition Portalis sur le mariage des prêtres. Il a avoué qu'il y avait opposition entre la loi civile et le rite religieux; mais, loin de trancher la difficulté par une solution législative, il a conclu au *statu quo*. Enfin, pour compléter dignement son rôle, dans le projet de loi sur l'instruction primaire, dans son rapport sur le budget de la justice pour 1834, dans la discussion des crédits demandés par le gouvernement, dans toutes les questions qu'il a traitées, M. Dumon s'est montré l'ennemi des économies, l'apologiste des projets ministériels et le partisan dévoué d'un pouvoir contre-révolutionnaire.

De pareils services ne pouvaient rester sans récompense, M. Dumon a été nommé conseiller-d'état.

Honnêtes bourgeois, qui avez besoin d'économie dans les finances, qui jetez au fisc la moitié du produit de votre travail, dont la liberté individuelle, l'industrie réclament des lois protectrices, la loi vous appelle dans les colléges électoraux pour choisir vos représentans, qui, vivant de votre vie, souffrant de vos misères, ont mission de vous protéger, de vous défendre, et vous nommez de pareils députés!

MERLE-MASSONEAU.

Ce député continue à se renfermer dans sa ministérielle obscurité. Pour prix de sa *bonne conduite*, la croix d'honneur lui a été jetée sur son banc.

M. Merle avait fait de magnifiques promesses aux électeurs avant son élection. Mais, aussitôt après le dépouillement des votes, il changea tout à coup de langage, et, à la suite d'une harangue dont il les régala : « Messieurs, leur dit-il, j'ai fait peu » de promesses, et n'ai prêté que fort peu de sermens. ».

On conçoit combien cet aveu candide était rassurant ; aussi les électeurs se retirèrent tout-à-fait édifiés.

BASTARD-D'ÉTANG.

M. Bastard a succédé à M. Martignac, mais ne l'a pas remplacé. Du reste tous ses votes ont été acquis au ministère.

LUSIGNAN XAINTRAILLES.

Le descendant présumé des rois de Jérusalem eût démenti sa noble origine et les souvenirs féodaux qui s'y rattachent s'il se fût rangé parmi les patriotes. Aussi est-il le très humble serviteur des commis de la royauté doctrinaire. Tout ce que le marquis de Lusignan peut faire pour le peuple, c'est de lui ouvrir, une fois l'année, le jour de la fête du village, les portes de son castel et l'entrée de son parc.

Les élections de 1830 arrachèrent M. de Lusignan au profond repos qu'il goûtait au fond de son vieux manoir. Il l'emporta de quelques voix sur son concurrent, qui, comme lui, ne se distinguait que par une origine perdue dans la nuit des temps.

On ne saurait mieux peindre le faible intérêt qu'inspiraient les deux candidats qu'en rapportant les paroles d'un électeur campagnard après l'élection : « Quoi, s'écriait-il, après Juillet... » trois jours de lutte électorale pour décider entre un comte et » un marquis! »

Ce député a été nommé officier de la Légion-d'Honneur : on devait au moins cela à ses services ministériels et à la mémoire des rois de Jérusalem.

LAFOND-BLANIAC.

M. Lafond-Blaniac, ancien député ministériel, n'a pas paru à la chambre. Le ministère l'avait nommé au commandement de la Corse ; mais il est mort sans avoir pris possession de cet emploi.

Ce député a été remplacé par M. Lacuée, qui n'a pas encore siégé à la chambre.

LOZÈRE.

Ce département nomme trois députés.

MM. Rivière de Larque, arrondissement de Mende. — Le général Meynadier, id. de Florac. — Ducayla (de Mont-Blanc), id. de Marvéjols.

RIVIÈRE DE LARQUE.

La voix de cet honorable ne s'éleva jamais contre les ruineuses prodigalités du budget ; sa souplesse et sa docilité peuvent passer pour proverbiales : les ministres n'ont pas gesticulé, discouru, que sa bouche, ses pieds, ses mains, témoignent de son enthousiasme et de son dévoûment. Nous sommes portés à croire que ces génuflexions sont pour M. Rivière comme pour beaucoup d'autres, une recette qui, du reste, n'est que trop efficace. En effet, récompense *honnête* a été décernée, et le député de Mende a pu dire : « *Enfin, j'ai fait mes affaires.* » Non content de s'être fait nommer conseiller à la cour des comptes, il a peuplé, de ses frères, de ses cousins et de ses amis, les parquets, les contributions directes, les bureaux de la préfecture, etc.

Les électeurs de Mende ont réélu M. Rivière de Larque. Il a dû plus d'un vote à la reconnaissance, vertu sympathique des cœurs honnêtes et honnêtement rétribués.

LE GÉNÉRAL MEYNADIER.

Préciser à quelle couleur appartient M. le général Meynadier n'est pas chose facile. Flexible, disposé à tous les changemens, il ne témoigne à quiconque tient le sceptre ni mauvaise humeur, ni mauvaise volonté. Aide-de-camp de Raguse, général sous la restauration, aujourd'hui député, il a automatiquement obéi à toutes les impulsions ministérielles; il a tourné, il tourne, il tournera à droite, à gauche, avec toute la facilité d'un homme habitué à entendre le commandement. Impôts, pensions, fonds secrets, crédits supplémentaires, violations des lois, ont été trouvés légers, honnêtes, légitimes. Ce député, appui de la doctrine, a fait distribuer à ses parens force emplois, non gratuits, bien entendu : sa famille ne peut se plaindre; mais que doit penser le pays?

DUCAYLA.

M. Ducayla a montré quelque indépendance; il a, en certaines occasions, joint ses votes à ceux de l'opposition. Cette velléité a jeté l'effroi dans l'âme de certain haut fonctionnaire qui avait fortement appuyé son élection; aussi les dévoués de l'arrondissement ont-ils fait jouer maint ressort pour attirer leur délégué dans ses foyers, et pour obtenir ensuite sa démission. Leurs manœuvres n'ont réussi qu'à demi : les deux sessions se sont presque entièrement écoulées sans que M. Ducayla parût à la chambre. Il est fâcheux que ce député se soit laissé prendre par une intrigue administrative qui l'a éloigné du théâtre législatif.

On ne sait trop pourquoi M. Ducayla a reçu la croix d'honneur : serait-ce le prix de son absence?

MAINE-ET-LOIRE.

Ce département nomme sept députés.

MM. Augustin Giraud, 1er arrondissement d'Angers.—Robineau, 2e id. d'Angers. — Charles Giraud, 3e id. de Baugé. — Dubois d'Angers, id. de Beaupréau. — Benjamin Delessert, id. de Saumur.—Félix Bodin, 2e id. de Saumur.—D'Andigné de la Blanchaye, id. de Segré.

AUGUSTIN GIRAUD.

Fidèle sujet, très humble serviteur du ministère, M. Giraud est partisan des rigueurs salutaires. C'est là du moins ce que l'on doit conclure de son discours du 28 novembre, sur l'état de siége: *Pénible nécessité*, dit l'orateur ; *justifiée par ce grand principe: Le salut du peuple est la suprême loi.*

Le 7 décembre, M. Giraud parla sur le vote des contributions directes pour 1833. Le 12 février il proposa un amendement favorable à M. Laffitte, lors de l'affaire de l'emprunt d'Haïti.

Le 15 février 1833, M. Giraud prit la parole sur le traitement des archevêques et évêques ; et, chose étrange pour un député de l'Ouest, on le vit, le 5 mars, soutenir les pensions des chouans. Le 22 du même mois, le député d'Angers appuya fortement le projet de loi qui avait pour objet d'augmenter les crédits de la marine ; il demanda que le ministère publiât chaque année un tableau des sommes allouées par le ministère et les conseils de département, à l'instruction primaire. Mais, comme s'il eût eu regret d'avoir provoqué une mesure quelque peu libérale, le 23 février, il combattit une pétition des habitans de Yadan et autres communes, se plaignant des charges qui les accablent, et réclamant leurs droits politiques, ne voulant pas même qu'elle soit déposée au bureau des renseignemens. En mars, il se borna à faire un rapport de pétitions ; le 9 avril, il appuya la dénonciation Viennet.

Pendant la seconde session, M. Giraud parla sur les routes stratégiques de l'Ouest, appuyant de tout son pouvoir le projet du ministère. Le 17 juin, la chambre rejeta la demande qu'il fit d'assujétir au serment les membres des comités d'arrondissemens communaux chargés de la surveillance des écoles primaires.

M. Augustin Giraud n'a, dans le cours de cette session, rien fait pour perdre l'affection des ministres.

ROBINEAU.

Courageux adversaire des chouans, patriote dévoué, M. Robineau est le seul représentant des hommes libres du département de Maine-et-Loire. Ses discours des 23 septembre et 22
octobre 1831, empreints des meilleurs sentimens, font regretter vivement que l'état de sa santé ne lui ait pas permis de siéger pendant une grande partie de la dernière session.

CHARLES GIRAUD.

Si vous connaissez M. Augustin Giraud, vous connaissez monsieur son frère. Même dévouement aux ministres; même sympathie pour les chouans; même regret des choses passées; même
espoir d'y revenir. Il est impossible de trouver plus de rapports
dans les idées, de rapprochement dans les actions. La seule différence qui existe entre les Castor et Pollux de Maine-et-Loire,
c'est que l'un donne l'impulsion tandis que l'autre la reçoit
avec docilité. Le 30 janvier, M. Charles Giraud a soutenu la
proposition de M. Harlé fils, qui a été rejetée à l'unanimité;
plus tard il parla à l'occasion de la loi sur les sucres.

DUBOYS (D'ANGERS).

Il y a quelques honorables qui partagent le joyeux privilége
de fournir un texte inépuisable au *Corsaire*, au *Charivari*, et
surtout à la *Caricature*. On remarque aux premiers rangs MM.
Viennet, Mahul, Madier de Montjau et Duboys d'Angers. C'est
un genre de célébrité comme un autre; il faut bien s'en contenter faute de mieux. Pour ces hommes là, les grelots de la
Folie tiennent lieu des trompettes de la Renommée. Leurs
noms provoquent la grosse joie; ce sont enfin les Odry, les Ar-
nal de la scène politique, d'autant plus comiques, qu'ils le sont
sans prétention.

M. Duboys, plongé dans les réquisitoires grotesques, s'est borné à faire, le 29 décembre 1832, un rapport larmoyant sur la
proposition Portalis, relative au deuil du 21 janvier. Il a été
beaucoup plus remarquable à la cour d'assises, lors d'un procès
fameux et ridicule, qu'à la chambre des députés; mais la célébrité qu'il y a acquise est encore au-dessous de son mérite.

L'existence politique de M. Duboys date des premiers jours
de la révolution. Il a su se conformer à tous les événemens, et
surtout en tirer bon parti. Après avoir vainement sollicité les

suffrages des électeurs d'Angers, M. Duboys s'adressa à ceux de Segré ; là, quelques avocats, quelques officieux amis l'accréditèrent dans l'esprit des électeurs qui ne le connaissaient pas. Aux secondes élections, M. Duboys écrivit aux électeurs qu'il préférait à tout l'honneur d'être député ; qu'il sacrifierait sa place si leurs votes lui étaient assurés. Beaucoup de braves gens signèrent la promesse de l'appuyer à cette condition. Il tint parole en effet, et donna sa démission de la place de procureur-général d'une main ; tandis que de l'autre il recevait sa nomination de conseiller à la cour royale de Paris. Un révérend père jésuite n'eût pas mieux fait. Quelques hommes avaient présenté Casimir Périer, mais on n'était pas certain de l'acceptation de ce redoutable concurrent. M. Duboys l'emporta au ballotage.

Après la session de 1831, M. Duboys éprouva, disait-il, le besoin de voir ses commettans ; ses amis l'annoncèrent à Cholet, et proposèrent de lui offrir un banquet. On fit circuler une liste de souscription. Après avoir employé tous les moyens possibles, on ne réussit à obtenir qu'une trentaine de signatures des fonctionnaires, des amis et des obligés du député, quelques jeunes gens murmurèrent le mot *charivari* ; l'écho fut effrayant ; M. Duboys ne vint pas, et il fit bien.

Il a offert des places à ses *marche-pieds*, pour eux, pour leurs parens, leurs amis, carlistes ou juste-milieu ; en a eu qui a voulu. C'est un homme qui va imperturbablement à son but, sans s'inquiéter du reste ; aussi l'atteint-il. Son fils aîné est auditeur au conseil d'état, et le plus jeune de ses enfans est déjà substitut du procureur-général d'Angers.

M. Duboys a songé à se préparer des chances de succès aux prochaines élections. Celui-ci lui doit une part de bourse pour ses enfans et le titre de suppléant-juge au tribunal de première instance ; un autre espère devenir juge ; un autre a l'expectative d'une présidence, etc., etc. Les amis particuliers de M. Duboys font partie du conseil-général. Quant au député, il joint aux titres que nous avons énumérés, celui de membre du conseil d'arrondissement et de chevalier de la Légion-d'Honneur.

Qu'a fait M. Duboys pour le pays ? Rien. Pour lui ? Tout.

BENJAMIN DELESSERT.

M. Delessert fait partie des honorables *loups cerviers*, selon la dénomination de M. Dupin. Cela ne l'a pas empêché d'être nommé vice-président de la chambre le 22 novembre. Homme

de finance, orateur en partie double, il affectionne particulièrement les questions financières. Le 12 décembre, il fit un rapport sur les dépôts d'argent ; le 8 décembre, il parla sur le projet
de loi relatif aux impôts et crédits provisoires pour 1833 ; le 26
janvier, sur la pétition des fondateurs des comptoirs d'escompte,
et incidemment sur le privilége de la banque de France.

Le 1er février, le projet de loi d'expropriation pour cause d'u-
tilité publique, et, le 18 du même mois, l'indemnité à accorder
aux personnes dont les propriétés avaient été ravagées pendant
la révolution de juillet, lui donnèrent l'occasion de monter à la
tribune. Enfin, le 9 mars, il demanda le renvoi de la pétition
de madame veuve Richepanse, à la commission chargée du projet de loi relatif aux veuves de plusieurs généraux.

Le 20 mars, M. Delessert proposa de réduire à 35 fr. le tarif
des sucres. Cet amendement fut rejeté. On ne le vit pas sans
étonnement, le 1er avril, monter à la tribune pour combattre le
projet des forts détachés. On comprenait difficilement qu'une
pensée du ministère pût ne pas être adoptée par le banquier-
législateur ; mais il fut facile de comprendre le motif qui lui
faisait repousser le projet des forts. M. Delessert ne craignait
pas pour la liberté, mais pour ses propriétés.

Dans la deuxième session, M. Delessert parla, le 8 juin, au
nom de la commission nommée pour l'examen du projet de loi
relatif à l'exécution du traité conclu avec les États-Unis. Il ex-
prima le désir de voir présenter ce projet à l'ouverture de la session de 1834. Plus tard, il parla dans la discussion sur le projet
de loi relatif au deuil imposé par la restauration le 21 janvier ;
loi amendée en style élégiaque par les législateurs du Luxembourg.

FÉLIX BODIN.

M. Félix Bodin parle quelquefois en faveur des projets minis
tériels, et quelquefois aussi il lance de pauvres petits pamphlets
qui expirent de faiblesse aussitôt qu'ils ont vu le jour.

En résumé, M. Félix Bodin est aussi ministériel aujourd'hui
qu'il se montrait patriote avant 1830.

DANDIGNÉ DE LA BLANCHAYE.

M. Dandigné fait partie de ces impassibles ministériels qui
mettent chaque jour en pratique le vote silencieux si bien recommandé par leurs patrons.

MANCHE.

Ce département nomme huit députés.

MM. *Havin*, Ier arrondissement de Saint-Lô. — *Enouf*, 2e id. de Carentan. — *Bricqueville*, 3e id. de Cherbourg. — *Baillod*, 4e id. de Valognes. — *Dudouyt*, 5e id. de Coutances. — *Rihouet*, 6e id. de Perriers. — *Legrand*, 7e id. de Mortain. — *Abraham Dubois*, 8e id. d'Avranches.

HAVIN.

Dès les premiers jours de la session, dans la discussion de l'adresse (29 novembre 1832), M. Havin a flétri énergiquement le retour complet du gouvernement vers les hommes et les choses de la restauration. Il s'efforça, dans la question des sucres (8 décembre), de mettre un terme à ces primes énormes payées par les contribuables pour alimenter la contrebande. M. Havin, pendant les deux sessions, s'est plus d'une fois élevé contre les abus des gros traitemens et les dépenses scandaleuses qui dévorent la fortune publique. Dans la discussion sur le budget du ministère de la justice (24 janvier), il combattit une augmentation de 235,000 fr. proposée par le garde-des-sceaux sur le chapitre des cours royales, et fit ressortir l'inconvénance d'une pareille demande en présence de déficits toujours croissans et d'emprunts ruineux : ses efforts furent couronnés de succès. C'est avec la même persévérance que M. Havin demanda une réduction de 215,000 fr. sur le traitement des ambassadeurs : malgré ses réclamations, il ne put empêcher l'augmentation de 50,000 fr. par ambassadeur, accordée à des hommes qui jouissent déjà de 250,000 fr. de traitement : une faible diminution de 65,000 fr. sur le chapitre des agens diplomatiques fut tout ce qu'il put obtenir. Dans le budget des cultes (15 février), il contribua à faire réduire de 15,000 f. le traitement de l'archevêque de Paris, malgré les supercheries ministérielles.

M. Havin saisit l'occasion de la demande de nouveaux douzièmes provisoires (4 mars) pour combattre le projet d'une seconde session ; il demanda si les ministres avaient assez mérité la confiance du pays pour qu'on leur livrât deux budgets. Faisant ensuite le tableau de notre situation intérieure : «Il est » souverainement absurde et immoral, ajouta-t-il, qu'au mo- » ment où le pays fléchit sous le poids des impôts qui l'écra-

» sent, on maintienne les carlistes dans leurs emplois et on
» consacre les pensions des chouans. La France peut bien par-
» donner aux misérables qui ont porté les armes contre elle;
» mais la forcer à les récompenser, c'est un acte d'audace dont
» nos ministres seuls ont pu avoir le courage. »

La seconde session l'a retrouvé toujours luttant contre les
prodigalités du budget: il a demandé une réduction de 50,000 f.
sur les dépenses secrètes des affaires étrangères (23 mai), et une
autre de 250,000 fr. sur le budget de la justice (30 mai).

M. Havin a constamment voté contre le ministère.

ENOUF.

Transfuge de l'opposition, M. Enouf a complètement renié
ses anciens principes, et l'homme qui déclarait, en 1829, que les
députés trahissent leur mandat en favorisant les prodigalités
des ministres, n'en a pas moins accordé tous les milliards dé-
vorés par les doctrinaires. M. Enouf n'est monté à la tribune
que pour proposer un amendement au projet de loi sur la canalisation de la Vire et le canal de jonction de Porhibet au cap
(13 avril). Pendant tout le cours des deux sessions, M. Enouf a
voté pour le ministère.

BRICQUEVILLE.

M. Bricqueville défend la cause de la liberté avec l'énergie
d'un vrai patriote et la bravoure d'un ancien militaire. Prompt
à réclamer contre toutes les injustices, il appuya vivement la
pétition du brigadier Mottin, victime des réactions odieuses de
1815 (29 novembre). En vain les doctrinaires alléguèrent une
légalité qu'ils savent si bien violer au besoin, M. Bricqueville
réfuta victorieusement leurs vains prétextes, et demanda pour
son client la même justice qu'avaient obtenue des maréchaux de
France placés dans une situation analogue. C'est avec le même
sentiment que, parlant en faveur de la pétition des légionnaires
(22 février), il réclama énergiquement le paiement d'une dette
sacrée.

M. Bricqueville fut un de ceux qui demandèrent qu'on exé-
cutât les lois en mettant en jugement la duchesse de Berry
(5 janvier 1832).

En appuyant la pétition de madame Richepanse, veuve du
général de ce nom (9 mars), il a flétri comme il le devait l'ingratitude du gouvernement, qui supprimait une pension ac-

cordée à titre de récompense nationale. Il a comparé cette injuste parcimonie avec les récompenses pécuniaires ou honorifiques prodiguées aux partisans du pouvoir ; il fit remarquer que 145,000 francs avaient été employés à l'achat seul des croix-d'honneur distribuées depuis 1830.

Dans la discussion sur le budget du ministère de la guerre (13 juin), le député de Cherbourg blâma énergiquement le nouveau système adopté par le ministre de la guerre ; il l'accusa de désorganiser l'armée, et, rappelant des souvenirs historiques, il fit entendre au président du conseil de dures vérités.

« Pour recommander son système, dit-il, le ministre de la « guerre nous reporte au lendemain de Waterloo. L'exemple « est on ne peut plus mal choisi, car jamais armée ne fut composée d'élémens aussi puissans et aussi braves.... L'état-major était garni de traîtres qui portaient à l'ennemi les ordres « qu'ils avaient à transmettre au nom de l'empereur. La perte « de la bataille fut principalement due à cette négligence inconcevable qui fit que les ordres essentiels n'arrivèrent pas « au maréchal Grouchy, ce qui fit dire à tout le monde que la » victoire eût été à nous si le maréchal Berthier eût été le « major-général. »

» Par malheur celui qui le remplaçait avait, en 1814, au ser» vice des Bourbons, maltraité plus que personne la vieille ar» mée. Il venait de faire connaissance intime avec les Vendéens » et les chouans de Quiberon, et ses affections nouvelles l'a» veuglèrent sans doute sur le zèle de ses dangereux amis. »

Rappeler à certains hommes l'histoire de leur vie, c'est leur faire la plus sanglante injure, aussi le colonel Bricqueville eut-il à soutenir, l'épée à la main, des faits connus de toute la France.

M. de Bricqueville est un des plus fermes patriotes de la chambre.

BAILLOD.

Tous les ans, avant de partir pour la chambre, M. Baillod promet à ses commettans de voter avec indépendance : tous les ans, à peine arrivé, il oublie ses engagemens.

Du reste, ce député commence à être fatigué de la députation ; affaibli par l'âge, il ne prend aucune part aux discussions de la chambre.

DUDOUYT.

L'éloquence de M. Dudouyt se borne à l'articulation des cris disciplinés du centre. C'est un des plus obscurs rouages de la machine parlementaire.

RIHOUET.

Ce député s'est borné à combattre la proposition du général Demarçay, relative à l'organisation des commissions des lois de finances (12 décembre). Il craignait sans doute, en laissant pénétrer quelque jour dans les profondeurs du budget, de mettre des obstacles aux opérations ministérielles.

En récompense de ses bons et loyaux services, M. Rihouet a obtenu la décoration de la Légion-d'Honneur; mais à peine eut-il reçu le prix de ses complaisances qu'il s'en trouva singulièrement embarrassé : il ne savait comment aborder ses connaissances ; il prit enfin le parti de leur adresser une circulaire en forme de lettre de faire part, et chercha à diminuer le désagrément de sa position par des excuses préliminaires.

M. Rihouet vote constamment pour le ministère ; il accueille tous les solliciteurs et s'efforce de les obliger, quoiqu'il ait peu de crédit. Au moyen de cette conduite, ce député aura pour partisans tous les hommes égoïstes, tous ceux qui préfèrent leur intérêt particulier à l'intérêt général, tous ceux qui fatiguent le pouvoir de leurs pressantes sollicitations.

LEGRAND.

Par l'élection de M. Legrand, succédant à M. Leverdays, le ministère a vu remplacer un doctrinaire *inerte* par un doctrinaire *actif*. Commissaire du roi (31 janvier, 1er février), M. Legrand a soutenu le projet de loi d'expropriation pour utilité publique ; il a également pris la parole dans quelques projets de chemins de fer et de canaux dans les départemens. Ce député s'est constitué l'avocat dévoué des intérêts du pouvoir.

C'est surtout à des intrigues ministérielles, à des notes envoyées par estafette de la préfecture, à des tripotages de tout genre et à l'ignorance des électeurs sur les antécédens de M. Legrand que ce candidat a dû son élection. M. Dupin aîné lui-même n'a pas dédaigné d'écrire en sa faveur sur des feuilles de papier imprimé émanant de la présidence, afin d'ajouter à la puissance de la recommandation.

Royaliste zélé sous la restauration, M. Legrand rédigea les traités désastreux relatifs aux canaux pour lesquels furent faits des emprunts en 1821 et 1822. Il rédigea également tous les discours prononcés par M. Becquey.

Sous le ministère Polignac, secrétaire particulier de M. Capelle, il manifesta hautement son approbation des fameuses ordonnances contresignées par son patron.

Après les trois journées, M. Bérard eut le tort de conserver M. Legrand dans son administration, et bientôt les souvenirs de la restauration prévalurent sur ceux de la révolution de juillet. M. Legrand succéda à M. Bérard.

Stimulé tout à coup par les projets de dissolution de la chambre, M. Legrand a fait accorder 18,000 fr. pour réparer le pavé de Mortain, et 5000 fr. pour réparer celui de Saint-Hilaire; il a recommandé que l'on employât les fonds le plus promptement possible, et que l'on traitât cette affaire comme une affaire à lui personnelle; il attend sans doute un grand effet de cette générosité aux dépens du budget, ainsi que des promesses d'un dévoûment sans bornes prodiguées à chaque électeur en particulier.

M. le maire de Mortain lui doit la décoration de la Légion-d'Honneur.

ABRAHAM DUBOIS

M. Abraham Dubois a succédé à M. Angot, démissionnaire. Dès son arrivée à la chambre, ce député, satisfait de son mérite, crut qu'il était destiné à faire événement. Il ne douta pas un instant que lui aussi il ne formât sa petite secte particulière, son petit tiers-parti avec ses petites prétentions. Aussi, dans la discussion de l'adresse (28 novembre), après avoir demandé longtemps excuse à la chambre sur sa hardiesse; après avoir usé de toutes les précautions oratoires, avec cette modestie qui sied si bien au vrai talent; M. Abraham Dubois servit à ses collègues une harangue d'une dimension prodigieuse où il faisait la part de chacun. Le ministère était blâmé avec une paternelle indulgence; l'opposition, mais surtout la république étaient foudroyées. L'orateur parla de l'état de siège et découvrit que cette mesure avait été réclamée à grands cris par toutes les populations éplorées: puis il passa tout en revue, l'intérieur, l'extérieur, la France, l'Italie, la Belgique, parla de tout, et après avoir rappelé je ne sais quelle histoire de Childéric, il descendit enfin de la tribune au bruit des félicitations de M. Roul.

Ce résultat peu flatteur paraît avoir découragé M. Abraham Dubois, aussi, sans chercher davantage à se faire valoir, il se réfugia dans le sein de la doctrine. Le ministère se souciant peu d'un pareil défenseur le reçut, mais à la condition qu'il se condamnerait au vote silencieux. Cette promesse fut exactement remplie.

Plein d'ardeur pour ses patrons, M. Abraham Dubois les compromet quelquefois par la maladroite exagération de son zèle. C'est ainsi que, dans le procès de la *Tribune*, il déposa ostensiblement son vote malgré les observations du président, et écrivit aussitôt à la *Société littéraire* d'Avranches : « *La délibéra-* « *tion est commencée..... je dépose ma boule dans l'urne ostensible-* « *ment.* » Cette lettre fut affichée dans le local de la société.

Ce ministérialisme éhonté n'a pas valu à M. Abraham Dubois l'estime publique, mais il lui a procuré la place de référendaire à la cour des comptes.

M. Abraham Dubois est prêt, comme on le voit, à saisir tous les moyens pour arriver à son but ; ancien notaire, il a fait le sacrifice de son étude dont les bénéfices étaient assez considérables, et le caractère calculateur de M. Dubois ne permettait pas de penser que ce sacrifice fût désintéressé. On sait qu'il est des dédommagemens pour tous les dévoûmens, selon leur valeur.

M. Abraham Dubois a été réélu. Ce résultat est dû au monopole électoral, à des intrigues très actives, aux manœuvres de l'administration, à des tripotages, enfin, dignes des beaux temps de la restauration. Le sous-préfet d'Avranches a publiquement recommandé M. Dubois par une circulaire.

MARNE.

Ce département nomme six députés.

MM. *Leroy*, 1er arrondissement de Reims.—*Lvéque de Pouilly*, 2e *id.* Reims. —*Dozon, id. de Châlons–sur–Marne.* —*Joseph Périer, id. d'Epernay.* — *Tirlet , id.. de Sainte-Menehould.* — *Royer-Collard, id. de Vitry-le-Français.*

LEROY.

Pendant les deux sessions, M. Leroy a déserté la chambre pour venir prendre part aux travaux du conseil municipal de Reims : sans doute il juge sa présence plus nécessaire au conseil municipal qu'à la chambre. Là il se trouve plus libre et se dédommage amplement du silence qu'il garde prudemment à Paris.

LÉVÊQUE DE POUILLY.

Ce député est un partisan dévoué du ministère.

M. Lévêque de Pouilly a demandé une réduction de 250,000

fr. dans le budget de 1833 sur l'instruction intermédiaire (25 mars). Ce député, qui approuve toutes les prodigalités du ministère, choisit étrangement l'objet de ses demandes d'économie.

M. de Pouilly a témoigné, à diverses reprises, une vive sollicitude pour les pensionnaires de l'ancienne liste civile. Une première fois (22 décembre), il avait demandé que l'actif de la liste civile acquittât le passif, demande juste et raisonnable. Mais, dans un second discours (8 juin), il parut avoir totalement oublié son premier discours; après s'être adressé pendant long-temps à la chambre qui ne l'écoutait pas : « Messieurs, » continua-t-il au milieu du bruit, la Convention a payé les » dettes de la royauté; Louis XVIII a payé les dettes du gou- » vernement impérial. Ne nous refusons pas à payer les dettes » du roi que nous avons chassé. » Cette belle conclusion excita l'hilarité générale, et l'orateur, qui avait suffisamment usé de la patience de la chambre, fut forcé de quitter la tribune par les cris : Assez! assez! assez!

M. de Pouilly ne sait donc pas que la fixation de la liste civile devient illusoire, si l'état est forcé d'ajouter un supplément pour payer les dettes extraordinaires du prince, et qu'une marche pareille nous ramènerait à ces temps où le trésor de l'état et celui du monarque étaient une seule et même chose.

M. Lévêque de Pouilly est à peine connu des électeurs qui l'ont nommé, et, 48 heures avant l'élection, on ne pensait nullement à lui. On cherchait un éligible : son fermier vint annoncer que M. de Pouilly possédait une ferme à l'extrémité de l'arrondissement : d'après cette raison concluante, on en fit un législateur.

Il vote toujours pour le ministère.

DOZON.

Nommé conseiller à la cour royale de Paris, M. Dozon se borne à mériter, par sa complaisance silencieuse, les faveurs des ministres.

JOSEPH PÉRIER.

Digne successeur du baron Louis, M. Joseph Périer est venu se placer au milieu des centres.

TIRLET.

M. Tirlet a lu à la tribune (3 avril) un énorme discours sur l'Ecole Polytechnique, que le bruit et les conversations particulières n'ont pas permis d'entendre. On admire la persévérance de ces obscurs députés qui viennent rassasier la chambre une fois l'année d'une oraison sur tel ou tel sujet, afin que leurs commettans voient dans les journaux le nom de leur mandataire. Triste manière de payer sa dette au pays !

Le général Tirlet est tout dévoué au ministère.

ROYER-COLLARD.

M. Royer-Collard n'a pas cru devoir renouveller l'imprudence du discours prononcé sur la tombe de Casimir Perier, et qui donnait si bien la clé de la conduite de ses élèves en politique. Il a gardé le silence pendant les deux sessions.

Tout en conservant d'intimes relations avec les doctrinaires, il les renie, parce qu'ils ont eux-mêmes renié leurs anciens maîtres.

M. Royer-Collard, seul doctrinaire fidèle à ses anciennes affections, ayant été désigné par le sort comme membre d'une députation chargée d'aller aux Tuileries, a refusé d'aller complimenter la royauté nouvelle.

Du reste, trouvant la marche des ministres suffisamment contre-révolutionnaire, il l'appuie constamment de son vote.

MARNE (HAUTE-).

Ce département nomme quatre députés.

MM. Vandeul, arrondissement de Langres. — Virey, id. de Bourbonne-les-Bains. — Toupot de Bevaux, id. de Chaumont. — Defailly, id. de Vassy.

VANDEUL.

M. Vandeul n'a paru qu'une fois à la chambre. Les électeurs de Langres auront à choisir pour l'avenir un député qui remplisse mieux son mandat.

VIREY.

M. Virey a fait un rapport et a voté constamment pour le ministère.

Voilà le résumé de ses travaux législatifs.

TOUPOT DE BEVAUX.

M. Toupot de Bevaux, qui, en 1831, hésitait encore à faire partie de l'opposition, a compris tout ce qu'il y avait de désastreux dans le système du pouvoir, et s'est décidé à le combattre par ses votes.

DEFAILLY.

M. Defailly s'est montré aussi bon ministériel que par le passé.

MAYENNE.

Ce département nomme cinq députés.

MM. Delaunay, 1er arrondissement de Laval. — Bidault, 2e id. de Laval. — Rumigny, 1er id. de Mayenne. — Lecour, 2e id. de Mayenne. — Paillard Ducléré, id. de Château-Gontier.

DELAUNAY.

M. Delaunay s'est montré ce qu'il a toujours été, partisan du juste-milieu.

BIDAULT.

Ce député n'aura jamais de discussion avec M. Guizot. Son vote silencieux a toujours été acquis au ministère.

LECOUR.

M. Lecour a montré beaucoup d'exactitude a remplir ses devoirs ministériels.

RUMIGNY.

Chargé de la police du château, et partie intégrante et constituante de la royale domesticité, M. Rumigny a été, à la chambre comme aux Tuileries, un des agens les plus dévoués de la pensée immuable.

PAILLARD DUCLÉRÉ.

Les nombreux amis de M. Paillard n'ont pas eu à se plaindre

de lui. Il leur a fait obtenir des décorations, des recettes particulières, des places dans la magistrature et des perceptions en masse.

Plus heureux que M. Leyraud, M. Paillard a obtenu, pour Château-Gontier, petite ville de 6,000 âmes, le grand ouvrage sur l'Égypte, et une bibliothèque qui devait être publique, mais dont jouissent seulement les habitués de la mairie. Il n'a rien négligé pour sa réélection. Généreux seulement aux dépens du budget, M. Paillard doit être apprécié à sa juste valeur. L'arrondissement de Château-Gontier trouvera facilement un député plus indépendant et surtout plus instruit que l'honorable M. Paillard Ducléré.

Le beau-père de l'intendant de la liste civile s'est montré, comme son gendre, tout dévoué à la volonté immuable.

MEURTHE.

Ce département nomme six députés.

MM. *Marchal*, 1er *arrondissement de Nancy.* — *Thouvenel*, 2e *id. de Nancy.* — *Mouton Lobau*, *id. de Lunéville.* — *De Ludre*, *id. de Château-Salins.* — *Tardieu*, *id. de Toul.* — *Chevandier*, *id. de Sarrebourg.*

MARCHAL.

M. Marchal s'est opposé au terme de *royal*, appliqué à la marine, faisant remarquer que ce mot était un véritable anachronisme, et que si l'on disait marine *royale*, il fallait également dire dette *royale* au lieu de dette nationale (8 février). Cette observation faillit exciter une tempête sur les bancs des centres. Nous sommes en monarchie! s'écriait l'un. Je suis ministre du roi! s'écriait un autre. Vive le roi! Raisonnez donc avec des gens comme ça?

Animé d'une louable sollicitude pour les progrès de l'agriculture, M. Marchal a demandé les secours du gouvernement pour la ferme modèle de Roville (14 mars). Cette proposition fut rejetée. La majorité, qui vote les pensions des chouans, trouve ces fonds beaucoup mieux employés.

M. Marchal, à qui la faiblesse de sa santé n'a pas permis de prendre plus souvent la parole, a constamment voté contre le ministère.

THOUVENEL.

Dans la discussion générale sur l'adresse, M. Thouvenel flétrit énergiquement le système du gouvernement et la violation des lois dans l'état de siége (28 novembre). Il fit spirituellement ressortir l'embarras de la majorité, qui, ne voulant pas blâmer la mise en état de siége, n'osait cependant approuver ouvertement ce crime politique, et l'amendement qu'il proposa, prouva que la chambre n'avait pas même le courage de son opinion (1er décembre).

Lors de la présentation du projet de loi relatif aux impôts et crédits provisoires pour 1833 (7 décembre), M. Thouvenel déclara qu'il refusait tout subside à un ministère indigne de la confiance du pays. Il peignit en peu de mots, avec autant de force que de vérité, toute l'imprudence, la fausseté, l'immoralité des hommes du gouvernement. M. Thouvenel s'est opposé aux nouveaux crédits demandés par le ministère pour prévenir le retour des épidémies (26 février); il soutint avec raison que le meilleur moyen de préserver le peuple était de pourvoir à sa subsistance en lui fournissant du travail et en allégeant les impôts qui l'écrasent. M. Thouvenel a prononcé un discours sur la proposition de M. Bavoux relative au divorce (23 mars). Il s'est opposé à la dénonciation Viennet, et a demandé le renvoi devant les tribunaux ordinaires (8 avril).

Vers la fin de la session, M. Thouvenel écrivit à la chambre, pour donner sa démission, une lettre qui se termine ainsi :
« *Il est bien difficile d'empêcher qu'une révolution qui a été faite* » *pour et par le peuple, et qui ne lui procure aucun bien, ne soit tôt* » *ou tard suivie de catastrophes.* » Habitué à dire des vérités utiles, M. Thouvenel aurait dû comprendre qu'un patriote peut toujours rendre des services, même à la chambre des députés. M. Thouvenel a été remplacé par M. Lacoste, ministériel dévoué.

MARÉCHAL MOUTON.

Le maréchal Lobau a prononcé quelques mots sur le budget des dépenses de la guerre en faveur des fonds secrets (5 avril). Cet illustre guerrier n'est pas orateur ; quand il a prononcé un mot, il en cherche péniblement un autre ; puis s'agite à la tribune et retourne enfin à sa place en se frottant le front, tant son intelligence est fatiguée d'un pareil effort.

Le maréchal Lobau est venu s'apitoyer sur les rudes attaques dirigées contre le président du conseil par M. Bricqueville, et demander que son discours ne soit pas inséré au procès-verbal (14 juin). La chambre ne se laisse pas attendrir.

Aujourd'hui, M. Lobau repose au Luxembourg. Que la paix soit avec lui!

DE LUDRE.

M. de Ludre a combattu avec fermeté la mise en état de siége de Paris dans la discussion de l'adresse (1er décembre). Il s'est élevé contre toute mesure arbitraire de la part du gouvernement relativement à la duchesse de Berry, et a demandé le renvoi aux ministres des pétitions sur sa captivité, afin que le gouvernement fît exécuter les lois (5 janvier). Dans la discussion sur l'expropriation pour cause d'utilité publique, il a demandé que le gouvernement, tout en conservant la latitude de fortifier les points du territoire qu'il jugerait utiles à la défense du pays, ne pût cependant fortifier la capitale sans une loi spéciale (8 février). M. de Ludre a appuyé une économie proposée sur les traitemens des évêques et des archevêques (15 février). Répondant aux orateurs ministériels, il a très bien établi qu'accorder à la cour de Rome le droit de contrôler les traitemens ou les circonscriptions des évêchés, était un anachronisme, une absurdité, une prétention enfin évidemment contraire à la souveraineté de la nation dans son administration intérieure. Dans la discussion de la loi sur les céréales, il a fait entendre de philantropiques réclamations en faveur des classes malheureuses (11 avril).

M. de Ludre avait plus d'une fois manifesté son dégoût des cris et des interruptions des centres, vieil expédient au moyen duquel ils étouffent la voix des orateurs de l'opposition. Rappelé à l'ordre sur les cris de M. Renouard, il saisit cette occasion de donner une leçon sévère à l'un de ces éternels interrupteurs sur lesquels ne saurait agir aucune espèce de raisonnement. M. Renouard refusa la satisfaction qui lui était demandée, en écrivit au président, et montra dans cette affaire autant de prudence que son adversaire avait montré de vigueur et de loyauté.

M. de Ludre est l'un des patriotes les plus énergiques et les plus éclairés.

TARDIEU.

M. Tardieu a appuyé l'amendement de M. Comte, tendant à introduire un plus grand nombre d'électeurs dans la formation des conseils généraux (15 janvier). Dans la question des fortifications de Paris, il réclama du ministère la production de tous les documens nécessaires à la discussion avant le renvoi du projet de loi dans les bureaux. Le ministre du commerce se vit forcé de prendre cet engagement.

M. Tardieu a constamment voté contre le ministère.

CHEVANDIER.

M. Chevandier est complètement dévoué au ministère. Il a fait obtenir, sur la demande du receveur particulier des finances de l'arrondissement de Sarrebourg, divers emplois de percepteurs à Phalsbourg, à Niederwiller, etc., etc. Il a reconnu ainsi les peines que ce fonctionnaire s'était données pour le faire élire.

C'est par ces innocens stratagèmes qu'un député inféodé au pouvoir se maintient à la chambre malgré la portion indépendante des électeurs.

MEUSE.

Ce département nomme quatre députés.

MM. Gillon, arrondissement de Bar-le-Duc. — Etienne, id. de Commercy. — Jamin, id. de Montmédy. — Génin, id. de Verdun.

GILLON.

Les fonctions de procureur-général auxquelles a été promu M. Gillon sont la récompense de cette conduite flottante, variable que l'on pourrait qualifier de ministérialisme masqué par un semblant d'opposition. Rapporteur du projet de loi d'organisation départementale dans la précédente session, M. Gillon a encore été chargé du même mandat par la nouvelle commission (5 janvier). Il fut également chargé du rapport de la commission des finances sur le budget du ministère de l'instruction publique pour 1833 (14 mars). M. Gillon a quelquefois de bonnes inspirations. C'est ainsi qu'il s'opposa à la proposition du ministère pour le rétablissement des secrétaires-généraux de préfecture (18 mars); qu'il signala quelques abus des maisons de détention (même séance); fit des observations utiles sur le budget du ministère de l'instruction publique (26 mars); demanda qu'aucun logement ne fût accordé dans les bâtimens de l'état sans une ordonnance motivée (5 avril), et proposa, malgré les rumeurs des centres, que la rétribution universitaire ne fût pas exigée à l'avenir des élèves qui n'étudient pas les langues anciennes (19 avril). Toutes ces propositions furent corroborées de réflexions judicieuses et soutenues d'une manière qui annonce dans M. Gillon des sentimens libéraux et des connaissances administratives.

M. Gillon, avec un esprit éclairé, est donc moins excusable qu'un autre de sacrifier son indépendance à sa position de fonctionnaire, de donner le change aux électeurs en faisant de l'opposition dans les questions secondaires, et en votant avec le ministère dans les questions capitales. Cette tactique est plus adroite qu'honorable.

ÉTIENNE.

Nommé vice-président de la chambre, M. Etienne fut chargé plus tard, selon l'usage, de rédiger l'adresse en réponse au discours du roi, et l'on peut dire qu'il s'acquitta de cette flasque mission avec toute l'adresse et l'élasticité qui caractérisent l'honorable député.

M. Etienne fut chargé du rapport sur le projet de loi relatif à l'acquisition de la bibliothèque de M. Cuvier et des manuscrits de M. Champollion, ainsi qu'aux pensions à accorder à leurs veuves et aux veuves de plusieurs savans (3 avril).

Cet ancien censeur impérial vote presque toujours avec le ministère.

JAMIN.

Digne successeur de M. Lallemand, M. Jamin est comme lui tout dévoué au pouvoir. M. Jamin reçut en Espagne le grade de lieutenant-général, et revint paré des insignes de la croix de St-Ferdinand. Royaliste zélé sous la restauration, M. le vicomte était régulièrement appelé au bureau provisoire; régulièrement aussi il en était écarté par les électeurs désignés sous le nom de constitutionnels. Et c'est ce même homme que le juste-milieu choisit pour son représentant! De pareils faits prouvent victorieusement la nécessité d'une réforme électorale.

GÉNIN.

Cet instrument obscur du pouvoir fonctionne silencieusement sous la main des doctrinaires.

MORBIHAN.

Ce département nomme six députés.

MM. Vigier, 1er arrondissement de Vannes. — Ducoëdic, 2e id. de Vannes. — Villemain, id. de Lorient. — Fruchard, id. d'Hennebon. — Beslay fils, id. de Pontivy. — Sivry, id. de Ploërmel.

VIGIER.

La manière dont M. Vigier est parvenu à la chambre donne la mesure exacte de son caractère. Porté par plusieurs patriotes auxquels il avait fait les plus belles promesses, mais craignant de ne pas être élu à cause du petit nombre de voix qu'il avait obtenu à une première épreuve, M. Vigier s'entendit avec la préfecture pendant la nuit; et de candidat patriote devint tout-à-coup candidat ministériel. C'est à cette loyale manœuvre qu'il a dû son élection.

M. Vigier n'a pris la parole à la chambre que pour défendre les intérêts du monopole. Rapporteur d'une pétition à l'effet d'obtenir l'autorisation de fonder un comptoir d'escompte (26 février), il a combattu la demande des pétitionnaires par les argumens les plus étranges. Selon cet habile économiste, le nouvel établissement devait faire le plus grand tort à la Banque; l'émission d'un papier-monnaie devait offrir les plus graves inconvéniens et faire élever la main d'œuvre et les objets de première consommation à des prix exorbitans. Il était difficile de montrer une plus profonde ignorance des notions premières de l'économie politique.

M. Vigier s'est constitué l'un des patrons du journal le Dimanche, réceptacle des émanations immondes de la police.

Quelques efforts qu'ait fait M. Vigier pour assurer sa réélection en prodiguant des places à ses créatures, des croix d'honneur à un médecin, à un procureur du roi, etc., nous ne doutons pas que les électeurs, éclairés cette fois, ne fassent un meilleur choix.

DUCOEDIC.

M. Ducoëdic admire la politique du ministère et vote les pensions des chouans, l'impôt du sel, les prodigalités du budget, etc., etc.

VILLEMAIN.

Quelques mots sur le budget des dépenses de 1833 (22 mars), voilà tous les travaux parlementaires de ce député. Des votes constans pour le ministère; voilà tout son patriotisme.

FRUCHARD.

Dans les débats entre la volonté du ministère et les intérêts du pays, M. Fruchard a constamment voté pour le pouvoir. Si c'est ainsi que M. Fruchard, président du tribunal de Lorient, juge tous les procès, nous plaignons les plaideurs qui ont une cause juste à défendre devant lui.

BESLAY FILS.

Il est heureux que M. Beslay fils fasse partie de la députation du Morbihan, car il est le seul député patriote du département. Dans la discussion sur le projet de loi relatif aux communications qui doivent être ouvertes dans l'Ouest (5 juin), ce jeune député a fait preuve de connaissances spéciales et donné à la chambre d'utiles renseignemens. Il a réclamé avec instance l'amélioration des routes vicinales dans la Bretagne, et particulièrement dans le Morbihan, où de forts villages, des bourgs populeux sont séparés par d'immenses intervalles, n'ayant pour toute communication que des chemins creux impraticables les trois quarts de l'année. M. Beslay fils a parfaitement compris les véritables intérêts de son département et les moyens les plus efficaces d'y faire parvenir tous les bienfaits de la civilisation.

SIVRY.

Lors de la discussion de l'adresse (30 novembre), M. Sivry a cru se montrer fort habile en rapprochant constamment les troubles de l'Ouest de ceux de Lyon, Grenoble, etc., en confondant les mouvemens carlistes avec l'insurrection républicaine des 5 et 6 juin, il a cru donner crédit à la ridicule alliance carlo-républicaine. Du reste, tout en demandant des rigueurs contre ceux qu'il traite d'anarchistes, il s'est efforcé d'attendrir la chambre en faveur des partisans de la branche aînée des Bourbons, et a réclamé vivement une amnistie générale pour tous les crimes de la chouanerie. Pendant cet étrange discours, des cris d'impatience ont constamment couvert la voix de l'orateur, qui n'en a pas moins achevé imperturbablement sa lecture. Satisfait sans doute de ce petit morceau d'éloquence, M. Sivry est resté muet pendant le reste de la session. Fidèle à son système, il a voté pour les pensions des chouans.

Quelques places peu importantes pour ses créatures, des bourses dans les colléges royaux pour leurs enfans; c'est ainsi que M. Sivry a payé son élection.

MOSELLE.

Ce département nomme six députés.

MM. Paixhans, 1er *arrondissement de Metz.* — *Parant,* 2e *id. de Metz.* — *Génot,* 3e *id. de Metz.* — *Poulmaire, id. de Thionville.* — *Charpentier, id. de Briey.* — *Sémélé, id. de Sarreguemines.*

PAIXHANS.

Le successeur de M. Chédeaux, M. Paixhans, a repoussé la proposition de M. Demarçay, tendant à introduire un ordre meilleur dans l'examen des lois de finances (12 décembre). Ce fut lui qui fut l'auteur de l'impayable proposition de placer l'obélisque de Luxor avec ses inscriptions hyérogliphiques sur la place de la Bastille, en l'honneur de la révolution de juillet. Un rire général accueillit cette proposition. Rapporteur du projet de loi concernant les vainqueurs de la Bastille, M. Paixhans conclut à l'adoption pure et simple du projet (14 janvier). Il demanda l'ajournement sur la proposition de M. Comte pour remédier au mode vicieux de nomination des commissions de la chambre (28 janvier). Il a présenté quelques observations de peu de valeur sur le projet de loi d'expropriation pour cause d'utilité publique (8 février), et sur l'appel de 80,000 hommes de la classe de 1832. Rapporteur du projet de loi pour la garantie de l'emprunt grec (4 avril), M. Paixhans n'a pas négligé une si belle occasion de frapper les contribuables dans un intérêt monarchique. Dissimulant habilement l'absurdité d'un pareil projet, son rapport concluait à l'adoption de cette scandaleuse prodigalité.

Ce député a constamment prêté au ministère l'appui de ses discours et de ses votes.

PARANT.

Nul mieux que M. Parant n'a su mettre à profit la révolution de juillet. De simple avocat, nommé successivement procureur-général, puis légionnaire, puis avocat-général à la cour de cassation, ce député a payé en dévoûment au pouvoir le prix de ses rapides faveurs. Il a présenté à la chambre une proposition tendant à abolir progressivement les majorats (30 janvier). Cette proposition, prise en considération, fut laissée de côté, puis représentée à la deuxième session (13 mai). La chambre décida enfin qu'elle serait reprise après le budget, c'est-à-dire ajournée indéfiniment.

M. Parant demanda à la chambre que la présence du tiers de ses membres seulement fût nécessaire pour la validité des votes (11 février). Les observations pleines de dignité de M. Salverte firent rejeter cette proposition, contraire au texte de la charte, qui exige la majorité absolue et non la majorité relative, favorable d'ailleurs à la négligence de tant de députés qui remplissent déjà si mal leur mandat.

M. Parant est un des plus zélés soutiens du ministère.

GÉNOT.

M. Génot a continué à voter avec les patriotes.

POULMAIRE.

M. Poulmaire est à coup sûr le député le plus complaisant, le plus obséquieux; c'est un digne représentant du juste-milieu.

M. Poulmaire ne rêve que roi, reine, princes et princesses. Louis-Philippe est son idole, il ne parle que de lui, ne pense qu'à lui. Dans la conversation, il dit continuellement : *Louis-Philippe se présente de telle manière à table, il découpe comme ceci, mange comme cela.* Il décrit volontiers dans leurs détails les plus minutieux toutes les fonctions animales du roi-citoyen.

M. Poulmaire est homme du peuple, son père était petit vinaigrier, lui-même est encore brasseur, tanneur, cultivateur; il exploite une sucrerie et une raffinerie. Il a fait sa fortune avec le peuple et il vote contre ses intérêts. Lorsqu'il est à Thionville, il fait le populaire dans les cabarets, trinque avec l'un, donne des poignées de main à l'autre, parle à tous avec horreur de la république, vante les vertus du roi et dit : *Je vous l'amè-nerai un jour à Thionville.*

Ce député vote toujours pour le ministère.

CHARPENTIER.

Les votes de M. Charpentier ont toujours été conformes aux intérêts du pays.

SÉMÉLÉ.

Le général Sémélé a présenté quelques courtes observations sur les plantations riveraines des routes stratégiques de l'ouest (5 juin) et sur la solde et l'entretien des troupes (13 juin).

Ce député vote très souvent avec le ministère.

NIÈVRE.

Ce département nommé quatre députés.

MM. Boigues, arrondissement de Nevers.— Dupin aîné, id. de Clamecy. — Hector d'Aulnay, id. de Château-Chinon. — Narcisse Lafond, id. de Cosne.

BOIGUES.

Ce député est fidèle à ses antécédens. Son ministérialisme est moins bruyant, mais tout aussi solide que celui de son collègue et ami Jaubert.

DUPIN AÎNÉ.

Porté à la présidence de la chambre par les efforts réunis des doctrinaires et des partisans du 13 mars, M. Dupin, élevé à la première dignité de l'état, ne pouvait, disait-il dans son discours de remerciment, que déchoir en quittant ce poste éminent. M. Dupin, cependant, aspirait à descendre. Chef de la nuance mobile et insaisissable du tiers-parti, M. Dupin, en passant par la présidence de la chambre, avait l'espoir fondé d'arriver à une autre présidence, objet réel de tous ses désirs. Placé sur un terrain mouvant, il a épuisé les ressources de la tactique, a combattu la doctrine à l'aide de l'opposition, l'opposition à l'aide de la doctrine, et s'est fait valoir de son mieux au moyen de cette double combinaison. Que d'intrigues nouées, rompues et renouées ! Que de marches savantes qui devaient réaliser enfin des espérances nourries depuis si long-temps et si souvent déçues ! Que de caprices à flatter, que de fatigues à essuyer, que de dégoûts à subir ! Certes, si le peuple n'est pas content après tout le mal que M. Dupin s'est donné, il faut qu'il soit bien difficile !

Quelques habiles penseurs, qui se disent gravement partisans d'un progrès sage, lent, mesuré, attendent patiemment l'arrivée de M. Dupin au pouvoir comme une satisfaisante amélioration dans le système du juste-milieu. M. Dupin blâme-t-il donc la marche des doctrinaires, leurs efforts contre-révolutionnaires à l'intérieur et leur inhumanité ? Blâme-t-il leur complicité avec la sainte-alliance, leurs trahisons envers les peuples soulevés pour la liberté et leurs persécutions contre les patriotes réfugiés ? Non ; mais ce que M. Dupin trouve mauvais chez les doctrinaires, ce qu'il blâme en eux, c'est leur présence au pouvoir. Il serait si bien à leur place ! N'a-t-il pas donné la mesure de ses hautes conceptions politiques et annoncé des vues dont l'application ferait le bonheur de la France ? Que ne doit-on pas attendre des hommes d'état dont la seule idée fixe a été pendant long-temps l'arrestation de la duchesse de Berry et la prise d'une citadelle, qui ne voyaient que cela dans l'ébranlement de l'édifice social, et qui s'écriaient chaque matin, par l'organe d'un journal, leur interprète : « Pour l'amour de Dieu, donnez-nous donc un ministère qui arrête la duchesse de Berry et prenne la citadelle d'Anvers ! »

Dans le cours des deux sessions, M. Dupin a plus d'une fois quitté le fauteuil pour descendre dans la lice. Il s'est opposé à la proposition de M. Charamaulé, relativement à la prescription des dépôts d'argent au bureau des postes (17 décembre). Il a combattu l'admission des prêtres aux conseils généraux (17 janvier). M. Dupin ne paraît pas avoir une confiance bien robuste dans la durée du système monarchique qu'il défend cependant de tous ses efforts : « Dans vingt ans, dit-il à l'occasion » de la loi départementale, dans vingt ans peut-être les cours » ne s'appelleront plus cours *royales* (22 janvier). » Cette prédiction, échappée à l'orateur, produisit une certaine sensation dans l'assemblée.

M. Dupin s'est opposé à la réhabilitation des condamnés politiques sous la restauration (16 février), et l'incroyable discours qu'il prononça dans cette circonstance fut une violente philippique contre la révolution de juillet. « Quand un gouver-

» nement est établi, dit-il, quel qu'il soit, on lui doit obéissance
» et respect. Quiconque conspire contre l'ordre établi et cher-
» che à le détruire par le fer, par la flamme ou par l'émeute est
» coupable, non pas seulement aux yeux de la morale publi-
» que, mais aux yeux de ce principe éternel qui dit que quand
» il existe une loi il faut y obéir, et que quiconque la viole
» doit être puni. » (Applaudissemens aux centres). On reconn-
naît bien à ces doctrines si favorables à l'oppression celui qui,
en Juillet, se soumettait si facilement aux ordonnances de
Charles X ! Allez donc, M. le président de la chambre des députés, allez vous jeter aux pieds de Henri V, allez lui demander grâce, vous l'obtiendrez facilement. Vous ferez valoir la
protection des jésuites, vos refus de prendre part à la révolution de juillet, et tout ira pour le mieux, à moins qu'une nouvelle boutade ne vous ramène aux pieds de Louis-Philippe !

M. Dupin s'est opposé à la proposition de M. Portalis sur le
mariage des prêtres, sous prétexte que la loi civile actuelle n'y
apportait aucun empêchement (23 février). C'est se renfermer
habilement dans un cercle vicieux. Dans la discussion sur la loi
d'amour contre les réfugiés (30 mars), il a mis à nu cet égoïsme
brutal, cette indifférence odieuse sur le malheur d'autrui, cette
dureté de cœur dont il a plus d'une fois donné des preuves. Il
a chaudement appuyé les proscriptions ministérielles contre
les Polonais. « Je ne suis pas un de ces hommes, a-t-il dit,
» qui vont chercher des sympathies à 400 lieues de leur pays. »
Puis, s'apercevant de l'indignation qu'il avait soulevée, il re-
monta à la tribune pour affirmer *que cinq minutes avant de parler
il ne savait pas ce qu'il allait dire.* Prenez donc un pareil homme
pour présider un conseil ! Dans cette discussion, se laissant aller à ses inspirations, il se ravala beaucoup au dessous des doctrinaires.

Dans l'exercice de ses fonctions de président, M. Dupin, tant
qu'il l'a cru convenable à son intérêt, a montré quelque modération ; mais bientôt, bannissant toute contrainte, il s'est com-
porté avec une révoltante partialité. C'est ainsi qu'il rappela à
l'ordre M. Dupont (de l'Eure) pour avoir adressé à M. Persil l'é-
pithète d'*insolent*, et que le lendemain il refusa de rappeler à
l'ordre M. Jacqueminot, qui avait traité un de ses collègues
d'*impertinent* (9 avril). M. le président feignit de se méprendre
sur le sens des réclamations qui lui étaient adressées de tous côtés ; puis, quand il n'y eut plus d'équivoque possible, il imposa
silence aux reproches qu'il s'était attirés. Mais sa mauvaise foi
ne trompa personne.

Dans le procès de la *Tribune*, M. Dupin, complice du gouvernement avec préméditation , seconda les attaques concertées dont MM. Jaubert et Persil furent les instrumens. Dans tout le cours de cette affaire, il dirigea les débats avec une animosité qui fit peu d'honneur à son caractère. Il s'opposa à ce que l'accusé eût le choix de ses défenseurs : il lui refusa le droit de récusation (16 avril). Il osa menacer les députés qui ne consentiraient pas à prendre part à cette inique procédure. M. Dupin s'est fait l'apologiste de l'habile administration de M. Louis , à propos du vol Kessner (12 avril). Il termina enfin cette session, que, dans une des saillies qui lui sont habituelles, il qualifia assez naïvement de *pécuniaire*, en déclarant qu'il était inconcevable qu'on allât chercher à grand'peine des députés pour voter ce qu'ils n'avaient pas entendu discuter (19 avril). Mais ce léger scrupule pour la forme ne fut pas difficile à calmer.

Elu de nouveau président dans la deuxième session, M. Dupin gratifia ses collègues d'un nouveau discours d'ouverture , dans lequel il traçait à la chambre le programme de ses travaux, et lui annonçait qu'en les terminant cette session deviendrait à jamais mémorable. Craignant sans doute de blesser la majorité en lui faisant entendre de trop dures vérités, il refusa long-temps de donner lecture de la lettre par laquelle M. de Mornay annonçait sa démission (30 avril). Il demanda une pension pour la veuve du général Daumesnil (24 mai). M. Dupin , dans un de ces intervalles lucides, dont il faut lui savoir gré parce qu'ils sont assez rares, s'opposa à la tentative du gouvernement d'immobiliser la dotation de l'amortissement (27 mai). « Honte, dit-il, et ignominie aux pouvoirs qui n'auraient » pas l'intelligence de comprendre et de maintenir leurs prérogatives ! » Mais chez M. Dupin le naturel revient au galop! Dès le lendemain, il s'efforça de justifier la translation des détenus politiques au mont Saint-Michel ; il s'étonna que l'on fît une différence entre les prisonniers politiques et les voleurs ou les assassins, et trouva fort mauvais qu'ils ne fussent pas envoyés au bagne et affublés du costume des forçats.

Dans le budget de la justice , M. Dupin a demandé que le traitement des procureurs généraux fût augmenté (30 mai), et cela, disait-il, dans l'intérêt de la justice , et sans doute aussi dans celui des contribuables. M. Dupin a horreur des réductions. Celui qui touche un traitement considérable comme procureur-général , et qui a profité avec un rare désintéressement du comité secret de la chambre pour faire porter à 10,000 fr. par mois une indemnité qui s'élevait déjà à 5,000 fr.,

celui-là, nous le concevons facilement; a de bonnes raisons
pour détester les économies.

M. Dupin est un homme indéfinissable. Chez lui il n'y a pas
d'opinion arrêtée, pas de principes ; il soutient le soir ce qu'il
a combattu le matin, et le lendemain recommence sur de nouveaux frais. M. Dupin n'agit que par saillie : il monte à la tribune sans savoir ce qu'il va dire, il frappe à droite et à gauche,
à tort et à travers, et descend toujours sans avoir conclu. Tout
n'est pas en lui mobilité de caractère, il y a bien aussi calcul.
S'il lui échappe une boutade contre le pouvoir, le lendemain
il lui en arrive à point nommé une autre contre l'opposition
pour racheter celle de la veille. Ses plaisanteries sont des mé-
chancetés, sa franchise de la grossièreté et parfois du cynisme.
Esprit capricieux, subtil, trivial, tracassier, il a étudié la politique dans Bartole et Cujas, et envisage les intérêts d'une
grande nation comme une chicane de procureur. M. Dupin est
le type de l'aristocrate bourgeois. Il hait l'aristocratie nobiliaire et se pâme d'aise en rappelant que Richelieu ne savait
pas l'orthographe : il est esprit fort, s'escrime contre les prêtres et tonne contre la superstition ; enfin, il est jaloux de l'uni-
forme et ne peut souffrir le militaire. Égoïste, déplaisant et
bourru, M. Dupin fréquente assidûment la cour citoyenne
dont il est l'ornement. Là il se prête habilement aux exigences
dynastiques, il se rend nécessaire, il joue le franc-parler, c'est
l'ami de la maison; on le renvoie, on le rappelle, on ne saurait
se passer de lui. Il relève finement une flatterie adroite par le
contraste d'une brusquerie calculée, et les formes grossières
dont il assaisonne ses complaisances délassent un peu des fa-
deurs du reste de la domesticité.

HECTOR D'AULNAY.

Des travaux législatifs de ce député, celui qui mérite incon-
testablement le plus d'attention, est son volumineux rapport
sur le projet de loi des crédits supplémentaires et extraordinaires (20 février). Dans les considérations préliminaires qui
précèdent les détails des crédits, il fit des observations assez
judicieuses sur la facilité avec laquelle les ministres abusent de
la loi de 1817, qui leur permet de dépasser les crédits votés par
les chambres, mais seulement dans des cas d'une urgence absolue. Mais cette légère opposition n'était qu'un accident de la
vie parlementaire de M. d'Aulnay. Il s'est fort peu embarrassé
de l'intérêt des contribuables lorsque l'on a traité spécialement

les questions d'économie ; il a cédé sur tous les points dans la séance du 6 mars, lorsque le ministre de la guerre, d'une voix plaintive, vint déplorer l'aveuglement de la commission qui avait rogné sans miséricorde son budget ; M. d'Aulnay se justifia très humblement près du président du conseil d'avoir montré un peu d'indépendance dans son rapport. M. Hector d'Aulnay émit de singulières doctrines à l'occasion de l'indemnité de rassemblement aux troupes de Grenoble (8 mars) ; il déclara qu'il n'avait pas à s'occuper des causes qui ont déterminé le ministre à envoyer des troupes dans cette ville, mais seulement de la question d'argent. Ce député figure dans la légion ministérielle.

NARCISSE LAFOND.

M. Lafond (Narcisse), député ministériel, est aussi inconnu dans son arrondissement qu'à la chambre, ce qui faisait dire à un des électeurs de son département : J'offre une récompense honnête à quiconque m'affirmera sur l'honneur qu'il est à sa connaissance que la Nièvre a un député du nom de Lafond. L'oubli dans lequel est tombé ce législateur, même parmi ses commettans, nous fait espérer qu'aux élections prochaines il disparaîtra d'entre les dévoués.

NORD.

Ce département nomme douze députés.

MM. Barrois Virnot, 1er arrondissement de Lille. — de Brigode, 2e idem de Lille. — Cogez, 3e idem de Lille. — de Montozon, idem de Douai. — Martin, 2e idem de Douai. — Dupouy, idem de Dunkerque. — Lemaire, 2e idem de Dunkerque. — Lallier, idem de Cambrai. — d'Estourmel, 2e idem de Cambrai, — Vatimesnil, idem de Valenciennes. — Taillandier, idem d'Avesnes. — Warein, idem d'Hazebrouck.

BARROIS VIRNOT.

Ce député vote constamment avec le ministère. Silencieux et inconnu, il n'a ni la renommée biblique de M. Mahul, ni la célébrité monumentale de M. Viennet, ni la bachique éloquence

de M. Roul, ni la naïveté de M. Chastellux ; il n'a rien de remarquable, enfin, si ce n'est son dévouement : il est dans cette
obscure catégorie dont on dit :

Le reste ne vaut pas l'honneur d'être nommé.

BRIGODE.

M. de Brigode a demandé, dans la loi d'organisation départementale, que les conseils généraux fussent élus par arrondissement (10 janvier). Ses votes ont été tantôt pour le ministère,
tantôt pour l'opposition.

COGEZ.

M. Cogez a voté régulièrement avec les patriotes.

MONTOZON.

M. Montozon commence à trouver la quasi-légitimité de son
goût, tant elle ressemble à la restauration. Il a appuyé de son
vote tous les projets d'un pouvoir contre-révolutionnaire.

MARTIN.

« L'acte le plus mémorable de M. Martin durant la session
» de 1831 fut un rapport, qu'on ne sait comment qualifier,
» sur le vol Kesner. Hors de là, cet honorable ne s'est guère
» fait connaître que comme un courtier subalterne, mais très
» actif, de votes, et comme un embaucheur de consciences
» parlementaires. Que sous le règne de l'agiotage ce rôle mène
» aux honneurs et à la fortune, nous le concevons de reste ;
» mais qu'on ose parler d'honneur, cela a droit de nous sur-
» prendre. Nous sommes persuadés d'ailleurs que M. Martin
» est un sujet aussi dévoué à Louis-Philippe qu'il l'aurait été
» à Henri V, si les vœux de M. Martin eussent été accomplis
» au commencement d'août 1830.
» M. Martin appartient évidemment au troupeau des dévoués
» dont M. Montalivet est le bélier plutôt que le berger ; c'est
» une race que la famine seule peut détruire ; et, grâces au dé-
» vouement de ces messieurs, le ratelier du budget est bien
» fourni.
» Nous pourrons bien revenir sur le service qu'a rendu
» M. Martin dans son vertueux rapport sur le déficit Kessner.
» Quelque glorieuse que soit pour M. Martin son auréole mu-
» nicipale, nous ne doutons pas que la morale administration

» du 13 mars ne lui réserve une récompense plus solide : n'y
» a-t-il pas deux siéges de conseiller vacans à la cour de cas-
» sation ? »

C'est ainsi que s'exprimait le *Libéral*, journal de Douai, sur
l'honorable député de cette ville. M. Martin, qui tient à *l'honneur*, appela le journal devant les tribunaux. Mais le verdict
d'acquittement du jury décida implicitement que M. Martin
*est un courtier subalterne de votes, un embaucheur de consciences
parlementaires.* Et sa nomination récente à la place d'avocat-
général à la cour de cassation prouve encore mieux que les pré-
visions du *Libéral* n'étaient pas en défaut sur la récompense
promise *aux éminens services du vertueux rapporteur.*

Ce sont sans doute ces honorables antécédens qui valurent à
M. Martin les suffrages de la majorité pour le secrétariat de la
chambre des députés (22 novembre).

Convaincu que l'ancien rapport de M. Martin, sur la honteuse affaire Kessner, n'avait rien éclairci, M. Salverte provo-
qua à ce sujet de nouvelles explications, et appela le blâme de
la chambre sur la coupable négligence du baron Louis (7 janvier).

Aussitôt, M. Martin se défendit, comme s'il s'agissait d'une
cause qui lui fût personnelle ; il chercha également à démontrer
qu'aucune responsabilité ne doit peser sur le ministre des finances quand les finances de l'état sont dilapidées. Une commission fut nommée pour examiner la proposition sur le déficit
Kessner, et M. Martin, appelé à en faire partie, ne pouvait
manquer d'en être de nouveau le rapporteur. La chambre sent
effectivement que c'est son affaire, à lui ; c'est la part qui lui est
faite, et il y a déjà acquis trop d'honneur pour y renoncer. Le
rapport de M. Martin devait tout expliquer, il n'expliqua rien,
et M. Martin, plaida longuement la cause de MM. Louis et
Kessner (13 avril), le résultat de cette proposition fait connaître
au pays la valeur de ce qu'on appelle la responsabilité ministérielle.

M. Martin a présenté le rapport de la commission sur le projet de loi d'expropriation pour cause d'utilité publique (25
janvier).

Il proposa et fit adopter la nomination d'une commission
pour l'examen de la dénonciation Viennet contre la *Tribune*
(2 avril).

Lorsque M. Lobau fut expédié à la tribune pour consoler le
maréchal Soult de la leçon sévère qu'il avait reçue du colonel
Bricqueville, lorsqu'il déplora l'outrage fait à *un frère d'armes*,

M. Martin monta à la tribune et demanda l'insertion au procès-verbal du discours du maréchal Lobau (14 juin). Il ne manquait plus à l'infortune du ministre de la guerre que de se voir défendu par M. Martin.

La réélection de M. Martin à la chambre des députés, après la *récompense* de ces *éminens services*, annonce l'inintelligence des privilégiés, et démontre victorieusement la nécessité d'une réforme électorale. Quand on voit un arrondissement choisir pour son représentant l'apologiste de l'administration de M. Louis, de l'honneur de M. Soult et de la probité de M. Kessner, on sent qu'il y a bien peu à espérer de la législation électorale que subit la France.

DUPOUY.

Ce député a constamment voté pour le ministère.

LEMAIRE.

M. Lemaire a donné sa démission le 21 novembre. Il a été remplacé par M. Lamartine, qui n'a pas encore paru à la chambre.

LALLIER.

Lors du passage à Cambrai de Charles X, son bien-aimé maître, M. Lallier se trouvait à la fois commandant de la garde à cheval, président du tribunal de commerce, membre de la société d'émulation, etc., etc. Il vint successivement en ces diverses qualités rendre hommage à Charles X. « On vous voit donc sous toutes les formes, lui dit plaisamment ce bon prince. » « Sous toutes les formes, Sire, répliqua le triple personnage, » sous toutes les formes je serai toujours dévoué à votre ma- » jesté. » Cette répartie, aussi ingénieuse que délicate, fut universellement admirée ; elle valut la croix de chevalier de la Légion-d'Honneur au fin courtisan.

Après de longues vicissitudes électorales, après mille traverses, échanges et combinaisons, M. Lallier parvint enfin à la députation. Mais le soir même de son élection il reçut un charivari. C'était jouir bien prématurément des bénéfices de sa position.

Louis-Philippe, allant au devant des vainqueurs d'Anvers, *daigna* passer par Cambrai. M. Lallier, mandataire du peuple, devait rester à la chambre, mais M. Lallier, courtisan, se rendit à Cambrai. Louis-Philippe, aussi content de son empressement que l'avait été autrefois Charles X, le nomma officier de la Légion-d'Honneur, *pour témoigner*, dit-il, *en récompensant le maire, toute la satisfaction que lui avait procurée la réception empressée des habitans.* M. Lallier reçut cette glorieuse faveur avec toute la grâce qui le caractérise, et la ville de Cambrai s'en trouva singulièrement honorée.

M. Lallier vote constamment avec le ministère.

D'ESTOURMEL.

En se présentant au collége électoral de Cambrai, M. d'Estourmel avait promis formellement aux électeurs de résigner ses fonctions de ministre plénipotentiaire en Colombie s'il était honoré de leurs suffrages. Mais le député oublia complètement les promesses du candidat. M. d'Estourmel trouva fort agréable d'être à la fois député ministériel à Paris et ambassadeur largement rétribué au Brésil. Ces deux fonctions ont été remplies en conscience.

Après les deux dernières sessions, les ministres, pouvant se passer momentanément du vote de M. d'Estourmel, ce député, cédant d'ailleurs aux réclamations de la presse, songea enfin à remplir les fonctions diplomatiques dont il touche depuis trois ans les émolumens d'une manière si désintéressée. Il partit pour la Colombie, sans toutefois résigner son mandat de député. Mais à peine M. d'Estourmel eut-il touché le rivage qu'il se ravisa ; et le voici revenu de nouveau à point nommé pour soutenir le ministère pendant la session de 1834.

Combien de temps durera cette longue mystification ?

VATIMESNIL.

M. Vatimesnil a appuyé la proposition de M. Auguis, tendant à transporter la justice coloniale du ministère de la marine au ministère de la justice (25 janvier). La majorité rejetta cette proposition. Ce député a demandé l'admission de droit du curé dans le comité de surveillance de l'instruction publique (17 juin).

Partisan de la légitimité, M. Vatimesnil vote avec les ministres de la royauté quasi-légitime pour toutes les mesures contraires à la liberté.

TAILLANDIER.

M. Taillandier a présenté le rapport de la proposition de M.

Harlé fils, relativement aux marchés à terme (25 janvier). Il a pris une part active à la discussion du projet de loi sur l'instruction publique (3 mai, 17 juin). Il a présenté diverses observations sur les retraites des agens diplomatiques, sur la Légion-d'Honneur, sur les jeunes détenus et sur les maisons centrales de détention, pour lesquelles il a demandé la même attention et le même degré de perfectionnement que pour celles de Suisse et d'Angleterre (11 mars).

M. Taillandier a voté habituellement avec l'opposition.

WAREIN.

M. Warein n'a cessé de soutenir d'un vote silencieux, mais constant, toutes les mesures anti-nationales du ministère. Cependant, lui-même reconnaît que sa conscience lui reproche quelquefois de voter contre les vœux et les besoins de la nation. Lors de la loi sur la pairie, M. Warein a voté pour l'hérédité, et, en l'avouant quelques jours après, il ajoutait : « Je l'ai fait, » je le ferais encore, mais j'eusse été inconsolable si l'hérédité » de la pairie l'eût emporté à la majorité d'une voix. » Une telle faiblesse est inexcusable quand il s'agit des graves intérêts du pays.

M. Warein a fait obtenir des emplois à plusieurs de ses cliens et des avancemens à d'autres; ces faveurs ont été savamment distribuées.

OISE.

Ce département nomme cinq députés.

MM. *Danse*, 1er *arrondissement de Beauvais.* — M. *Mornay*, 2e *id. de Beauvais.* — *Lemaire, id. de Senlis.* — *Legrand, id. de Clermont.* — *Tronchon, id. de Compiègne.*

DANSE.

M. Danse n'a pas donné d'autre signe de vie à la chambre que de voter sans restriction aucune pour toutes les propositions du ministère.

MORNAY.

M. Mornay est patriote, mais M. Mornay est gendre du

président du conseil; comme patriote, il vote avec l'opposition, comme héritier du premier ministre, il vote souvent pour le pouvoir; mais nous engageons ce député à se rappeler que les honneurs et les intérêts du pays doivent passer avant toute autre considération.

S'il l'oubliait, les électeurs ne l'oublieraient pas.

M. Mornay a passé une grande partie de la session à représenter son collége en Italie.

LEMAIRE.

Élu en remplacement du maréchal Gérard, M. Lemaire s'est placé dans les rangs des députés ministériels. Ses votes ont constamment soutenu toutes les mesures du pouvoir.

LEGRAND.

M. Legrand s'est rapproché du ministère cette année. Membre, avec M. Barada et quelques autres, d'une petite réunion sans conséquence, il voudrait bien continuer à passer pour patriote, tout en votant les pensions des chouans.

TRONCHON.

Partisan du ministère, M. Tronchon l'a soutenu de ses votes et de son silence.

ORNE.

Ce département nomme sept députés.

MM. Mercier, arrondissement d'Alençon. — Desprez, id. de Secz, — His, id. d'Argentan. — Auberville, id. de Lemerlerault. — Le vicomte Lemercier, id. de Domfront. — Fleury, id. de Laigle. — Ballot, id. de Mortagne.

MERCIER.

M. Mercier continue à faire partie de cette nuance ministérielle et indéfinissable, dont on serait bien embarrassé de formuler les principes. Votant quelquefois avec le ministère, quelquefois avec l'opposition, ce député adopterait volontiers quelques améliorations : c'est ainsi qu'on le vit prendre la parole (12 décembre 1832) sur la proposition du général Demarçay, relative à l'organisation des commissions pour les lois de finances ; son discours, du reste, blâmant l'ancien système sans approuver le nouveau, laissait la question plus indécise qu'avant. Membre de la commission des comptes (13 février 1833), M. Mercier a proposé quelques dispositions tendant à introduire plus de régularité dans les dépenses et à les soumettre à un contrôle plus rigoureux ; le même jour, il demanda que la loi des comptes fût présentée à la chambre dans les mêmes formes que celles de la présentation du budget ; cette proposition fut adoptée. M. Mercier saisit l'occasion de la demande de nouveaux douzièmes provisoires pour s'élever contre le projet d'une seconde session. Rapporteur de plusieurs projets de loi, ce député a montré quelqu'activité.

Après 1830, la famille de M. Mercier a reçu une large part dans les emplois distribués par le nouveau gouvernement. M. Houel, son gendre, est président du tribunal civil de Louviers, et si M. Clogenson, son gendre également, et préfet de l'Orne, vient d'être destitué pour avoir conservé des sentimens de patriotisme, en revanche, M. Mercier fils, sous-préfet d'Alais, a été nommé à la préfecture de Vaucluse, où il agit de son mieux pour faire regretter M. Bureaux de Puzy. M. Mercier fait tout juste assez d'opposition pour être réélu, et assez de ministérialisme pour obtenir les faveurs qu'il désire.

DESPREZ.

Partisan obscur et dévoué du juste-milieu, très obligeant pour ses amis, M. Desprez ne se refuse à aucune recommandation, mais il a peu de crédit ; il se borne à voter silencieusement pour le pouvoir.

HIS.

Pendant ces deux dernières sessions, M. His a montré quelques velléités d'indépendance, et son vote a quelquefois combattu le ministère. M. His a pris la parole sur les projets de loi d'organisation départementale et d'expropriation pour utilité publique ; des rapports de pétition, quelques mots sur les attributions municipales (17 mai), tel est le résumé de ses travaux. Au surplus, son opposition ne s'est jamais formulée que par des chicanes de procureur, sur des questions de peu d'importance ; dans toutes les grandes discussions, il est resté muet et s'est contenté de voter pour le ministère.

AUBERVILLE.

Partisan aveugle du pouvoir, M. Auberville est resté muet pendant les deux sessions.

LEMERCIER.

Si M. Lemercier monte à la tribune, c'est pour soutenir le cumul des maréchaux au milieu des applaudissemens des centres (5 avril), et lecri : « On ne m'arrachera mon traitement qu'avec la vie » lui paraît le cri de l'honneur et du patriotisme! M. Lemercier a vivement appuyé la dénonciation Viennet, contre la *Tribune* (8 avril). Sans ces deux actes, l'existence parlementaire de ce député serait complètement ignorée.

M. Lemercier sait mettre à profit la reconnaissance ministérielle en faveur de ses protégés. Le sous-préfet de son arrondissement, entr'autres, qui lui doit sa nomination et la décoration de la Légion-d'Honneur, a reconnu ce service en servant chaudement l'élection de son protecteur.

M. Lemercier, colonel de la 10e légion de la garde nationale parisienne, s'est distingué à la dernière revue de juillet, en ordonnant l'arrestation de plusieurs patriotes de sa légion, qui protestaient contre l'embastillement de Paris.

FLEURY.

Ce député vote constamment suivant la volonté ministérielle.

BALLOT.

Partisan du pouvoir pendant la session de 1831, M. Ballot n'a pas tardé à reconnaître ses erreurs; en signant le compte-rendu, il a protesté contre le système du juste-milieu. M. Ballot compte aujourd'hui dans les rangs de l'opposition.

PAS-DE-CALAIS.

Ce département nomme huit députés.

MM. Harlé père, 1ᵉʳ arrondissement d'Arras. — Harlé fils, 2ᵉ id. d'Arras. — Gosse de Gorre, id. de Béthune. — Rigny, id. de Boulogne. — D'Hérembault, id. de Montreuil. — Lesergeant de Bayenghem, id. de Saint-Omer. — Francoville, 2ᵉ id. de Saint-Omer. — Degouve de Nuncques, id. de Saint-Pol.

HARLÉ PÈRE.

M. Harlé père vote constamment avec le ministère. C'est un des interrupteurs du centre ; on sait qu'il a obtenu de legitimes succès dans ce genre, même auprès de l'inimitable M. Vérollot.

HARLÉ FILS.

M. Harlé fils a présenté une proposition sur les effets publics, dans le but d'empêcher les marchés à terme, et de les réduire, à quelques exceptions près, aux marchés au comptant. Cette proposition, présentée le 14 décembre, fut prise en considération le 18, mais elle échoua dans la discussion (31 janvier). Ce projet, en effet, ne remplissait nullement le but que son auteur avait voulu atteindre.

M. Harlé fils est un partisan dévoué du ministère.

GOSSE DE GORRE.

M. Gosse de Gorre vote fidèlement avec les centres. Il est difficile d'être moins connu que ce député.

Il a profité de sa position pour faire nommer son fils sous-préfet à Saint-Pol. Ce jeune administrateur, pour signaler son début, a adressé à tous les maires de son arrondissement une circulaire qui a paru dans les journaux, et par laquelle il demandait un tableau de l'opinion politique de chaque habitant.

RIGNY.

Dans les nombreuses occasions où M. Rigny a paru à la tribune, il n'a que rarement traité les questions de la politique générale. Il a été avant tout ministre de la marine. Il a présenté divers projets de loi : sur la réception des capitaines au long cours et des maîtres au cabotage, sur l'état des officiers de terre et de mer, sur l'exercice des droits civils et politiques dans les colonies, et sur le régime législatif dans ces établissemens. Il a su défendre avec assez d'adresse le budget de son ministère.

M. Rigny a pris la parole pour présenter quelques observations dans la discussion de l'adresse au roi (4 décembre). Notre colonie d'Alger lui paraît parfaitement administrée. Aussi est il venu le déclarer à la chambre, annonçant qu'il fallait continuer le régime militaire avec tous ses agrémens, et avant tout voter de l'argent (5 avril). M. Rigny a défendu le cumul des maréchaux, en disant que le maréchalat était une dignité (5 avril). Interpellé par M. Subervic qui lui demandait ce qu'il entendait par là, le ministre de la marine ne sut comment s'en tirer. « Les ordonnances royales, répondit-il, s'expriment » ainsi : *sont élevés à la dignité de maréchaux de France messieurs* » *tels et tels*. Vous voyez donc bien qu'il y a encore des dignités, » puisqu'une ordonnance royale emploie ce mot. » (Les centres : très bien ! très bien !) Voilà pourquoi votre fille est muette.

Dans la question de l'emprunt grec, le ministre de la marine se montra d'une médiocrité désespérante (20 mars). Suppliant la chambre d'accorder la garantie demandée, il convint qu'elle avait le droit de le refuser; mais il voulut bien lui apprendre, qu'entre *l'exercice* et *l'abus du droit il y avait une énorme différence*. « Dans les circonstances actuelles, ajouta-t-il, vous ne vou- » driez pas porter atteinte, à l'influence à la considération » dont la France jouit en Orient. » (Applaudissemens aux centres.)

M. le ministre se livra ensuite à une description géographique de la Grèce, et prouva parfaitement ce que tout le monde sait ; c'est que, pendant son séjour dans ces contrées, il avait vu des golfes, des rivières, des caps, des montagnes, mais que toute considération politique lui avait échappé.

Après avoir ajouté à sa leçon de géographie quelques citations historiques, M. Rigny termina en demandant si on pouvait mettre en balance *les descendans de Léonidas, la patrie des Aristide et des Themistocle, les champs de Marathon*, avec quelques misérables centaines de mille francs.

M. Rigny aurait dû sentir qu'il ne suffit pas, pour traiter les hautes questions extérieures, d'être un diseur agréable. Son habileté en administration est fort ordinaire. Des réglemens vexatoires, des passe-droits, de nouveaux grades créés pour quelques favoris, au préjudice des anciens marins, ont ressucité les plus déplorables abus. Aussi, l'opinion, dans les ports, est elle unanime, et, sauf dans quelques localités où domine l'intérêt particulier et que M. Rigny protège dans le but de se ménager une candidature pour l'avenir, il n'y a qu'un cri contre l'incapacité de cet administrateur.

M. Rigny continue à louvoyer prudemment et à se conserver des garanties sous tous les régimes. Il affecte de se renfermer dans sa spécialité et se résigne très volontiers au rôle d'instrument passif. Il a recommandé à ses frères, qui jouissent des plus hautes faveurs du pouvoir, d'user de la même habileté. Aussi M. Rigny, receveur-général du Calvados, refusait en 1831 de faire partie d'un comité polonais, composé du préfet, du commandant de la division militaire, des maires et adjoints, de quarante des principaux personnages de la ville de Caen : il répondait avec une réserve diplomatique, qu'avant de s'associer à cette œuvre d'humanité, *il se croyait obligé d'en écrire à ses parens.*

M. Rigny n'a rien négligé pour son élection. Il la doit aux croix d'honneur, aux médailles, aux services de tout genre qu'il a largement distribués aux électeurs de Boulogne.

D'HÉRAMBAULT.

M. d'Hérambault n'a montré, dans les dernières sessions, ni la chaleur de patriotisme, ni l'exactitude dont il avait fait preuve dans la session de 1831. Sans doute ce député n'a pas cessé d'être patriote, mais il ne suffit pas d'avoir de bonnes intentions lorsqu'on est chargé de représenter le pays.

LESERGEANT DE BAYENGHEM.

Dans la session de 1831 M. Lesergeant demanda un congé à la chambre et la chambre accorda un congé à M. Lesergeant.

Dans les sessions de 1832 et 1833, ce député s'absenta sans congé. Il faut convenir que c'est une manière fort commode et bien singulière de représenter ses concitoyens.

M. Lesergeant est tout dévoué au ministère.

FRANCOVILLE.

Ce député vote silencieusement pour le ministère. Son principe est d'approuver toujours l'autorité.

Il a fait donner quelques emplois à ses parens.

DE GOUVE DE NUNQUES.

M. de Gouve de Nuncques a constamment voté contre le ministère.

L'arrondissement de Saint-Pol et la France ont fait une grande perte dans la personne de ce respectable citoyen.

Il a été remplacé par M. Dussaussoy, lieutenant-colonel d'artillerie, directeur de la fonderie de Douai.

PUY-DE-DOME.

Ce département nomme sept députés.

MM. Simmer, 1er arrondissement de Clermont-Ferrant. — Leyval (Félix), 2e id. de Clermont-Ferrant. — Baudet-Lafarge, 1er id. de Riom. — Thévenin, 2e id. de Riom. — Girot-Pouzol, id. d'Issoire. — Desaix, id. de Thiers. — Pourrat, id. d'Ambert.

SIMMER.

La conduite de M. Simmer, en 1831, a été fortement désapprouvée par ses concitoyens. Il a eu constamment, pendant les deux dernières sessions, l'approbation des ministres.

LEYVAL.

M. Leyval a continué de penser avec les légitimistes, et de voter avec la quasi-légitimité.

BAUDET-LAFARGE.

L'expérience et les lumières de M. Lafarge, son honorable persévérance dans les sentimens politiques de sa jeunesse, donnaient un grand poids à ses paroles. L'accueil que reçut l'an passé le député de Riom lorsqu'il se rendit dans le pays qui l'avait honoré de ses suffrages, lui prouva que les citoyens ne sont jamais en reste envers les défenseurs de leurs droits.

M. Lafarge a pris la parole sur le projet de loi d'organisation départementale et sur les dépenses du budget de la justice coloniale. Le 3 mai 1833, il a donné sa démission.

Il a été remplacé par M. Maignol, qui n'a pas encore siégé.

THÉVÉNIN.

Patriote éclairé, M. Thévenin a suivi d'un pas ferme la ligne que lui traçaient les intérêts du pays.

GIROT-POUZOL.

Ses votes ont toujours été acquis à la cause nationale. C'est un de ces hommes sur lesquels le pays peut compter.

DESAIX.

Dans le cours de la session, M. Desaix a été remis en activité comme colonel de cavalerie. Avant et depuis cette faveur, il a constamment voté avec l'opposition.

POURRAT AÎNÉ.

Ce député vote souvent contre le ministère. Lors du dernier discours du roi aux chambres, deux députés de l'opposition crièrent *vive le roi!* La joie qu'éprouvait M. Pourrat lui fit sans doute oublier que c'est bien le moins qu'un silence désapprobateur soit la leçon des rois.

PYRÉNÉES (BASSES-).

Ce département nomme cinq députés.

MM. *Harispe (général), arrondissement de Pau. — Jacques Laffitte, id. de Bayonne. — Dufau, id. de Mauléon. — Lacaze Pedre, id. d'Oleron. — St-Cricq, id. d'Orthez.*

HARISPE.

Ce général, qui n'est pas sans gloire, s'est fait soldat du juste-milieu. Quand on sait noblement se servir d'une épée, il est étrange qu'on soit pour la paix à tout prix. C'est une de ces anomalies qui font peu d'honneur au genre humain.

LAFFITTE.

Les ennemis politiques de M. Laffitte ont si souvent attaqué sa vie privée à l'occasion de sa vie publique, qu'on peut difficilement s'occuper de l'une sans parler de l'autre.

Sous le premier rapport, on ne saurait lui contester la plupart des vertus sociales qui commandent l'estime : c'est une vie toute parsemée de traits plus honorables les uns que les autres ; artistes encouragés, commerçans soutenus, débris de notre vieille gloire recueillis sont encore là pour attester que la fortune n'avait confié qu'un dépôt au banquier homme de bien. Mais hélas ! ces richesses, qui s'écoulèrent par tant de canaux, ne reviendront pas à leur source. Le denier de l'estime et de la reconnaissance ne suffira même pas pour conserver au citoyen généreux l'hôtel qui reçut les patriotes de Juillet.

Malheureusement, M. Laffitte a apporté dans sa vie politique les mœurs faciles de l'homme privé. Jugeant les autres d'après lui, il ne sut pas retenir sa confiance. Malgré son expérience personnelle et la triste épreuve qu'il a contribué à faire subir au pays, il croit encore que la greffe citoyenne peut prendre sur une tige royale.

M. Laffitte a pris la parole sur le projet d'organisation des commissions de lois de finances. Dans cette même séance, il trouva de nobles paroles pour défendre sa conduite relativement à l'emprunt d'Haiti (11 février).

Il a prononcé un discours remarquable sur les finances et proposé la suppression de l'amortissement (27 février). Il a pris part à la discussion sur le projet de loi d'expropriation pour cause d'utilité publique (1, 6 février). Il a présenté, en faveur de la librairie, un amendement qui, malgré ses efforts, a été rejeté (19 avril).

Dans la seconde session, il fit de nouveau une proposition relative à la caisse d'amortissement (9 mai), et la développa avec talent (14 mai). Il reproduisit enfin cette même proposition comme un amendement au projet de la commission. Il réclama la suppression complète des rentes rachetées, et demanda qu'on distribuât sur chaque nature de rentes les fonds de la dotation.

DUFAU.

M. Dufau a parlé sur le projet de loi d'organisation départementale (23 janvier). Il a fait un rapport sur une proposition concernant les majorats (13 mars).

Il a été, dans les deux dernières.sessions, ce qu'il avait été dans les sessions précédentes, ministériel profondément dévoué.

LACAZE.

Ce député, docilement ministériel, a fait plusieurs rapports sur des projets de loi de délimitation (23 mars et 22 avril.)

SAINT-CRIQ.

Qui ne connaît l'ennemi le plus redoutable de la liberté du commerce, l'homme aux prohibitions, l'homme qui se raccroche à toutes les branches, qui est tombé de la chambre des députés dans celle du Luxembourg?

Ce député s'est rendu tout puissant dans l'arrondissement d'Orthez, en y faisant nommer à tous les emplois ses parens, ses créatures et ses amis.

Il a pris la parole sur le projet de loi relatif aux impôts et crédits provisoires pour 1833, et soutenu les primes des sucres (8 décembre).

Il a parlé de nouveau en faveur du projet sur les primes des sucres (19 mars).

Il a fait un rapport sur le projet de loi des douanes (3 avril).

M. Saint-Cricq a été remplacé par M. Firmin Lestapis, qui n'a pas encore siégé.

PYRÉNÉES (HAUTES-).

Ce département nomme trois députés.

MM. Dintrans, arrondissement de Tarbes. — Gauthier d'Hauteserve, id. de Lourdes. — Colomès, id. de Bagnères.

DINTRANS.

Ce député a fait avec bonheur l'application du système dynastique à sa famille. Ce ne sont pas des trônes qu'il lui procure, mais de bonnes places. Tout ce qui touche à M. Dintrans de près ou de loin, est pourvu. C'est un parent de M. Dintrans qui est nommé juge de paix à Lourdes ; c'est un autre de ses pàrens qui obtient la perception des contributions de Mauléon-Barousse. Un homme ne compte-t-il plus dans les cadres de l'armée, on le fait nommer capitaine dans une compagnie de vétérans; mais aussi cet homme peut entrer tánt bien que mal dans la généalogie de M. Dintrans. On assure qu'il est son cousin au onzième degré.

M. Dintrans s'est borné cette année à faire un rapport sur le projet de loi concernant un crédit supplémentaire pour premières mises de petit équipement.

Son vote a toujours été acquis au pouvoir.

GAUTHIER D'HAUTESERVE.

Ce député est un ministériel flottant. Il faut bien qu'il conserve la lucrative place de régisseur de l'octroi de Paris. Il a parfois quelque velléité d'indépendance; mais quand cela lui arrive, il s'arrête tout à coup, soupire et s'écrie : ma régie ! Le pauvre homme ! il est bien à plaindre.

Il a pris la parole pour exprimer le vœu que les éligibles aux conseils de départemens ne payassent que la moitié de leurs contributions dans leur département.

COLOMÈS.

M. Colomès a fait plusieurs rapports sur des projets de délimitation (11 mars). Il a souvent pris la parole dans la loi d'expropriation et a proposé plusieurs amendemens (6 février). Il a pris part à la discussion du budget de 1833, lorsqu'il a été question du traitement des évêques et archevêques (15 février). Il a proposé un amendement au projet de loi relatif au chemin de fer de Montbrison à Montrond (27 mars). M. Colomès a voté avec l'opposition.

PYRÉNÉES-ORIENTALES.

Ce département nomme trois députés.

MM. *Arago, arrondissement de Perpignan. — Garcias, id. de Cevet.—Escanyé, id. de Tarbes.*

ARAGO.

Sans abandonner le vaste champ de la science, ce député est

entré d'une manière remarquable dans celui de la politique.
C'est surtout dans les questions spéciales qui, comme on l'a vu
cette année, se rattachent quelquefois immédiatement à la
cause de la liberté, que M. Arago a défendu avec autant d'habileté que de bonheur les intérêts du pays.

Dans la première session, il a pris la parole sur le projet de
loi qui avait pour but de suspendre l'organisation de la garde
nationale dans plusieurs communes, et s'est plaint du retard
apporté à l'armement de celle de Perpignan (25 février). Il a
proposé à la chambre de faire dresser une liste géologique de
France pour les ingénieurs des mines, et de voter une augmentation de 30,000 fr. destinés à indemniser l'auteur d'un chro-
nomètre pour les vaisseaux (21 mars). Il s'est vivement opposé
au projet de caserner l'école polytechnique, et s'est élevé contre l'ordonnance qui l'a comprise dans les attributions du ministre de la guerre; ensuite, faisant allusion à des bruits qui ont
couru, il a dit que ce serait une mesure déplorable que la translation de cette école à Versailles (3 avril). Il a fait part à la
chambre de quelques observations sanitaires sur les lagunes sa-
lées de l'Océan (18 avril). Dans le budget des recettes relatif à
Alger, les renseignemens qu'il donna sur les Arabes prouvèrent
que leur caractère n'était pas incompatible avec un bon système de colonisation.

Dans la seconde session, M. Arago a combattu victorieusement le projet de transporter la bibliothèque dans des constructions qui seraient élevées entre le Louvre et le Carrousel. Il
prouva que la bibliothèque ne menaçait pas ruine, ainsi qu'on
voulait le faire croire, mais que de légères réparations suffiraient pour la mettre en état de remplir sa destination (3 juin).
Ses raisonnemens irréfutables déconcertèrent la monarchique
spéculation de la liste civile. Dans la discussion sur les fortifications de Paris, M. Arago se prononça hautement contre le
système liberticide du gouvernement (14 juin). Non content
d'exprimer son opinion à la tribune, il la développa mieux
encore dans plusieurs articles et particulièrement dans une lettre pleine de logique et de clarté, modèle admirable de discussion scientifique. Cette lettre, publiée par tous les journaux
de l'opposition, et répandue avec profusion par toute la France,
porta le dernier coup au projet dynastique des bastilles. Dans
ces deux dernières circonstances, M. Arago a puissamment contribué à sauver une portion de la fortune publique et à repousser une attaque redoutable contre les libertés du pays, services
importans qui lui assurent la reconnaissance des bons citoyens.

GARCIAS.

M. Garcias a pris la parole en faveur de la pétition, relative aux bons des cortès (19 janvier); sur l'amortissement et sur l'établissement d'un chemin de fer de Montbrison à Montrond (27 février). Du reste, il ne discute pas quand il s'agit de projets ministériels : il approuve.

ESCANYÉ.

Pendant toute la session, il a gardé le plus profond silence. Au premier abord, il semble que, d'un député qui ne dit rien, il n'y ait rien à dire, mais à mieux examiner la chose, le silence est une quasi-défection. Quand on a des intentions droites, on se dessine nettement dans la chambre, et, pour cela, il suffit de prendre la parole une seule fois sur une question bien caractérisée. Si l'on n'est pas orateur, on a la ressource de l'amendement, voire même du sous-amendement.

Du reste, le vote silencieux de M. Escanyé est plus souvent acquis au ministère qu'à l'opposition.

BAS-RHIN.

Ce département nomme six députés.

MM. *Voyer-d'Argenson,* 1er *arrondissement de Strasbourg.* — *Odillon-Barrot,* 2e *id. de Strasbourg.* — *Coulmann,* 3e *id. de Strasbourg.* — *Saglio, id. de Saverne.* — *Humann, id. de Schélestadt.* — *Müntz, id. de Wissembourg.*

VOYER-D'ARGENSON.

Dans la délibération de l'adresse au roi (3 décembre), M. Voyer-d'Argenson proposa un amendement en faveur des classes pauvres. Il demanda et fit décréter l'impression des procès-verbaux de la commission chargée, pendant la session de 1831, de l'enquête sur l'affaire Kessner.

M. Voyer-d'Argenson a pris part à la discussion du projet de loi d'attributions municipales. Il s'est opposé au crédit de cent millions demandé par le ministre des travaux publics.

M. Voyer-d'Argenson est tel qu'il a toujours été. Son courage et son indépendance ne se sont jamais démentis. Il n'a cessé de combattre de ses votes, de ses discours et de ses actes, pour la cause du peuple.

ODILLON-BARROT.

La popularité et la réputation gouvernementale de M. Barrot semblent s'être un peu ternies pendant les deux dernières sessions. Les amis de l'indépendance et de la dignité du pays lui ont reproché d'avoir accepté trop légèrement à la tribune les ignomineux traités de 1815 (18 février 1833). Les hommes de gouvernement, qui savent que son opposition n'a rien de systématique, et qui l'ont vu venir à l'aide du pouvoir dans ses momens difficiles, ont cru apercevoir dans son esprit peu de portée administrative, quand, en reconnaissant à M. Barrot l'intention avérée de ne pas désorganiser, ils ont lu ses discours sur la centralisation.

Rapporteur avant tout des impressions générales du public devant les débats de la chambre, nous croyons devoir mentionner ces deux opinions assez repandues, quoique pour notre compte, nous les trouvions sévères. Un reproche plus fondé peut-être qu'on serait tenter d'adresser à M. Barrot, c'est d'avoir trop souvent égaré l'opposition dans des voies vagues et indeterminées ; « trop souvent dans sa marche on n'a pu saisir un corps ni un système. » C'est un des argumens que les ministres emploient le plus fréquemment contre M. Barrot, et celui qui fait le plus d'effet sur un grand nombre de personnes à la chambre : « M. Barrot, disent-ils, est le seul homme parlementaire qui ait fait trois professions de foi, trois programmes de ministère, et le seul peut-être dont on soit encore aujourd'hui à deviner le système et les vues politiques. »

Quoique le fonds de ces paroles soit vrai, il n'est pas difficile d'y reconnaître cependant l'exagération malveillante du ministère contre M. Barrot, pour la guerre souvent énergique qu'il a continué à lui faire à la dernière session. Cette malveillance s'est surtout déclarée dans un livre inspiré par les ingratitudes du 13 *mars*, et qui, avec tous les caractères du libelle, contient les attaques les plus violentes contre M. Laffitte, M. Lafayette et surtout M. Barrot. Ce n'est pas sans indignation que nous y avons lu, contre ce dernier, des imputations sans gravité sous une plume d'aussi mauvaise foi, telles par exemple que celle-ci, que M. Barrot, commissaire de l'insurrection au voyage de Cherbourg, aurait demandé à Charles X, au moment de son embarquement, une sorte de certificat de bonne conduite. Certes, nous n'avons pas besoin de faire sentir tout l'odieux de cette inculpation, qui prouverait dans M. Barrot, le confident et le complice de Lafayette, si peu de confiance et de dévouement à la révolution de juillet ; et si M. Barrot n'a pas encore répondu, c'est, nous en sommes persuadés, qu'il ne fait qu'attendre l'occasion officielle de donner un démenti solennel à l'homme qui l'a calomnié.

Les palmes tribunitiennes de M. Odilon-Barrot ont été nombreuses encore cette année. Il a combattu, toujours avec éloquence et souvent avec force, les attentats du ministère et ses tendances, aujourd'hui déclarées, vers les doctrines anti-nationales de la restauration. Il a parlé deux fois avec éclat contre l'état de siége, et a attaqué les dernières ordonnances de promotion à la pairie (29-30 novembre). Il a demandé la mise en jugement de la duchesse de Berry (5 janvier 1833), parlé sur la loi départementale (9 janvier), sur le projet d'expropriation pour cause d'utilité publique, et demandé la communication des pièces relatives à l'emprunt grec. Le 18 février, il appuya la proposition d'indemnités pour les propriétés qui avaient souffert en juillet, et repoussa les indemnités à accorder aux gendarmes.

Le 18 février, il prononce un discours sur le ministère des affaires étrangères. Il repousse les pensions des chouans (5 mars), s'élève contre la destitution de MM. Baude et Dubois (6 mars), défend la liberté des théâtres (15 mars), attaque de nouveau M. Guizot à l'occasion de la destitution de M. Dubois (25 mars), combat le système des forts détachés (2 avril), repousse les fonds secrets du ministère de la guerre (4 avril), fait le rapport de la commission relative au divorce (5 mars), parle sur les crédits extraordinaires relatifs à la solde de rassemblement des troupes (11 mars), combat la mise en jugement de la *Tribune* (9 avril), soutient la majorité des deux tiers pour la condamnation (10), le droit de récusation (16); demande l'ordre du jour sur la proposition de M. Salverte relative au déficit Kessner, sauf à examiner l'affaire quand viendra la loi des comptes (12 avril), et, enfin, le 6 mai, parle sur le projet de loi relatif aux attributions municipales, et combat la centralisation.

Il est dans M. Barrot un caractère essentiel, qui explique, au reste, la marche indécise de son opposition et les phases de sa popularité. M. Barrot est systématiquement monarchiste-constitutionnel ; dès-lors, nécessité pour lui, s'il aspire au gouvernement de ne pas rompre avec le dispensateur des ministères. Depuis les journées de Juillet, M. Barrot, tout en conservant entre le pouvoir et lui la distance qui l'en séparait alors, s'est cependant éloigné de ses anciennes doctrines. Sans faire de transaction, il a été forcé, par suite de son système d'opposition monarchique, de rétrograder dans la même proportion que le gouvernement. Aussi, ce député qui, en 1830, en était aux institutions républicaines et aux exemples pris dans la Convention, s'est-il arrêté dans les dernières sessions, à l'adjonction des capacités et au système de non-intervention, commenté par C. Périer.

COULMANN.

M. Coulmann s'est opposé à l'indemnité proposée en faveur des anciens gendarmes de Paris. Il a obtenu, sur ce chapitre, une réduction de 500,000 francs. Il a pris la défense de la veuve du général Richepanse, dont une ordonnance avait supprimé la pension.

M. Coulmann a demandé des explications sur la nomination de M. Sébastiani aux fonctions de ministre honoraire. Il a présenté diverses observations sur le budget des affaires étrangères. Il a pris part à la discussion de la loi sur l'instruction primaire, et a demandé l'admission du curé dans le conseil de surveillance.

Ce député a voté habituellement avec l'opposition.

SAGLIO.

M. Saglio n'a pris la parole que pour défendre encore les salines contre M. Mosbourg. Cette fois, l'administrateur intéressé ne put contenir son dépit, et des expressions pleines d'aigreur lui échappèrent contre ses adversaires. Il a dit quelques mots sur le projet de loi des sucres, question dans laquelle il était également intéressé.

M. Saglio a rivalisé de dévouement avec les ministériels les plus dévoués.

HUMANN.

M. Humann s'est opposé à la proposition de M. Demarçay sur l'organisation des commissions pour les lois de finances (4 décembre). M. le ministre trouve beaucoup plus avantageux le mode actuel qui, ainsi que l'a si bien dit M. Tracy, *fait du vote du budget une véritable comédie*. M. Humann prononça un long discours pour obtenir de confiance de nouveaux douzièmes provisoires (7 décembre). Il présenta à la chambre le tableau décourageant de la situation des finances, qu'il s'efforça de pallier de son mieux, débita quelques phrases obligées sur sa sympathie en faveur des classes souffrantes, et parla surtout, aux grands applaudissemens des centres, de l'impossibilité de grever la propriété. M. le ministre termina par mettre en perspective le désarmement général, l'annullation éventuelle des rentes de l'amortissement, etc., etc., appâts grossiers toujours avidement saisis par la majorité.

Lorsque M. Laffitte vint expliquer l'irrégularité d'un paiement fait aux porteurs des annuités d'Haïti, et que sa parole d'honnête homme eut produit une si vive impression sur la chambre, M. Humann voulut à son tour défendre l'ancien président du conseil par la plus maladroite argumentation (11 février). Il chercha même comment il pourrait exercer une action contre M. Laffitte, en supposant que la dette fût mise à sa charge. Heureusement que les paroles de M. Laffitte avaient laissé une impression profonde que ne purent affaiblir les gauches raisonnemens de son officieux défenseur.

Dans la discussion du budget des recettes, M. Humann soutint le système actuel d'impôts avec cette assurance qu'il paraît avoir empruntée aux doctrinaires (17 avril). Les plaintes de l'opposition ne lui prouvaient qu'une chose, disait-il, « c'est » que certains esprits se laissent aveugler par des sophismes » avec une déplorable facilité. » Il trouva ensuite que notre position était meilleure que celle de l'Angleterre. Belle consolation! Selon lui, *il n'y a pas en Europe de pays moins imposé que la France.* Après cela, plaignez-vous d'un budget de quinze cents millions!

La question de l'amortissement retrouva M. Humann prêt à défendre cette désastreuse institution (24 mai). De longs et laborieux argumens sur la puissance amortissante, la prévision de guerres générales qui nécessiteraient des ressources extraordinaires, des divagations sur le crédit public formaient le fonds du discours ministériel. Une proposition de M. Laffitte, qui changeait le système du gouvernement, devait être et fut effectivement écartée. M. Humann eut la satisfaction d'immobiliser l'agiotage.

M. le ministre s'est efforcé de rassurer la chambre dans la discussion du budget des finances, en affirmant que les dépenses seraient équilibrées par les recettes (12 juin). C'est ainsi qu'en cherchant à se faire illusion à soi-même on marche toujours en avant, vivant de ressources et d'emprunts. Quant à recourir aux véritables remèdes, cela serait trop dur. Comment toucher en effet aux traitemens modiques de M. le président de la chambre, des ministres, des ambassadeurs, aux pensions des chouans, arche sainte du ministère! Le peuple paie 15 cents millions, disent les ministres; il en paiera bien 16, il en paiera bien 17, 18, et vienne après nous la débâcle, peu nous importe!

Digne successeur du baron Louis, agent subalterne de la pensée immuable, M. Humann suit à la lettre les inspirations de fiscalité qui lui viennent de plus haut. Que la Bourse soit florissante, que les coffres de certains personnages se remplissent incessamment, que chacun, dans cette région de corruption monarchique et de rapacité administrative, s'arrache les bribes du budget, que faut-il de plus pour le bonheur de la France?

MUNTZ.

Dans la discussion du projet de loi relatif aux impôts et crédits provisoires pour 1833 (7 décembre), M. Muntz a combattu vivement l'impôt du sel. Il a voté contre le budget de 1833, et demandé qu'on s'occupât d'un nouveau système financier, afin que l'impôt fût réparti avec plus de justice.

M. Muntz a demandé la garantie de la Bavière pour l'emprunt grec (22 mars). Cet amendement, développé d'une manière remarquable, ne fut pas adopté par la chambre. Il a réclamé l'annullation des rentes de l'amortissement, dont il fit habilement ressortir la ruineuse déception, en déclarant que jamais pays, en temps de paix, n'avait marché plus vite vers la ruine de ses finances, dont on s'obstinait à conserver le désastreux système.

M. Muntz est revenu, dans la seconde session, sur la question des sels, et a demandé la suppression des 5/6es de cette taxe inique qui pèse particulièrement sur les classes pauvres et sur l'agriculture. Mais ses patriotiques efforts ne furent pas plus heureux que la première fois.

M. Muntz, député éclairé et consciencieux, a constamment voté contre le ministère.

RHIN (HAUT-).

Ce département nomme cinq députés.

MM. *Hartmann,* arrondissement de Colmar. — André Kœchlin, id. d'Altkirch. — Nicolas Kœchlin, id. de Mulhausen. — André, id. de Colmar. — Le général Stroltz, id. de Belfort.

HARTMANN.

Qu'est-ce que M. Hartmann ? qui a entendu parler de M. Hartmann ? Après une longue et microscopique investigation dans la masse épaisse des centres, nous sommes parvenus à découvrir M. Hartmann, bien minime mais très fidèle champion du ministère.

ANDRÉ KŒCHLIN.

M. André Kœchlin, qu'il ne faut pas confondre avec M. Nicolas Kœchlin, ce qui ferait peu d'honneur à ce dernier, est le digne successeur de M. Reinach, ministériel dévoué. Dans le projet de loi d'expropriation pour cause d'utilité publique, M. André Kœchlin présenta un amendement très insignifiant qui ne fut pas adopté (7 février). Une autre proposition du même député sur la *naturalité* ne fut même pas prise en considération (18 février). M. André Kœchlin prit une autre fois la parole pour réclamer en faveur de son département le bienfait d'un secrétaire de préfecture, superfétation administrative supprimée par la chambre (18 mars). Tel est le résumé de ses travaux.

L'élection de M. Kœchlin (André) est le résultat du monopole électoral, des intrigues de cet aspirant à la députation, et de la conduite peu loyale du président du collège dans cette élection. À coup sûr, M. André Kœchlin, qui, dès son arrivée à la chambre, s'est plongé dans le système du milieu, ne représente nullement l'opinion de l'arrondissement d'Altkirch.

NICOLAS KŒCHLIN.

M. Nicolas Kœchlin continue à se montrer digne de ses honorables antécédens. Il a constamment voté contre le ministère.

ANDRÉ.

M. André a lu, au milieu du bruit et des conversations particulières, un fort long discours sur le budget des recettes de 1833 (15 avril).

M. André a été récompensé de son dévouement au ministère, par la présidence de la cour royale de Colmar. Il a été réélu.

STROLTZ.

M. Stroltz, qui a constamment voté pour le pouvoir, a pris la parole une seule fois, et c'était pour défendre les fonds secrets du ministre de la guerre (3 avril).

———◆◆◆———

RHONE.

Ce département nomme cinq députés.

MM. Couderc, 1ᵉʳ *arrondissement de Lyon. — Jars*, 2ᵉ *id. de Lyon. — Fulchiron*, 3ᵉ *id. de Lyon. — Dugas-Montbel*, 4ᵉ *id. de Lyon. — Carrichon, id. de Villefranche.*

COUDERC.

M. Couderc a constamment voté contre le ministère : c'est le seul député patriote du département du Rhône.

JARS.

M. Jars a fait une longue apologie du Théâtre-Français, *seul théâtre où l'on parle encore la langue de Corneille et de Racine* (15 mai). Il a témoigné également une affection toute particulière pour le théâtre de l'Opéra-Comique. Les commettans de M. Jars apprendront sans doute avec un vif intérêt, que leur représentant n'est pas romantique et qu'il aime les rondeaux d'opéra. Ils ne manqueront pas de le renvoyer à la chambre quand les lois seront faites en vers et récitées en musique.

M. Jars vote constamment pour le ministère.

FULCHIRON.

Ce député a joué un singulier rôle à la chambre ; il s'est acharné pendant quelques semaines après un de ses collègues d'une manière incompréhensible, comme s'il eût reçu le mandat spécial de le combattre en toute occasion. M. Fulchiron a cru sans doute acquérir quelque célébrité en attaquant toujours le même député : il est parvenu à se rendre ridicule.

Dès la discussion de l'adresse, M. Fulchiron vint accuser M. Garnier-Pagès d'avoir demandé *traîtreusement* ce qu'on avait fait pour les ouvriers (1er décembre). « Ce qu'on a fait pour les ouvriers ! s'est-il écrié dans un magnifique mouvement oratoire, messieurs, on leur a fait la charité ! » La charité ! entendez-vous, vils prolétaires de Lyon, qu'avez-vous à dire ? M. Fulchiron vous a fait la charité !

Dans la discussion du cens départemental proposé par M. Comte, M. Fulchiron vint encore s'escrimer de son mieux contre le même député (16 janvier); il avait demandé la parole après lui, renonçant à parler si M. Garnier-Pagès ne parlait pas ; et, afin que personne ne pût s'y tromper, il déclara en commençant qu'il ne venait pas discuter l'amendement, mais combattre M. Garnier-Pagès. Puis il s'expliqua fort aigrement sur le banquet offert au député de l'Isère, dans une ville où lui-même, M. Fulchiron, errait inaperçu ; le pauvre homme en paraissait encore tout mystifié. Ensuite il rappela, comme de coutume, qu'il descendait d'une famille d'ouvriers.

« Oui, messieurs, s'écria-t-il, moi qui descends d'une famille d'ouvriers..... (Voix nombreuses : A la question !)

» Moi, qui descends d'une humble famille.... (A la question ! à la question !)

» Moi, qui descends..... » (Cris d'impatience, interruption prolongée.) — *Une voix :* Descendez donc !

La chambre ne voulut pas absolument connaître la généalogie de l'intéressant M. Fulchiron. On pourrait lui répondre : Vous sortez des rangs du peuple, vous n'en êtes que plus coupable de le combattre aujourd'hui.

Ce philantrope éclairé s'est opposé à ce qu'une pétition, ayant pour objet l'abolition de la peine de mort, fût renvoyée au ministre (16 décembre). Ne touchez pas au Code pénal, répétait-il, ne touchez pas au Code pénal.

En revanche, il a pris chaudement la défense des établissemens religieux (18 février). Il s'est opposé à toute réduction sur le chapitre des missions étrangères, observant avec beaucoup de finesse que les capucins d'Ispahan et de Teheran remplissaient, sans qu'on s'en doutât, une mission diplomatique. La chambre parut charmée de cette découverte.

Ce qu'il y a de curieux chez M. Fulchiron, c'est qu'il ne doute de rien, c'est qu'il prétend donner des leçons sur les choses qu'il comprend le moins aux hommes les plus éclairés. C'est ainsi qu'on le vit prendre la parole après M. Tracy (1er mars), annoncer que cet orateur *avait avancé des erreurs en économie politique, mais qu'il croyait plus sage de ne pas traiter en ce moment une question aussi irritante* L'économie politique une question irritante ! quel galimathias !

M. Fulchiron est en possession d'égayer la chambre; soit qu'il s'élance à la tribune par habitude après M. Garnier-Pagès, et qu'il en descende aussitôt, s'apercevant qu'il n'a rien à dire, soit que, fouillant les trésors de son éloquence, il se fasse l'écho grotesque de ces préjugés grossiers dont pâture le milieu. Du reste, cet honorable député est connu des membres de la société qui publie ces notes, non seulement comme député, mais d'une manière toute personnelle : ils se rappellent fort bien le temps où M. Fulchiron venait les fatiguer de son importune assiduité, les supplier de le faire nommer député dans la banlieue. A cette époque, M. Fulchiron était un chaleureux patriote.

DUGAS-MONTBEL.

Ce député a constamment voté pour le ministère.

CARRICHON.

Connaissez-vous M. Carrichon ? à quoi songeaient les électeurs de Villefranche en envoyant à la chambre M. Carrichon ?

Silence absolu, dévouement à MM. les ministres, voilà la règle de M. Carrichon.

SAONE (HAUTE-).

Ce département nomme quatre députés.

MM. Genoux, arrondissement de Vesoul. — Marmier, arrondissement de Jussey. — Grammont, arrondissement de Lure. — Accarier, arrondissement de Gray.

GENOUX.

M. Genoux vote habituellement avec l'opposition. Il serait à souhaiter qu'il eût une marche un peu plus énergique.

MARMIER.

Dans la discussion de l'adresse, M. Marmier vint rompre une lance en faveur de l'état de siége (1ᵉʳ décembre). Son principal argument pour justifier cette violation des lois, fut qu'elle avait été unanimement réclamée par la garde nationale. Or, cette assertion même est un mensonge, et l'état de siége, annoncé après la cessation du combat, surprit autant la garde nationale que le reste de la population.

M. Marmier déclara hautement, lors de la discussion du projet de loi sur les sucres, que si la chambre modifiait la législation sur cette matière, il n'hésiterait pas à cesser aussitôt la fabrication du sucre indigène qu'il avait entreprise, *uniquement*, disait-il, *dans l'intérêt des classes ouvrières* (20 mars). Cette menace peu parlementaire produisit un singulier effet.

Ce député plaida chaudement en faveur du projet insidieux de confier 18 millions à la liste civile pour l'achèvement du Louvre. Il invoqua l'autorité de Napoléon afin de décider la chambre à légitimer cette monarchique opération ; la majorité demeura insensible aux raisonnemens pointus de M. Marmier.

Ce député vote toujours pour le gouvernement.

GRAMMONT.

M. Grammont a demandé que les sommes de peu d'importance envoyées par la poste ne fussent pas soumises au timbre (18 décembre). Cet amendement, présenté en faveur des classes pauvres, fut ridiculisé par les centres, peu sensibles aux souffrances du peuple, et rejeté par la majorité.

M. Grammont a appuyé la proposition Portalis, relative au mariage des prêtres (23 février). Il mit cependant quelques restrictions à cette approbation.

Ce député est un patriote consciencieux, dévoué. Il a constamment voté contre le ministère.

ACCARIER.

M. Accarier figure dignement dans la phalange ministérielle. Rien n'est commode pour un mauvais gouvernement comme l'aide de ces hommes toujours disposés à l'approuver, à voter également le pour et le contre, à suivre aveuglément la consigne ministérielle, sans se permettre la moindre observation.

Maître de sa majorité, le ministère sauve les apparences en conservant les formes ; il est dans la légalité s'il n'est pas dans le bon sens, et voilà ce qu'on appelle gouverner !

SAONE-ET-LOIRE.

Ce département nomme sept députés.

MM. *Rambuteau*, arrondissement de Mâcon. — *Dureault*, 2e arrondissement de Mâcon. — *Thiard*, arrondissement de Châlons-sur-Saône. — *Corcelles*, 2e arrondissement de Châlons-sur-Saône. — *Montépin*, arrondissement d'Autun. — *Drée*, arrondissement de Charolles. — *Guillemaut*, arrondissement de Louhans.

RAMBUTEAU.

M. Rambuteau est le serviteur dévoué, le panégyriste toujours prêt, le confident intime du ministère ; il est parleur comme M. Thiers, sophiste comme M. Guizot, mais il n'est qu'une pâle copie de ces deux grands hommes. Dans le projet de loi relatif aux impôts et crédits provisoires pour 1833, il répéta, à peu près dans les mêmes termes, les raisons alléguées déjà par le ministre des finances, et s'étonna beaucoup qu'on pût taxer le ministère d'inconstitutionnalité ou de négligence pour n'avoir pas convoqué plus tôt les chambres (7 décembre). Lorsque les réfugiés italiens du dépôt de Mâcon demandèrent à la chambre leur translation à Montpellier, M. Rambuteau ne manqua pas une si belle occasion de calomnier des hommes qui ont tout sacrifié à la cause de la liberté (21 décembre). Il s'opposa à l'amendement de M. Comte, pour l'extension du cens d'éligibilité dans l'élection des conseils départementaux. *La capacité électorale*, dit-il, *doit être prise dans la garantie de l'exécution des devoirs et non dans l'envie d'obtenir une fonction et des droits.* Tel est le galimathias qui forme la base des principes des doctrinaires. M. Rambuteau combattit la publicité demandée pour les secours accordés aux artistes et aux savans (14 février). C'est ainsi qu'on est toujours assuré de rencontrer les hommes comme M. Rambuteau sur le terrain des illégalités, du mystère, des prodigalités et des fonds secrets. Ce député est grand partisan des hauts traitemens du clergé. Selon lui, c'est donner des soldats au parti légitimiste que de réduire les traitemens des évêques; c'est-à-dire qu'il faut augmenter les richesses de nos ennemis pour nous assurer leur protection (16 février). C'est dans ce même esprit que, s'opposant à la réduction de 700,000 francs demandée par M. Glais-Bizoin sur le chapitre des réparations d'églises, M. Rambuteau s'étendit, avec une ridicule onction, sur les consolations sacrées offertes par la religion aux peines des villageois (18 février). La majorité sentit ses entrailles s'émouvoir aux jérémiades si touchantes du béat doctrinaire, et l'amendement anarchiste de M. Glais-Bizoin fut rejeté. M. Rambuteau termina ses travaux de la première session par un énorme discours sur l'excellence du système actuel d'impôts (17 avril). La chambre, parfois dégoûtée du fatras de la doctrine, ne put supporter jusqu'au bout, sans nausées, la harangue ministérielle que lui servait l'interminable orateur.

Rapporteur du budget du ministère du commerce et des travaux publics, M. Rambuteau s'acquitta de sa commission de manière à satisfaire ses patrons (1er juin). Ami des prodigalités, il a soutenu, sans y rien comprendre, dans la loi des travaux, le vote de 15 millions demandés à la chambre, qui ignorait de quoi il s'agissait, par un ministre qui n'en savait rien non plus (4 juin). Voilà comme les deniers du pays sont consciencieusement économisés!

M. Rambuteau est d'une grande utilité au ministère, auquel il emprunte les idées qu'il n'a pas, en paraphrasant longuement les tirades ministérielles. Il est également d'une grande utilité à la majorité, qui quelquefois a besoin de paroles et non de raisons. Il est enfin d'une grande utilité pour lui-même et ne s'oublie pas dans la curée générale du budget; il s'est fait donner les fonctions, suffisamment rétribuées, de préfet de la Seine.

M. Chardel, son successeur, ancien député, est aussi patriote que M. Rambuteau était ministériel.

DUREAULT.

L'admission de M. Dureault à la chambre a donné un nouveau défenseur à la cause de la liberté. M. Dureault a pris la parole dans le projet de loi d'organisation départementale (10 janvier), et a demandé que l'élection des membres des conseils départementaux eût lieu par canton. Il a pris part également à la discussion du projet de loi d'expropriation pour cause d'utilité publique (9 février).

THIARD.

M. Thiard a pris la parole sur le projet de loi d'organisation départementale et a présenté un amendement utile, rejeté par la majorité (14 janvier). Il a soutenu une pétition des habitans de Châlons-sur-Saône, relative aux actes illégaux commis par le préfet, et a repoussé avec énergie, au nom des habitans de Châlons, la qualification de perturbateurs, que M. Fulchiron se permettait de leur appliquer (6 avril).

M. Thiard présenta des observations judicieuses sur le budget des recettes de 1833 (15 avril). Il demanda la réduction des impôts indirects et la suppression de l'impôt sur le sel. Ces deux réclamations suffiraient pour assurer à l'orateur des droits à la reconnaissance des bons citoyens.

M. Thiard est au premier rang parmi les patriotes purs et désintéressés de la chambre. Il est digne en tout de la confiance du pays.

CORCELLES.

M. Corcelles a prononcé un discours plein de force et de vérité dans la discussion de l'adresse au roi (28 novembre). Les centres, qui ne comprennent pas à demi-mot, applaudirent l'orateur quand il parla de l'horrible attentat ; mais dès qu'il eut complété sa pensée, les applaudisseurs restèrent stupéfaits et béants. M. Corcelles, qui ne farde pas la vérité, est souvent honoré des interruptions du centre.

M. Corcelles a demandé que le même député ne pût faire à la fois partie de plus de deux commissions. Il a fait également la proposition d'instituer trois rapports de pétitions par semaine (25 janvier). Cette patriotique proposition ne pouvait convenir à la majorité, qui, loin d'étendre, voudrait anéantir le droit de pétition.

M. Corcelles s'est récusé dans l'affaire de la *Tribune. Je déclare que je me récuse,* s'est-il écrié, *et que je siégerai, à moins qu'on ne m'empoigne.* A ce mordant sarcasme, plein d'esprit et d'à-propos, M. le président Dupin, qui, de son autorité privée, parlait d'arracher les députés de leurs siéges, M. Dupin baissa la tête avec confusion.

Dans la discussion du budget du ministère des affaires étrangères, M. Corcelles a réclamé contre les traités désastreux de 1815 et l'attitude humiliante de notre diplomatie.

M. Corcelles est un patriote plein de vigueur et d'énergie ; il a constamment combattu le ministère.

MONTÉPIN.

Rapporteur de la pétition du sieur Pérotte, l'une des victimes du guet-à-pens nocturne du pont d'Arcole. M. Montépin a conclu à l'ordre du jour (10 janvier). Cette conclusion fut adoptée par la majorité.

Ce rapport est l'acte le plus saillant de M. Montépin pendant les dernières sessions.

Candidat à la députation en 1830, il disait dans sa profession de foi : *La légitimité et la Charte, malheur à qui y touchera!*

Il a constamment crié et voté pour le ministère.

DRÉE.

Ce député est un ministériel dévoué.

GUILLEMAUT.

Membre de l'opposition, M. Guillemaut a donné sa démission le 24 avril ; il a été remplacé par M. Chapuy de Montlaville, qui a été nommé quelques jours avant la clôture de la session.

SARTHE.

Ce département nomme sept députés.

MM. *Vauguyon*, 1er arrondissement du Mans.—*Picot-Désormeaux*, 2e id. du Mans. —*Fournier*, 3e id. du Mans. — *Dollon*, id. de Saint-Calais.—*Goupy*, id. de La Flèche.—*Comte*, id. de Mamers.—*Camille Périer*, id. de Mamers.

VAUGUYON.

Instrument fort obscur et très complaisant du ministère.

PICOT-DÉSORMEAUX.

M. Picot-Désormeaux est resté fidèle à ses honorables antécédens ; il a constamment voté avec l'opposition.

FOURNIER.

Immobile et silencieux à la chambre, M. Fournier vote avec la masse organisée des centres.

DOLLON.

Même immobilité, même ministérialisme que MM. Vauguyon et Fournier, ses dignes collègues. Voilà les représentans d'une grande nation !

GOUPIL.

M. Goupil se contente de voter bien discrètement pour les ministres.

COMTE.

M. Comte a demandé que l'on remplaçât le monument proposé par le gouvernement pour perpétuer le souvenir de la victoire de Juillet par la fondation d'écoles pour l'instruction du peuple (15 décembre):

Il a présenté dans la loi d'organisation départementale, un amendement tendant à élargir la base électorale ; c'était une grande amélioration, quoique très incomplète (15 janvier). La majorité, néanmoins, repoussa cette patriotique proposition. M. Comte demanda l'exclusion des prêtres des conseils généraux (17 janvier). Cet amendement fut adopté par la chambre. Il proposa d'exiger des membres des conseils généraux et d'arrondissement un serment d'incorruptibilité. Cette proposition fit frémir les centres (22 janvier) ; aussi fut-elle rejetée. M. Comte a présenté encore une proposition réglementaire pour la nomination des commissions (25 janvier), mais elle ne fut pas prise en considération.

Ce député défend les intérêts du pays avec talent et activité.

CAMILLE PÉRIER.

M. Camille Périer a lu à la chambre un rapport sur le budget de la guerre (23 mars), dont M. Passy a soutenu toute la discussion. Voilà le résumé des travaux de ce député.

Du reste, il a constamment voté pour le ministère.

SEINE.

Ce département nomme quatorze députés.

MM. Debelleyme, 1er arrondissement. — Jacques Lefebvre, 2e id. — Odier, 3e id. — Ganneron, 4e id. — Salverte, 5e id. — François Delessert, 6e id. — Laborde, 7e id. — Paturle, 8e id. — Schonen, 9e id. — Ch. Dupin, 10e id. — Barthe, 11e id. — Panis, 12e id. — Renet, 13e id. — Las Cases père, 14e id.

DEBELLEYME.

Dans la discussion de l'adresse, M. Debelleyme blâma avec une certaine énergie la conduite de M. Jollivet, fesant l'office d'accusateur public contre deux de ses collègues (1er décembre). Il a présenté quelques observations sur la loi d'expropriation pour cause d'utilité publique (5 février). Il s'est opposé à la publicité des secours accordés aux savans, prétendant que la publicité actuelle était suffisante (14 février). Il a demandé que Paris ne fût fortifié qu'en vertu d'une loi spéciale.

M. Debelleyme a combattu le projet ministériel qui avait pour but de monopoliser les publications légales des actes de commerce, au profit des feuilles subventionnées (9 mars). Il s'est prononcé en faveur de la proposition de M. Bayoux, sur le divorce (23 mars). Dans le procès de la *Tribune*, M. Debelleyme s'est élevé contre la marche adoptée par la majorité et les formes suivies dans cette inique procédure. Les injures de M. Persil et les cris des centres accueillirent ses justes réclamations.

M. Debelleyme, d'un caractère faible et variable, n'a pas de principes arrêtés. Il a quelquefois voté avec l'opposition, sans jamais faire une guerre sérieuse au pouvoir.

JACQUES LEFEBVRE.

M. Jacques Lefevre a prétendu que l'état de siége avait été demandé par la population de Paris tout entière, et que le roi, dans sa promenade du 6 juin, avait été accueilli par le cri un peu long de : *Rendez-nous justice et mettez la ville en état de siége!* (1er décembre). Il ajouta que jamais Paris n'avait été plus tranquille que sous le régime des conseils de guerre; que les ouvriers avaient eu plus d'ouvrage qu'auparavant, et que les plaisirs en avaient reçu une nouvelle activité. A la peinture pastorale des charmes de l'état de siége, M. Jacques Lefebvre joignit, comme accessoire obligé, des déclamations contre *la république* et *sa hideuse terreur*, et surtout contre la presse, toujours plus *licencieuse et plus dévergondée*. L'orateur termina enfin son discours aux applaudissemens d'un sergent de ville placé dans les tribunes publiques.

Peu de jours après, M. Jacques Lefebvre proposa d'introduire dans l'adresse au roi l'éloge de Casimir Périer ; il rappela, avec autant d'érudition que de bon goût, le *justum ac tenacem propositi virum*, l'homme juste et inébranlable auquel il comparait ce ministre. L'éloquence de M. Roul se joignit en cette occasion à celle de M. Jacques Lefebvre.

Rapporteur de la proposition du général Demarçay, sur les commissions des lois de finances, M. Jacques Lefebvre a conclu au rejet (10 février). Il a présenté le rapport du budget des finances et pris la parole à diverses reprises dans la discussion générale (19 février). En sa qualité de banquier, il s'efforça de réfuter M. Bastide-d'Isard, qui, dans un discours remarquable, critiquait la répartition actuelle de l'impôt et attaquait MM. *les loups cerviers* de la banque (26 février). Il a fait quelques observations sur le budget de la guerre.

Ce député est l'auteur d'un nouveau mode de subventionner la presse ministérielle. C'était là le véritable but de sa proposition sur la publication des actes de société de commerce, qui, présentée le 26 février, fut plus tard adoptée par la majorité.

Dans la seconde session, M. Lefebvre a été de nouveau nommé rapporteur du budget des finances pour 1834 (3 juin). Il a pris la parole à diverses reprises dans la discussion, et s'est acquitté de cette mission de manière à satisfaire le pouvoir.

Ce député est tout dévoué aux ministres, qui protégent si bien la Bourse et font fleurir l'agiotage. Quoiqu'il s'occupe particulièrement de questions de finances, il ne néglige pas l'occasion d'intercaler dans ses discours de longues tirades contre la république, contre les factieux, etc. M. Jacques Lefebvre est un des honorables qui terrassent le plus souvent l'hydre de l'anarchie, et il peut se vanter, pour sa part, d'avoir sauvé nombre de fois la royauté-citoyenne.

ODIER.

M. Odier a prononcé quelques paroles sur le projet de loi relatif aux impôts et crédits provisoires pour 1833 (8 décembre), sur les élections des 3e et 4e colléges de l'Aisne (25 février), et sur le budget de 1833 (4 mars). La part que M. Odier a prise à la discussion est tellement insignifiante, qu'il est presque inutile d'en parler.

Dans la seconde session, M. Odier a demandé et obtenu une réduction de 500,000 francs sur les primes à l'exportation des cotons fabriqués en France (12 juin).

Pour M. Odier, un ministère agioteur ne peut être que le plus sublime des ministères; aussi, ce député vote-t-il constamment pour le pouvoir. M. Odier fait partie des 20 ou 25 principaux banquiers étrangers, suisses, allemands, hollandais ou espagnols qui, en gouvernant la Bourse, gouvernent également la France. Voilà comment le gouvernement actuel est éminemment national !

GANNERON.

M. Ganneron est un de ces députés toujours prêts à manœuvrer selon le bon plaisir des ministres. Trois jours après *l'attentat horrible*, qui l'émut profondément, il fut nommé secrétaire de la chambre. Le 1er décembre, il s'efforça de justifier l'état de siége ; ce fut son premier exploit de la session.

Les mesures d'intérêt général ont toujours rencontré dans M. Ganneron un intraitable adversaire ; il ne sait défendre que le monopole et le privilége. C'est ainsi qu'il s'est opposé à toute réduction de l'amortissement (27 février).

Ce député est le plus fidèle appui de la quasi-légitimité, qu'il a sauvée plus d'une fois par ses recommandations à la garde nationale et ses ordres du jour mémorables sur le bouton de guêtre.

Rapporteur du projet de loi sur les pensions à accorder aux gardes nationaux blessés dans l'Ouest et à Paris, M. Ganneron s'est bien gardé de laisser échapper cette heureuse occasion de reproduire l'invention admirable de l'alliance carlo-républicaine. De pareilles productions, indignes d'une critique sérieuse, ne sauraient mieux figurer que dans les joyeuses colonnes du *Charivari*.

M. Ganneron prend rarement la parole. La nature lui a malheureusement refusé les facultés de l'orateur. Hormis ces qualités, il ne lui manquerait rien pour faire de l'effet à la tribune. C'est, à tout prendre, un brave négociant et la forte tête du quartier.

Pourquoi donc M. Ganneron a-t-il voulu s'élever au-dessus

14

de la tranquille condition qui lui valait des jours sans nuages et une vie pleine de charmes, d'innocence et de sécurité? Pourquoi s'est-il laissé enivrer au fumet des grandeurs? Ah! M. Ganneron, il ne suffit pas, pour réussir à la cour, de tomber en adoration devant le buste de la royauté-citoyenne, de crier *vive le roi!* à la barbe du roi lui même; et de professer un dévouement sans bornes au gouvernement sous lequel nous avons le bonheur de vivre; c'est déjà bien sans doute; mais il faut de l'adresse, et beaucoup d'adresse; il faut avoir les formes du courtisan; il faut de la grâce, de la légèreté dans les bals des Tuileries; il faut être sémillant dans ces fêtes, où l'on fait l'apprentissage de l'ancien régime!

SALVERTE.

Dans la discussion de l'adresse, M. Salverte s'éleva contre la politique du gouvernement, contre l'état de siége, et demanda une enquête sur les événemens de juin et la conduite du ministère à l'égard de la duchesse de Berry (28 novembre). Il blâma le provisoire introduit depuis si long-temps dans les finances, et déclara qu'il n'accorderait que deux douzièmes aux demandes ministérielles (7 décembre). M. Salverte a fait à la chambre une proposition afin que les travaux commencés dans une session fussent repris et continués dans la session prochaine (12 décembre). Ce projet, qui accélérait beaucoup les travaux législatifs, fut adopté par la chambre, et converti en article réglementaire. De concert avec MM. Eschassériaux, Laurence et Taillandier, M. Salverte a présenté un projet de loi sur l'instruction primaire, qui, fondu avec un autre projet du gouvernement, et défiguré complètement par la discussion, ne fut adopté que pendant la deuxième session. Il a demandé la mise en jugement de la duchesse de Berry (5 janvier).

M. Salverte a proposé de soumettre à un examen spécial le préjudice causé à l'état par le vol Kessner, ainsi que la responsabilité qui pouvait en devenir la conséquence (7 janvier). Il a appuyé une pétition qui demandait que l'impression des affiches pût être exécutée par des imprimeurs non brevetés. Il a pris une part active à la discussion de la loi d'organisation départementale. Il a demandé l'ordre du jour sur la pétition de M. Mabille, pensionnaire de l'ancienne liste civile (10 janvier), et réclamé en faveur de M. Perrotte, l'une des victimes du guet-à-pens du pont d'Arcole (11 janvier). Il a appuyé la proposition de M. Comte, relative à la nomination des membres des commissions par le président (28 janvier). Il s'est opposé à la proposition de M. Parant, qui avait pour but de réduire au tiers du nombre des députés celui des suffrages exigé pour le vote des lois ; il fit rejeter ce projet, contraire au texte de la charte, et favorable à la paresse d'un grand nombre de députés, qui déjà remplissent si mal leur mandat (11 février). Il a défendu la conduite de M. Laffitte dans l'emprunt d'Haïti.

M. Salverte a demandé le dépôt au bureau des renseignemens d'une pétition ayant pour but l'établissement d'une caisse d'épargne en faveur des employés de l'état (19 janvier). Prenant la parole sur le projet de loi du 21 janvier, amendé par la chambre des pairs, il fit ressortir l'ineptie des mots *funeste et à jamais déplorable* introduits dans le texte d'une loi, et fit justice de ces monarchiques lamentations (20 janvier). M. Salverte a pris une part utile à la discussion du budget des dépenses. Il a demandé des réductions sur les traitemens élevés du clergé (15 février), s'est opposé aux indemnités réclamées en faveur des gendarmes par suite des journées de Juillet (18 février), et a soutenu la publicité pour les secours accordés aux savans et aux artistes (14 février).

Dans la discussion du budget des affaires étrangères, M. Salverte a critiqué les prodigalités de ce ministère et les traitemens considérables accordés à une diplomatie qui représente si humblement la France à l'étranger (19 février). Il s'est prononcé pour le maintien des tarifs sur les sucres (20 mars). Le projet dynastique des forts détachés a rencontré chez lui une énergique opposition (1er avril). Il a repoussé la dénonciation Viennet contre la *Tribune* (8 avril).

Dans le projet de loi concernant l'exercice des droits civils et politiques aux colonies, M. Salverte a proposé un amendement favorable à la liberté (13 avril). Il s'est élevé contre le surcroît des amendes prélevées sous le nom de décime de guerre, et en a réclamé la suppression (19 avril). Il a appuyé la pétition de la veuve Faye, pensionnaire de la marine (29 janvier). Il a demandé des éclaircissemens aux ministres sur le projet de loi tendant à suspendre l'organisation de la garde nationale dans plusieurs communes (22 février). Il a demandé le renvoi au ministre de l'intérieur d'une pétition des réfugiés espagnols (23 mars).

Dans le cours de la seconde session, la patriotique activité de M. Salverte ne se ralentit pas un seul instant. Il combattit vivement le projet de l'emprunt grec, et témoigna son étonnement de ce que le gouvernement français se fût déjà engagé pour plus d'un million (18 mai). Dans la loi sur l'instruction primaire, il a demandé qu'on donnât aux élèves les notions premières des droits et des devoirs politiques (29 avril). Cette sage proposition fut rejetée. Dans la même séance, il proposa la suppression de l'enseignement du plain-chant. L'enseignement du plain-chant fut maintenu. De tels faits caractérisent suffisamment la direction imprimée à la majorité.

M. Salverte a demandé l'ajournement de la proposition de M. Schonen sur la liquidation de l'ancienne liste civile (22 mai). Il a combattu le projet de M. Humann sur l'amortissement (24 mai). Il a appuyé l'amendement de M. Eschassériaux, qui portait qu'à l'avenir il ne serait pas affecté de fonds à la dotation des siéges épiscopaux non compris dans le concordat de 1801, qui viendraient à vaquer (29 mai). Quand la duchesse de Berry fut mise en liberté sans jugement, M. Salverte protesta contre cette illégalité, et réclama une enquête parlementaire à ce sujet. Il demanda pourquoi l'ordonnance qui promettait une loi pour statuer sur le sort de la duchesse de Berry n'avait même pas été mise à exécution (10 juin). Dans la discussion du budget de la chambre, M. Salverte a demandé et obtenu une réduction de huit mille francs sur le traitement des questeurs (13 juin). Il a rappelé au ministre des travaux publics sa promesse de déposer aux archives de la chambre les plans des divers travaux compris dans le projet de loi de 100 millions. Il s'est opposé vivement au projet de confier 18 millions à la liste civile pour l'achèvement du Louvre, et a fait habilement ressortir la déception et l'inconstitutionnalité de cette monarchique spéculation (1er juin).

Il est peu de questions importantes que M. Salverte n'ait éclairé de ses judicieuses et spirituelles observations. La multiplicité et l'utilité incontestable de ses travaux parlementaires nous dispensent de tout éloge. M. Salverte est toujours le même : orateur habile, député laborieux, patriote éclairé, énergique et consciencieux.

FRANÇOIS DELESSERT.

M. François Delessert a présenté à la chambre le rapport de la commission chargée d'examiner le projet de loi relatif aux formes et aux contrats des titres qui engagent le trésor (26 mars). Il a pris part à la discussion sur la loi des sucres (19 mars). Il s'est opposé à quelques économies réclamées sur le budget de l'Université (26 mars). Il a appuyé une pétition des propriétaires du théâtre Molière, et présenté quelques observations sur un projet de loi d'intérêt local (28 mars). Dans la discussion sur l'instruction primaire, présentant de courtes observations, il s'opposa aux dispositions favorables aux classes pauvres (30 avril, 3 mai). Il a donné la mesure de son humanité en demandant que les Polonais sortis de France ne reçussent plus aucun secours du gouvernement, s'ils étaient tentés d'y revenir (11 avril).

M. François Delessert est une notabilité de cette aristocratie d'argent qui a escamoté la révolution de Juillet à son profit. C'est un représentant de cette partie de la bourgeoisie dont l'égoïsme concentre aujourd'hui toutes les jouissances et tous les privilèges, et qui est l'appui de la royauté nouvelle comme l'aristocratie nobiliaire fut l'appui de l'ancienne royauté. Aussi, M. Delessert fréquente-t-il assidûment la cour citoyenne et les cercles des Tuileries, où l'on s'essaie gravement aux belles manières du temps jadis. C'est là que l'on voit M. François Delessert en habit brodé, M. Gannéron vêtu à la française, M. Cousin en chapeau à plumes, M. Bugeaud galonné sur toutes les coutures, et M. Barthe, qui autrefois a juré une haine éternelle à la royauté, portant le deuil de Ferdinand d'Espagne avec une queue de trois pouces. Plaisante mascarade, si la France n'en payait pas les frais !

LABORDE.

M. Laborde a présenté à la chambre le rapport du projet de loi relatif au monument à élever sur la place de la Bastille (13 décembre). Il a demandé que les capacités fussent éligibles sans aucun cens aux conseils généraux (17 janvier). Il s'est opposé à la prise en considération de la proposition de M. Harlé fils sur les marchés à terme (30 janvier). Il a soutenu la pétition des condamnés politiques sous la restauration (16 février), et fait adopter en leur faveur un crédit de 80,000 francs (18 février). M. Laborde a soutenu le budget des affaires étrangères. Présentant un tableau flatteur de la situation des affaires extérieures, il s'applaudit beaucoup de ces résultats, que l'on devait, dit-il, à une *espèce de fermeté de la part du pouvoir* (19 février). Cette naïveté d'un courtisan de la quasi-légitimité, cet éloge d'une *quasi-fermeté* réjouit beaucoup l'auditoire.

M. Laborde s'est prononcé en faveur du maintien intégral de l'amortissement (28 février). Il s'est occupé spécialement de travaux publics, a fait une proposition sur le Panthéon (5 mars), et présenté quelques observations sur l'achèvement d'édifices publics dans la capitale, sur l'hôtel d'Orsay, le pont de la Concorde, le collége de France, etc. Les forts détachés trouvèrent dans M. Laborde un zélé partisan (1er avril), et son meilleur argument en faveur de ce malheureux projet fut le récit des batailles de Crécy et de Poitiers. Dans le projet de loi concernant les secours aux étrangers réfugiés, il a demandé qu'ils ne fussent pas forcés d'accepter les amnisties de leurs gouvernemens (11 avril). Il a présenté quelques observations sur le régime législatif des colonies.

Dans la seconde session, M. Laborde a pris la parole sur la loi de l'instruction primaire (29 avril), et sur la loi d'attributions municipales. Il a soutenu de son mieux le projet de loi de l'emprunt grec (21 mai). Il a appuyé chaudement la spéculation de la liste civile, relativement à l'achèvement du Louvre, et a débité de fort belles phrases à cette occasion.

Sa position d'aide-de-camp du roi devrait faire sentir à M. Laborde qu'il est certaines discussions dont il devrait soigneusement s'abstenir, afin que son ministérialisme soit plutôt attribué à l'erreur ou à ses distractions habituelles, qu'à des motifs moins honorables. Du reste, M. Laborde n'a aucune espèce de principes politiques. Beaucoup de légèreté, un peu d'imagination, un verbiage spirituel, et le mérite de se présenter dans un salon avec aisance; c'est assez sans doute pour capter les bonnes grâces de quelque auguste personnage; mais c'est trop peu pour les fonctions de législateur. Nul mieux que M. Laborde ne sait arranger artistement des phrases pour soutenir une mesure impopulaire; il évoquera les ombres d'Aristide, de Thémistocle et d'Epaminondas, à propos de l'emprunt du principicule bavarois; il fera du pathos sur les forts détachés, du *jolissime* sur la bibliothèque : c'est l'Anacréon de la quasi-légitimité. Que M. Laborde pérore sur l'obélisque de Luxor, qu'il s'amuse de quelque babiole administrative, qu'il se passionne pour un joujou d'architecture, qu'il débite même une fleurette parlementaire, ce n'est pas mal, c'est un plaisir fort innocent; mais, pour son honneur et pour le bien du pays, qu'il laisse de côté la politique!

PATURLE.

Ministériel dévoué et inconnu.

SCHONEN

M. Schonen a soutenu la pétition des condamnés politiques sous la restauration (16 février). Le 18 avril, il a demandé à la chambre que la loi sur l'ancienne liste civile passât avant la loi sur les colonies; il a prononcé quelques mots sur l'indemnité à accorder aux personnes dont les propriétés ont souffert par suite des événemens de Juillet.

Dans la seconde session, M. Schonen a présenté quelques observations très insignifiantes sur le projet de loi concernant l'instruction primaire (30 avril) et sur le projet de loi d'attributions municipales. Mais l'affaire importante de M. Schonen c'est la liquidation de l'ancienne liste civile, qui a absorbé toutes ses facultés. De concert avec M. Debelleyme, il a demandé que l'on ouvrît de nouveaux crédits au ministre des finances pour le paiement des créanciers et pour secours aux pensionnaires nécessiteux (11 mai). Cette proposition, dans laquelle M. Schonen fut entendu plus d'une fois, fut prise en considération. Les condamnés politiques furent admis à participer au secours demandé, et la loi fut définitivement adoptée. Rapporteur de la proposition de M. Bavoux, sur le divorce, M. Schonen a conclu à son adoption.

Ce député a, comme dans les précédentes sessions, voté aveuglément pour le pouvoir. Il partage, avec plusieurs de ses collègues de la Seine, les bonnes grâces de la royauté citoyenne, qui l'admet dans son intimité, et surtout à sa table, double faveur dont M. Schonen savoure tout le prix.

CHARLES DUPIN.

Dans la discussion de l'adresse, M. Charles Dupin s'est efforcé de prouver, par de faux calculs, que jamais les classes pauvres n'avaient été mieux secourues et la classe riche plus obérée (3 décembre). Cette complaisante apologie de la bourgeoisie valut à l'orateur des applaudissemens des grands propriétaires de la chambre. M. Charles Dupin a soutenu l'élection des conseils généraux par arrondissement (11 janvier). Il a fortement insisté pour que l'on conservât la qualification de *royale* à la marine (8 février). Les prétentions des évêques et leurs traitemens élevés (8 février), les prodigalités du ministère de la marine (15 février), ont trouvé en lui un zélé défenseur.

Dans le projet de loi d'organisation départementale, dans la la loi d'expropriation pour cause d'utilité publique, M. Charles

Dupin a appuyé toutes les dispositions favorables au pouvoir. S'il a pris une part active à la discussion du budget, et en particulier à celle du budget de la marine, il s'est constamment opposé à toutes les économies. Il a combattu la suppression de l'impôt du sel (17 avril). Il a soutenu que l'impôt des boissons n'était pas onéreux, et que de tous les pays la France était celui où cet impôt était le moins élevé (18 avril). « On pourrait, » disait-il, mesurer le degré de civilisation auquel un peuple » est arrivé par le chiffre de l'impôt dont il frappe les bois-» sons. »

Ce dernier argument excita une bruyante hilarité qui se prolongea pendant tout le reste de son discours. M. de Mosbourg répondit aussitôt aux raisonnemens de M. Charles Dupin, en faveur des impôts indirects, et, lisant une éloquente réfutation de son système, il apprit à la chambre en terminant que cette réfutation de l'opinion de M. Dupin, était tirée des discours de M. Dupin lui-même; il oublia seulement de dire que, lorsque M. Dupin prononça le premier discours, il était le représentant d'un pays vignoble.

Ce député a combattu la pétition des habitans du Var, réclamant les droits politiques, dont se trouve privée l'immense majorité des citoyens (14 avril). « Lorsqu'on invoque de tels » principes, dit-il en parlant de cette pétition, on fait un ap-» pel à l'anarchie pour renverser toutes les bases de l'état so-» cial, sous prétexte d'appuyer une pétition également anar-» chique, et suggérée par des agitateurs occultes. »

Tel est le genre de l'éloquence de M. Charles Dupin.

Faites résonner ainsi, au milieu d'un mauvais langage, les mots anarchique, incendiaire, factieux, agitez-vous à la tribune, jetez des éclats de voix, frappez à grands coups sur le bureau, et les centres, se pâmant d'aise, vous proclameront nécessairement un grand homme.

M. Dupin a présenté à la chambre un rapport sur le projet de loi relatif au régime législatif dans les colonies, ainsi que sur le projet de loi concernant la réception des capitaines au longs cours et des maîtres au cabotage. Nous pouvons affirmer hardiment qu'il n'est pas un seul membre de la chambre qui ait eu le courage de parcourir ces énormes productions, amas confus d'un interminable verbiage. C'est une tactique assez adroite que d'écarter tout examen en dégoûtant à coup sûr les lecteurs.

M. Ch. Dupin a combattu les économies dans le budget de la guerre, aussi bien que dans celui de la marine. Il s'est opposé à la suppression de la présidence du comité d'infanterie et de cavalerie demandée par la commission (7 juin). Il a soutenu les pensions des chouans et de l'émigration (13 juin). Dans la deuxième session, il a présenté le rapport du budget de la marine et s'est acquitté de ses fonctions de rapporteur de manière à satisfaire les ministres.

M. Charles Dupin a su pousser l'art du cumul à un degré de perfectionnement qui étonne ses contemporains; il est professeur du Conservatoire des arts et métiers, ingénieur de la marine en activité, conseiller d'état, membre de l'Académie des sciences, etc., etc. On l'a vu en même temps faire partie de cinq commissions à la fois, et il arrive rarement qu'il se présente un emploi vacant sans qu'il se mette aussitôt sur les rangs pour l'obtenir.

Comme ingénieur maritime de première ou de deuxième classe, M. Charles Dupin est porté sur le budget pour 5,000 ou pour 4,000 fr.; comme conseiller d'état, 12,000 fr.; comme membre du conseil d'amirauté, 5,000 fr.; comme professeur au Conservatoire des arts et métiers, 5,000, comme membre de l'Académie des sciences, 1,500 fr. ou 2,000 fr.; comme membre de l'Académie des sciences morales et politiques, les jetons de présence, etc., etc. Qu'on s'étonne après si M. Charles Dupin défend le budget comme son patrimoine!

M. Charles Dupin applique à tout les chiffres de la statistique, mais il a le talent d'en faire ressortir des résultats faux et contradictoires; c'est l'homme-chiffre par excellence; cette qualité ne lui est pas d'une médiocre ressource pour suppléer les émolumens des nombreuses fonctions qu'il cumule. Malgré la multiplicité de ses occupations, il trouve encore le temps de cultiver l'intimité profitable des personnes influentes. M. Dupin est connu pour être l'homme du monde qui parcourt le plus grand nombre de salons dans un temps donné. L'addition de ses visites et de ses salutations dans le cours d'une journée, n'est pas un mince travail pour ce subtil calculateur.

BARTHE.

Dans la discussion de l'adresse, M. Barthe s'est efforcé de justifier la fraude du procureur du roi Demangeat, dans la procédure contre M. Berryer (28 novembre). Prenant la défense des sergens de ville dans les désastreux événemens du Pont-d'Arcole, il vint lire à la tribune des documens judiciaires, repoussa les témoignages contraires à ces allégations, et accusa un rédacteur du *National* d'avoir engagé le sieur Souchet à faire une fausse déposition (29 novembre). Le lendemain, une lettre publiée dans les journaux, lui appliqua la qualification de *calomniateur* : M. Barthe ne jugea pas à propos de répondre à cette verte leçon.

M. Barthe s'est opposé à l'amendement de M. Comte, ayant pour but d'abaisser le cens départemental (16 janvier). Dans la discussion du projet de loi sur le réglement définitif des comptes de 1830, il a repoussé très cavalièrement un amendement de M. Isambert, ayant pour but de suppléer provisoirement à la loi sur la responsabilité ministérielle (13 février). M. Barthe s'est vanté à la tribune d'avoir pris part à la brutale destitution de M. Dubois (6 mars). Il a soutenu l'indemnité de ressemblement accordée aux troupes de Grenoble (9 mars). Il se précipita à la tribune avec tant d'impétuosité dans cette occasion, qu'il faillit se jeter à la renverse. Selon lui, la chambre n'avait nullement à s'occuper des motifs du gouvernement pour l'envoi des troupes. Attaquant les habitans de Grenoble, il y a, dit-il, *habitans* et *habitans*. Cet argument décisif produisit beaucoup d'effet sur les centres.

M. Barthe s'est opposé au renvoi au ministre de la pétition de la veuve du général Richépanse (10 mars). Appuyant la proposition de M. Jacques Lefebvre, qui avait pour but de monopoliser, au profit de la presse subventionnée, les publications légales du commerce, M. Barthe débita à cette occasion de lourdes plaisanteries et d'inconvenantes personnalités (10 mai).

Lorsque M. Cabet demanda à la chambre l'autorisation de se faire juger, M. Barthe ne laissa pas échapper cette occasion de renouveler, contre trois députés, des accusations déjà mises au néant par la justice du pays. Son discours était empreint de ce fiel, de cette animosité bien digne de la mauvaise *queue* du ministère Périer (11 mars). M. le garde-des-sceaux a défendu la censure théâtrale (15 mars) : il développa dans cette occasion des théories surannées sur le luxe, affirmant que, s'il était supprimé, les classes pauvres en seraient le plus péniblement affectées.

M. Barthe a défendu le système des forts détachés (2 avril); selon lui, *il ne pouvait venir dans l'esprit de personne que le gouvernement pût méconnaître les droits des citoyens, qui sont garantis par la charte ; la susceptibilité la plus ombrageuse devait être rassurée sur les intentions de la chambre.* Cette incroyable outrecuidance excita une hilarité qui s'étendit jusque sur les bancs du milieu.

Une pétition des habitans du Var, réclamant l'exercice de leurs droits politiques, fournit à M. Barthe l'occasion de déployer cette éloquence qu'il a mise au service de la quasi-légitimité (12 avril) : de la difficulté de vérifier les douze cents signatures de la pétition dérivait, selon lui, l'impossibilité de faire droit à leurs réclamations ; il fallait donc passer outre, puisqu'on pouvait les supposer en petit nombre. D'ailleurs, ajoutait-il, les habitans de Saône-et-Loire faisaient la même demande que ceux du Var ; d'où il concluait qu'il fallait également passer outre à cause du grand nombre des pétitionnaires. L'ex-carbonaro assaisonna ces raisonnemens pointus de ces lourdes plaisanteries qui lui sont familières, agréable pâture que dévorent avidement les centres.

Dès l'ouverture de la seconde session, répondant à M. Mauguin, qui se plaignait de cette convocation précipitée, M. le garde-des-sceaux trouva le moyen de débiter quelques phrases officielles contre les factieux et les perturbateurs (26 avril). Dans la discussion soulevée par la pétition du sieur Barthélemy, qui dévoilait les turpitudes de la police, M. Barthe, usant de ses déclamations ordinaires, attaqua les opinions de l'orateur qui l'avait précédé à la tribune sur les événemens de juin (18 mai) ; une interpellation énergique le força aussitôt à se rétracter. Passant à un autre sujet, M. Barthe exalta les bienfaits de la police. Cette maladroite apologie, à l'occasion des événemens du Pont-d'Arcole souleva les dégoûts de l'assemblée. Lorsqu'enfin il lui fut reproché de destituer les magistrats pour avoir correspondu avec une société dont lui-même faisait autrefois partie, la confusion de M. Barthe fut au comble, et les centres, venant à son secours, n'eurent d'autre ressource que de réclamer à grands cris l'ordre du jour.

M. Barthe a combattu par des argumens rebattus la pétition de M. Hyde de Neuville, pour l'abolition du serment politique (7 juin) ; il a parlé fort longuement de son humanité à propos de la translation des détenus politiques au Mont-Saint-Michel (29 mai). Quand la duchesse de Berry fut relâchée sans jugement, M. Barthe justifia la conduite du ministère, en disant que les membres de la famille déchue étaient hors du droit commun, et en déclarant que, dans certaines circonstances, le gouvernement devait se mettre au-dessus des lois (10 juin). Tel est le respect des hommes du pouvoir pour cette légalité qu'ils ne cessent d'invoquer !

M. Barthe est l'un des hommes les plus haineux parmi les exécuteurs des hautes-œuvres de la quasi-légitimité. Son animosité perce à travers ses discours ; sa colère mal déguisée éclate à chaque instant. Cette irritation est facile à concevoir ; M. Barthe a tout un passé à faire oublier : il est des souvenirs qui sont pour lui comme un remords continuel, souvenirs importuns qu'il voudrait anéantir. La conduite de M. Barthe a exercé l'influence la plus fâcheuse sur ses facultés. Placé dans le faux, reniant ses anciens principes, il n'est pas étonnant qu'il se soit montré constamment au-dessous de la médiocrité. En vain cherche-t-il à suppléer à l'énergie de la conviction par des déclamations vides de sens, à l'accent de la vérité par des contorsions et des cris, au désavantage d'une mauvaise cause par l'emportement des plus mauvaises passions. M. Barthe ne s'épargne aucune de ces impertinences qui retombent sur leur auteur. Du reste, lourd, emphatique, gonflé d'aristocratie, gauche et maladroit dans son rôle de courtisan, ce serviteur empressé de la pensée immuable n'a réellement d'autre titre que son dévouement à toute épreuve. Il sera l'éditeur responsable des plus déplorables mesures ; il fera plus, il s'en fera honneur. C'est en cela que M. Barthe est précieux, et l'on est forcé de convenir qu'en sa qualité de bouc émissaire du pouvoir, il gagne en conscience ses appointemens.

PANIS.

Ce député est un des muets du centre.

RENET.

Aussi obscur et tout aussi ministériel que le précédent.

LAS-CASES PÈRE.

Dans le cours des deux dernières sessions, M. Las-Cases père a voté avec l'opposition.

SEINE-INFÉRIEURE.

Ce département nomme onze députés.

MM. Barbet, 1er arrondissement de Rouen. — Maïlle, 2e idem idem. — Cabanon, 3e idem idem. — Petou, 4e idem idem. — Delaroche, 1er idem du Havre. — Leclerc, 2e idem idem, Bolbec. — Bérigny, 1er idem de Dieppe. — Aroux, 2e idem idem. — Desjobert, idem de Neuchâtel. — Villequier, idem d'Yvetot. — Mallet, idem de Saint-Valéry.

BARBET.

M. Barbet, qui vote presque toujours avec le ministère, a, en différentes occasions, pris la parole pour présenter des observations peu importantes ; dans la séance du 12 juin il a combattu un amendement de M. Odier.

MAILLE.

La carrière législative de M. Maille est toute ministérielle ; il s'est contenté de prononcer quelques paroles sur la pétition des membres de la Légion-d'Honneur, qui réclamaient le paiement de leur arriéré.

CABANON.

M. Cabanon a, dans les deux dernières sessions, constamment voté avec l'opposition.

Une des conséquences les plus naturelles et les plus déplorables du système obstinément suivi depuis trois ans, c'est le découragement qui atteint successivement les âmes généreuses et dévouées au bien public : M. Cabanon a cédé à cette influence, et a imité plusieurs excellens patriotes, qui ont désespéré de voir la chose commune prospérer avec la chambre que le monopole nous a donnée. Il est regrettable que la démission d'un homme consciencieux réduise le nombre déjà trop restreint des députés qui surveillent le pouvoir, et dévoilent ses mauvais desseins. Combattre est la tâche journalière, continuelle de tout homme qui aime sa patrie, et renoncer à la lutte, c'est retarder le jour du triomphe et des améliorations.

PETOU.

M. Petou a habituellement voté avec l'opposition. Dans la

séance du 8 mars il a déclaré qu'il refuserait les dépenses occasionnées par le rassemblement des troupes à Grenoble.

DELAROCHE.

M. Delaroche s'est montré ministériel dévoué. La seule chose qu'il ait trouvé à blâmer dans le système du gouvernement, c'est le plombage des douanes, qui atteint quelquefois les négocians députés ministériels.

LECLERC.

Le ministère peut le compter parmi ses plus fidèles. Chouans, cumuls, sinécures, fonds secrets, crédits supplémentaires, tout a été accepté, voté avec un empressement, une reconnaissance, qui semblait déceler le regret que l'exigence administrative fût si modeste. M. Delaroche et M. Leclerc se sont trouvés en dissentiment ; dans la séance du 27 janvier, ce dernier a proposé, touchant la division de l'arrondissement du Havre, un amendement qui a échoué.

BÉRIGNY.

M. Bérigny a renoncé à l'indépendance, cette première condition d'un bon législateur. En qualité d'ingénieur, il a pu être très propre à parler sur les travaux publics ; mais sur toutes les questions sociales et politiques, nous pouvons assurer qu'il est d'une faiblesse qui le rend cher au ministère : il a obtenu, et la chose nous a peu surpris, la place élevée d'inspecteur général des ponts-et-chaussées, le titre d'officier de la Légion-d'Honneur ; il a fait répandre sur ses amis, ses parens, les fauteurs de son élection, diverses faveurs ministérielles, et voulant sans doute rendre en gros ce qu'il recevait en détail, il s'est montré le chaud défenseur de la proposition sérieusement faite d'allouer à la mince liste civile du roi une somme de 18 millions, sous prétexte d'achever le Louvre et d'y placer la bibliothèque.

AROUX.

M. Aroux a été une des innombrables preuves à citer pour démontrer l'incompatibilité des fonctions salariées avec celle de représentant de la nation : en effet, le procureur du roi a presque toujours influé sur le député. Aujourd'hui qu'une brutale destitution l'a éloigné du parquet de Rouen, nous pouvons croire qu'il reprendra ces allures franches, indépendantes, qui vont à son caractère, et qu'il a dû lui coûter beaucoup de paraître oublier même incomplétement.

M. Aroux a parlé sur la loi départementale, et a combattu (15 janvier) l'amendement de M. Luneau sur le nombre des conseillers cantonnaux. Il prit la parole dans la discussion de la loi d'expropriation pour cause d'utilité publique, et défendit (6 février) l'amendement de M. Bérigny ; dans la loi sur l'enseignement primaire, il en proposa un qui fut rejeté ; il a aussi parlé sur les détenus pour dettes.

DESJOBERT.

L'élection de M. Desjobert, nommé en remplacement de M. Hély-d'Oyssel, décédé, a amené à la chambre un patriote ferme et consciencieux. C'est surtout dans les questions d'économie que ce nouveau député a montré son désir d'être utile aux masses : il a voté toutes les réductions, et en a lui-même proposé (18 juin) d'importantes sur les fers et les charbons : mais la majorité ne paraissant pas disposée à adopter son amendement, il le retira, avec la ferme résolution de le reproduire à la session prochaine.

M. Desjobert a constamment voté avec l'opposition.

VILLEQUIER.

Le grand âge de ce député aurait dû faire penser aux électeurs que c'était l'exposer à trop de fatigues que de lui imposer les fonctions législatives. En voulant honorer le premier magistrat de la cour royale de Rouen, ils ont oublié que les devoirs d'un député sont trop graves et trop importans pour les réduire jamais à un simple *décorum*, à un vain titre. Nous les engageons donc à ne plus confier leur mandat qu'à un homme d'une santé telle que la moindre toux ne le force pas à demander un congé, et à retourner dans sa famille : c'est ce qui est arrivé, dans la session dernière, à M. Villequier, qui du reste est aussi ministériel que l'on peut l'être.

MALLET.

Pendant ces deux sessions, le rôle de M. Mallet a été le même qu'en 1831 ; il s'est renfermé dans la même nullité. Il a cependant dit (8 juin) quelques mots sur la loi d'expropriation, et il a déposé un projet de loi sur l'établissement d'un chemin de fer. Imiter le député de Dieppe est chose profitable : c'est en effet le moyen de parvenir à une position supérieure. Que M. Mallet devienne donc, comme M. Bérigny, inspecteur-général des ponts et chaussées. Son dévouement ministériel égale celui de son collègue ; il a droit à la même récompense.

SEINE-ET-MARNE.

Ce département nomme cinq députés.

MM. Bailliot, arrondissement de Melun. — Général Lafayette, id, de Meaux. — Durosnel, id. de Fontainebleau. — D'Harcourt, id. de Provins. — Georges Lafayette, id. de Coulommiers.

BAILLIOT.

M. Bailliot a lu un fort long discours contre la proposition de M. Harlé sur les effets publics (30 janvier). Malheureusement M. Bailliot est un de ces orateurs que la chambre n'écoute jamais, malgré les efforts du président. Il n'en continue pas moins la lecture de ses discours avec un courage digne d'un meilleur sort. Défenseur ardent du ministère, M. Bailliot s'empressa de le protéger contre les pressantes interpellations de M. Glais-Bizoin, relativement aux retards qu'éprouvait la loi départementale (19 février). L'ordre du jour ! l'ordre du jour ! répété à grands cris, fut l'argument ingénieux du député de Melun dans cette occasion. Dans la discussion générale sur le budget des dépenses, M. Bailliot prononça un nouveau discours qui eut le sort du premier (26 février). Enfin, dans la question de l'amortissement, il monta à la tribune pour lire un dernier discours dont il ne put prononcer que quelques mots (27 février). Mais voulant à toute force l'infliger à la chambre, il passa son manuscrit à M. Cunin-Gridaine, qui ne fut pas plus heureux que l'auteur dans cette tentative désespérée.

M. Bailliot est un partisan furieux des pensions des chouans. Quand la majorité rejeta la révision qui lui était proposée, on vit M. Bailliot crier dans son exaltation : Vive la charte ! Puis, par un geste tout-à-fait parlementaire, présenter le poing aux députés de la gauche.

M. Bailliot est ministériel quand même. Sa présence à la chambre prouve victorieusement que le cens d'éligibilité n'est pas un brevet de patriotisme.

LAFAYETTE.

Dans la discussion de l'adresse, le général Lafayette appuya vivement l'amendement de M. Bignon sur les malheurs de la Pologne, *dont la nationalité ne devait pas périr* (3 décembre). En vain le ministère et ses dignes acolytes repoussèrent de leur mieux ce cri de l'humanité, les centres n'osèrent se lever contre cet amendement. Dans la même séance, le général Lafayette proposa à la chambre de répondre au roi qu'elle apprendrait avec plaisir que l'honneur de la France n'avait pas été compromis dans les affaires d'Italie. Mais la chambre rejeta cet amendement, que le ministère trouvait beaucoup trop belliqueux. Le général Lafayette défendit noblement la glorieuse révolution du 14 juillet, indignement calomniée par M. Gaëtan de Larochefoucauld (23 janvier). Il lui fit sentir que les brigands et les assassins n'étaient pas parmi le peuple qui se défendait en renversant la Bastille, mais dans cette cour qui faisait mitrailler les citoyens et qui avait juré le massacre des défenseurs de la liberté. Il lui cita avec autant d'esprit que d'à-propos ce mot fameux de son grand-père, à qui Louis XVI disait : *c'est donc une révolte! — Non, Sire, c'est une révolution!* Ramené de nouveau sur le même terrain (22 avril) par l'acharnement de M. Gaëtan de Larochefoucauld contre les vainqueurs de la Bastille, par les ridicules explications de famille de ce député, il rétablit la vérité de faits et vengea la révolution de 89 de ces mensonges historiques.

En s'opposant à une réduction des fonds alloués à la garde nationale demandée par M. Pelet (de la Lozère), qui ne conservait que les 50,000 francs de traitement du maréchal Lobau comme la dépense la plus essentielle, le général Lafayette proclama les vrais principes de cette belle institution (14 février). Plus d'une fois sa voix s'est fait entendre en faveur des réfugiés, et dans plus d'une occasion, il a élevé d'éloquentes réclamations contre les mesures de proscription adoptées par le gouvernement français à l'égard de ces martyrs de la liberté (14 février, 30 mars, 11 avril). Dans la discussion du budget des affaires étrangères, il a flétri énergiquement l'attitude humiliante de notre diplomatie et sa lâcheté devant la sainte-alliance (19 février). La France entière partagea sa juste indignation lorsqu'il vint faire le récit de l'enlèvement de l'illustre Lelewel du domicile de Lagrange, et qu'il se plaignit à la chambre de cette violation odieuse des lois saintes de l'hospitalité (11 mars).

Le général Lafayette proposa l'ordre du jour sur la dénonciation Viennet (8 avril). Il se déclara dans cette occasion républicain de cœur et de conviction. Son discours, plein de cet esprit et de cette finesse qui caractérisent le genre de son éloquence, ne put décider la majorité incorruptible à ne pas juger dans sa propre cause. 179 voix contre 168 rejetèrent l'ordre du jour.

Lorsqu'un général polonais sollicita l'intervention de la chambre auprès du gouvernement pour obtenir que ses malheureux compatriotes réfugiés en Prusse fussent traités moins rigoureusement, ou qu'ils pussent trouver un asyle en France, M. Lafayette appuya fortement le pétitionnaire (18 mai). Dans la même séance, il défendit les Polonais du dépôt de Bergerac contre les calomnies du juste-milieu. Il répondit enfin avec une indignation méritée au discours odieux de M. Dupin aîné, qui voulait que les condamnés politiques fussent confondus avec les condamnés pour crime, et fit ressortir toute l'immoralité des principes professés par cet apologiste des infamies du Mont-St-Michel (28 mai).

Le général Lafayette est le défenseur constant des opprimés contre un gouvernement oppresseur, de la liberté contre la tyrannie, de la révolution française contre l'absolutisme et l'aristocratie.

M. Lafayette a encore les idées généreuses de sa jeunesse, et possède dans toute leur plénitude les brillantes facultés de son âge mûr. Il n'est pas d'orateur, quelqu'habile qu'il soit, qui ne souhaitât d'avoir autant de talent que le général Lafayette à 79 ans.

DUROSNEL.

Ce député ministériel, aussi dévoué que silencieux, est une des inutilités de la chambre. Il se contente de voter complaisamment les pensions des chouans, les prodigalités du budget, les lois de proscription contre les réfugiés, l'approbation de l'état de siége, toutes ces turpitudes ministérielles enfin dont la longue énumération ne saurait trouver place ici.

D'HARCOURT.

M. d'Harcourt a combattu le cens départemental proposé par M. Comte (15 janvier), et prétendu que tout droit électoral devait être basé uniquement sur la propriété. Ce discours, où

Lycurgue était comparé à un brigand, où Jean-Jacques Rousseau était dédaigneusement attaqué, où le tout était assaisonné des raisonnemens les plus singuliers, excita dans la chambre une hilarité générale et prolongée.

Rien n'est curieux comme de voir cet orateur à la tribune. La tête en arrière, se balançant sur la pointe des pieds, M. d'Harcourt daigne jeter sur l'assemblée roturière qui l'écoute des regards où brille son aristocratique importance. Puis, simulant les gestes et les poses d'un orateur qui improvise, M. le comte récite ces phrases de bon ton, cette quintessence de l'ancien régime, ces traits parfumés de l'hôtel de Rambouillet, qui n'appartiennent qu'à un gentilhomme. La hauteur du *grand d'Espagne* s'allie merveilleusement chez lui avec l'outrecuidance doctrinaire. La bourgeoisie électorale a fait là un choix bien étrange.

« Il fallait un législateur, ce fut un vicomte qu'on nomma. » Ce gentilhomme vote constamment avec le ministère.

GEORGES LAFAYETTE.

Il est peu d'hommes aussi patriotes que M. Georges Lafayette ; il a montré dans les deux dernières sessions, comme dans tous les temps, un dévouement inébranlable aux intérêts du pays

SEÏNE-ET-OISE.

Ce département nomme sept députés.

MM. Jouvencel, 1er *arrondissement de Versailles.* — *Guy*, 2e *arrondissement de Versailles.* — *Bérard, id. de Corbeil.* — *Baudet-Dulary, id. d'Etampes.* — *Fiot, id. de Mantes.* — *Lepelletier-d'Aulnay, id. de Rambouillet.* — *Bouchard, id. de Pontoise.*

JOUVENCEL.

M. Jouvencel a pris la parole à deux reprises sur la loi d'instruction primaire ; il a demandé de laisser au ministère la création des écoles normales primaires, sur la présentation du préfet (30 avril). Il a proposé également qu'on laissât aux préfets l'institution des écoles communales (17 juin). Dans ces deux circonstances, le bruit des conversations particulières couvrit constamment la voix de l'orateur, qui regagna sa place sans avoir pu se faire écouter.

M. Jouvencel a voté en faveur de tous les projets ministériels.

GUY.

S'il n'est pas aussi profond que M. Mahul, ni aussi important que M. Viennet, M. Guy est aussi naïf que M. Poulmaire. « Je ne veux pas de place pour moi, disait-il, mais j'ai de la famille jeune. » Cette exclamation fait l'éloge de ses sentimens paternels et surtout de son innocence : mais à la chambre, il est député avant tout. On ne demande pas à M. Guy d'être un Brutus, mais ses commettans ont le droit d'exiger de lui autre chose qu'une admiration passionnée pour les doctrines de M. Bertin de Vaux.

M. Guy, élu en remplacement de M. Bertin de Vaux, s'est fait l'appui du juste-milieu.

BÉRARD.

Dans la discussion sur la loi départementale, M. Bérard a demandé la suppression du conseil cantonal, dont il a démontré l'inutilité et les inconvéniens. Mais les argumens ministériels prévalurent et l'amendement fut rejeté.

M. Bérard a constamment voté avec l'opposition.

BAUDET-DULARY.

M. Baudet-Dulary a presque toujours voté avec les patriotes pendant les deux dernières sessions.

Ce député a donné sa démission par une lettre insérée dans les journaux. Quelle que soit la carrière à laquelle M. Baudet-Dulary compte se livrer tout entier, il y avait plus de courage et plus de mérite à combattre à la chambre qu'à abandonner ce poste. Les améliorations matérielles auxquelles M. Baudet-Dulary veut consacrer ses efforts, seront toujours incomplètes tant qu'elles ne procéderont pas d'améliorations politiques, et les réformes industrielles ne seront jamais que la conséquence de l'application de nouvelles théories. M. Baudet-Dulary eût donc servi beaucoup plus efficacement le pays comme député, qu'il ne pourra le faire comme agriculteur.

FIOT.

Dans la discussion du projet de loi concernant les pensions

des gardes nationaux blessés dans l'Ouest et à Paris, M. Fiot réclama l'énonciation expresse de *blessures graves*, afin que plus tard on n'abusât pas du texte de la loi pour solder des dévouemens.

M. Fiot a voté habituellement avec l'opposition.

LEPELLETIER-D'AULNAY.

M. Lepelletier-d'Aulnay a été chargé, à la première session, d'un rapport sur les douzièmes provisoires. Son zèle, du reste, n'a nullement diminué : il est toujours aussi dévoué aux volontés ministérielles.

BOUCHARD.

M. Bouchard a été admis à la chambre et a prêté serment. C'est l'acte le plus saillant de sa vie parlementaire.

Elu en remplacement de M. Lameth, ce député est tout aussi ministériel que son prédécesseur.

SÈVRES (DEUX-).

Ce département nomme quatre députés.

MM. Clerc-Lasalle, arrondissement de Niort. — Auguis, id. de Melle. — Proust, id. de Parthenay. — Tribert, id. de Bressuire.

CLERC-LASALLE.

Les débuts de M. Clerc-Lasalle ont été brillans et promettaient pour l'avenir un de ces députés vigoureux qui marchent d'un pas ferme et sans hésitation vers la conquête de toutes les libertés. En 1831, il a flétri la doctrine ; le ministère a trouvé en lui un censeur sévère, et il rendit, à cette époque, à ses commettans un compte remarquable par sa franchise.

Comment se fait-il que cette vigueur ait dégénéré en faiblesse, cette opposition en quasi-ministérialisme ? M. Lasalle a été nommé vice-président du tribunal civil de Niort.

AUGUIS.

Lors de la discussion de l'adresse (le 3 décembre), M. Auguis voulut y glisser un amendement en faveur de nos colonies, régies jusquà ce jour par des ordonnances; c'est-à-dire, par le bon plaisir. Aussi (le 25 janvier), proposa-t-il de transporter la justice coloniale, du ministère de la marine, au ministère de la justice.

Au nombre des réductions qu'il demanda et dont la justice frappa tous les bons esprits, on remarque en première ligne les 50,000 francs alloués au maréchal Lobau, comme commandant les gardes nationales du département de la Seine (14 février); puis diverses réductions au ministère des cultes, entr'autres, la suppression des 400,000 francs accordés au chapître, dit royal, de Saint-Denis (18 février).

Le 21 du même mois, après avoir combattu le faste du ministère des affaires étrangères, M. Auguis demanda qu'à l'avenir quelques développemens fussent joints aux chiffres du budget, afin d'apporter quelques lumières dans la profonde obscurité dont on l'environne.

Le 4 mars, il parvint à faire adopter une réduction de 138,000 francs sur la conservation des forêts; mais les réductions qu'il proposa sur le ministère de la marine ne furent pas adoptées (21 mars).

Le 11 mai, il combattit la proposition de M. Laffitte, relative aux avances faites au commerce de la librairie. Il proposa un amendement au projet de loi relatif à la pension demandée par madame veuve Decaen.

Le 8 juin, parlant contre la proposition de M. Schonen, relative à l'ancienne liste civile, tout en reconnaissant que quelques pensionnaires sont dignes d'intérêts, il demanda un examen approfondi des titres de chacun, ayant reconnu par lui-même qu'il y avait sur la tête de certains privilégiés jusqu'à triple et quadruple emploi.

Les opérations du cadastre attirèrent aussi son attention; il signala les abus qui naissent de leur lenteurs interminables, tant pour les dépenses excessives qu'elles occasionnent que pour la classification de l'impôt.

Fidèle à son système d'économies, il demanda qu'un ministre ne pût recevoir, à quelque titre que ce fût (la Légion-d'Honneur exceptée), un traitement autre que celui attaché à son portefeuille (14 juin). Le 23 mai, il proposa une réduction sur les traitemens des ambassadeurs et des consuls. Le 21 du même mois, il prit part à la discussion de l'emprunt grec.

M. Auguis a combattu avec énergie dans les rangs des patriotes.

PROUST.

M. Proust a voté habituellement contre le système ministériel.

TRIBERT.

M. Tribert a pris la parole dans le projet de loi relatif aux routes stratégiques de l'Ouest (5 juin).

Il vote presque toujours avec l'opposition.

SOMME.

Ce département nomme sept députés.

MM. *Caumartin*, 1er *arrondissement d'Amiens*. — *Massey*, 2e *id. d'Amiens*. — *Estancelin*, *id. d'Abbeville*. — *Renouard*, 2e *id. d'Abbeville*. — *Gautier de Rumilly*, *id. de Doullens*. — *Rouillé-Fontaine*, *id. de Montdidier*. — *Harlé*, *id. de Péronne*.

CAUMARTIN.

M. Caumartin a prononcé quelques mots sur la loi d'organisation départementale, sur la loi d'expropriation pour cause d'utilité publique (2 février) et sur le projet de loi d'instruction primaire (30 avril).

M. Caumartin vote presque toujours avec le ministère.

Les gendre, fils, neveu de ce député participent aux faveurs du pouvoir. Lui-même, président du tribunal civil d'Amiens, membre de la Légion-d'Honneur, conseiller municipal et départemental, ne s'est pas arrêté en aussi beau chemin. Il vient d'être nommé président de chambre de cour royale. Les contribuables d'Amiens doivent se trouver fort heureux que leur mandat profite si bien à leur représentant, et ne peuvent qu'applaudir à cette édifiante exploitation du budget.

MASSEY.

Ce député ne jouit pas du même crédit que M. Caumartin dans les bureaux du ministère ; il n'a point, comme lui, le talent de se faire valoir, et ses amis conviennent avec douleur qu'il est d'une très faible importance politique. Cependant il a fait quelque chose pour ses créatures.

M. Massey vote constamment avec le ministère.

ESTANCELIN.

Serviteur dévoué du gouvernement.

RENOUARD.

Dans la loi d'organisation départementale, M. Renouard fit tous ses efforts pour obtenir l'admission des prêtres aux conseils généraux (17 janvier). Il lut au milieu des conversations particulières un long discours en faveur de la loi d'expropriation pour utilité publique, et conclut à l'adoption pure et simple du projet du gouvernement (31 janvier).

Pendant la discussion du budget du ministère de la guerre (7 mars), M. Renouard se permit de demander à plusieurs reprises le rappel à l'ordre de M. de Ludre. Le député de la Meurthe, distinguant cette fois d'où partaient les cris dirigés contre lui, s'avança vers M. Renouard que son geste fit pâlir. Le lendemain, M. Renouard s'empressa d'écrire au président pour *annoncer publiquement à ses collègues qu'appelé en düel, à cette occasion, il avait refusé.* Cette vigoureuse détermination obtint les applaudissemens des centres.

Rapporteur du projet de loi sur l'instruction primaire, M. Renouard donna la mesure de son patriotisme dans la discussion de cette loi (29 avril). Il fut un de ceux qui s'opposèrent avec le plus de chaleur à la proposition de M. Salverte, de comprendre dans l'instruction primaire les notions premières des droits et des devoirs politiques. Puis, dans la même séance, il repoussa fortement la suppression de l'enseignement du plain-chant.

M. Renouard est un de ces hommes acquis au gouvernement, et d'autant plus dangereux qu'ils cherchent à faire oublier par la fureur de leur dévouement leur ancien semblant de patriotisme. Aussi sympathise-t-il avec M. Barthe, le type des renégats politiques.

GAUTHIER DE RUMILLY.

M. Gauthier de Rumilly soutint l'amendement de M. Dulong en faveur des classes pauvres, dans la discussion de l'adresse (3 décembre), et, citant l'amendement que M. Jaubert avait fait adopter, l'année précédente, sur le même objet, il prouva que la majorité ne pouvait, sans rétrograder, rejeter la rédaction qui lui était proposée. Ces observations furent inutiles.

M. Gauthier de Rumilly appuya la proposition de M. Salverte sur le déficit Kessner (7 janvier). Il se joignit à M. Comte pour demander l'élargissement du cens départemental (16 janvier). Il repoussa avec chaleur la dénonciation Viennet contre la *Tribune* (8 avril). Dans la discussion du budget de la chambre, il demanda une réduction de 35,000 fr. sur le traitement énorme que le président de la chambre s'était fait adjuger en comité secret. Cette demande ne fut pas écoutée.

M. Gauthier de Rumilly a habituellement voté contre le ministère.

ROUILLÉ DE FONTAINE.

« Votre commission, Messieurs, a pensé que vous n'étiez » astreints à aucune règle pour juger le gérant de la *Tribune;* *» que vous étiez un corps politique et non un corps judiciaire;* que, » par conséquent, vous deviez voter en la forme accoutumée. » Telle a été l'opinion unanime de votre commission. » (Paroles de M. Rouillé de Fontaine (10 avril 1833).

« Messieurs, vous allez agir comme corps judiciaire, puisque » vous avez à prononcer sur une mise en accusation. Vous de- » vez donc vous rapprocher le plus que vous pourrez des for- » mes usitées devant les tribunaux. » (Paroles de M. Rouillé de Fontaine, dans le procès du *Journal du Commerce,* en 1826).

Lequel faut-il croire, du député de 1826 ou de celui de 1833? Comment un homme qui se respecte un peu ose-t-il se donner d'aussi éclatans démentis? M. Rouillé de Fontaine a-t-il perdu la mémoire? Qu'on lui donne donc bien vite le manteau de pair de France, dont on l'a alléché si long-temps: ce député ministériel l'a bien gagné.

HARLÉ.

« Je voterai la réduction des énormes traitemens qui en- » graissent les sinécures, au détriment parfois d'hommes aussi » modestes que laborieux et savans. Je réclamerai toutes les » économies possibles. Réduire notre énorme budget, c'est di- » minuer la sueur du peuple. »

Ainsi disait M. Harlé dans sa profession de foi aux électeurs, ce qui ne l'a pas empêché de voter des traitemens de 300,000 fr. pour des ambassadeurs, le maintien de toutes les sinécures, les pensions de chouans, toutes les prodigalités ministérielles, un budget enfin de 1500 millions. Voilà comment *il a diminué la sueur du peuple!*

La décoration de la Légion-d'Honneur accordée à M. Harlé scandalisa tout son arrondissement. M. Harlé ne savait plus que faire du maudit ruban qui lui avait été infligé. Il prit enfin le parti de s'excuser auprès de ses commettans ; voici les meilleures raisons qu'il trouva à leur donner :

« Je n'ai, dit-il, envisagé cette marque de la haute bienveil-» lance du roi que comme un hommage rendu, en la personne » du député, au patriotisme qui a toujours distingué si émi-» nemment les habitans de notre arrondissement. »

Nous ne doutons pas que la considération de M. Harlé n'ait été complètement relevée par ces facétieuses explications.

M. Harlé, membre de la Légion-d'Honneur, vote constamment avec le ministère.

TARN.

Ce département nomme cinq députés.

MM. *Falgayrac, arrondissement d'Alby.—Alby,* 1er id. de Castres. — *Falguerolles,* 2e id. de Castres. — *Bermond, id. de Gaillac.* — *Daguilhon-Pujol, id. de Lavaur.*

FALGAYRAC.

La marche rétrograde du gouvernement a achevé d'éclairer la conscience de M. Falgayrac. Encore indécis dans les sessions précédentes, M. Falgayrac a voté cette année avec l'opposition.

ALBY.

M. Alby a complètement abandonné les patriotes, et s'est tout à fait dévoué au ministère. C'est ainsi que le système du juste-milieu a de l'attrait pour les grandes âmes. Quelques observations courtes et insignifiantes sur des lois de finances, voilà toute la carrière parlementaire de ce député.

FALGUEROLLES.

Dans la discussion sur les comptes de 1830 et sur l'emprunt d'Haïti (11 février), M. Falguerolles est venu payer le tribut de son éloquence. Déployant un énorme manuscrit dont l'aspect seul pétrifia la chambre, il commença, au milieu du bruit et des conversations particulières, un discours dont il continua long-temps la lecture avec un rare courage ; mais bientôt le tumulte croissant le força de renoncer à son entreprise : il revint à sa place sans avoir achevé. Rapporteur de la commission chargée d'examiner le projet de loi portant demande d'un nouveau crédit de 1,500,000 francs pour pensions militaires (27 mai), M. Falguerolles eut la satisfaction de faire adopter cette nouvelle prodigalité.

M. Falguerolles préférerait à tout autre régime celui de la restauration ; mais, à défaut, il s'arrange fort bien de la quasi-légitimité.

BERMOND.

Depuis que M. Bermond est à la chambre, il s'est montré un des plus silencieux et des plus dévoués partisans de tous les ministères.

DAGUILHON-PUJOL.

M. Daguilhon-Pujol a pris la parole dans la discussion de la loi d'organisation départementale. Il demandait que chaque arrondissement fût représenté d'après la population et d'après l'étendue du sol (10 janvier). Le premier principe est bon, le second ne vaut rien. Il résulterait en effet de son application qu'une contrée presque déserte serait mieux représentée que la ville la plus populeuse. M. Daguilhon-Pujol a encore présenté quelques observations peu importantes dans la loi d'expropriation pour cause d'utilité publique (7 février). Ce député, pendant le cours des deux sessions, s'est bien gardé d'aborder aucune question politique. En sa qualité de fonctionnaire, il a voté en silence, quelquefois avec l'opposition, très souvent avec le ministère.

TARN-ET-GARONNE.

Ce département nomme quatre députés.

MM. Debia, arrondissement de Montauban. — Boudet, 2ᵉ id. de Montauban. — Faure Dère, id. de Castel-Sarrazin. — Duprat, id. de Moissac.

DEBIA.

M. Debia est venu se ranger parmi les membres de l'opposition. Successeur de M. Thierry Poux, il a justifié par ses votes la confiance des électeurs qui l'ont nommé.

BOUDET.

M. Boudet a pris une part active à la discussion du projet de loi d'organisation départementale. Il a demandé que les membres des conseils-généraux fussent nommés un dans chaque canton; cet amendement ne fut pas adopté. Dans le budget de 1833, M. Boudet demanda une réduction de 700,000 fr. sur le chapitre des cours royales ; les centres se hâtèrent de repousser cet amendement révolutionnaire.

M. Boudet a constamment voté contre le ministère.

FAURE DÈRE.

M. Faure Dère a toujours voté avec les patriotes.

DUPRAT.

Certains députés, dans l'intention fort louable sans doute de se voir imprimés tout vifs et de s'acquitter, en paraissant une fois l'année, du mandat que leur ont confié leurs commettans, font un discours sur un sujet quelconque, se font inscrire, et viennent le débiter à la tribune. Le discours est débité au milieu du bruit, personne ne l'écoute, le député en soigne l'insertion au *Moniteur;* puis, satisfait de ce grand effort, regagne son banc et retombe à l'état fossile. Et voilà ce qu'on appelle représenter le pays!

C'est ainsi que M. Duprat est venu prononcer le 12 mars un discours aussi énorme qu'insipide sur une loi de finances.

Le silence et la somnolence politique de M. Duprat sont le résultat d'un calcul pour assurer sa réélection.

Il a constamment voté avec le ministère.

VAR.

Ce département nomme cinq députés.

MM. Portalis, 1er *arrondissement de Toulon.* — *Bernard,* 2e *id. de Toulon.* — *Poulle, id. de Draguignan.* — *Courmes, id. de Grasse.* — *Rimbaud, id. de Brignoles.*

PORTALIS.

M. Portalis a reproduit cette année, avec une courageuse persévérance, sa proposition relative à l'abrogation du deuil du 21 janvier (15 décembre). On sait comment cette loi, adoptée par la chambre des députés, fut amendée en style élégiaque, par la chambre des pairs ; et, voyageant tour à tour d'une assemblée à l'autre, fut définitivement adoptée par la chambre des députés. On sait tous les efforts de certains personnages pour maintenir cette humiliante réparation infligée au pays par la restauration, et les prophétiques lamentations qu'elle souleva dans les profondeurs de l'aristocratie. Triste comédie que la France a vue avec autant de pitié que de dégoût!

Dans la discussion du budget du ministère de la justice, M. Portalis blâma les allocations exorbitantes portées pour le matériel, et les abus des logemens dans les bâtimens de l'état (24 janvier). Il a développé avec talent sa proposition relative au mariage des prêtres, proposition qui annonce dans son auteur un esprit éclairé et progressif (23 février).

Dans le procès de la *Tribune,* M. Portalis demanda que la première question posée par le président fût celle des circonstances atténuantes (10 avril). Cette proposition fut rejetée.

Ce député a demandé la responsabilité civile du baron Louis pour le déficit Kessner (12 avril). Il a démontré victorieusement, par des exemples analogues et des argumens sans réplique, que le baron Louis devait réparer les suites de sa négligence, et a déclaré en terminant que si la responsabilité civile n'était pas admise, il n'y avait plus qu'une chose à faire, c'était d'allouer au ministre une indemnité. La chambre répondit par l'ordre du jour. C'est ainsi qu'elle prend soin des deniers du pays.

Pendant les deux sessions, M. Portalis a combattu avec énergie le système du gouvernement.

BERNARD.

M. Bernard a habituellement voté contre le pouvoir.

POULLE.

Dans la loi d'organisation départementale, M. Poulle a voté pour l'élection par arrondissement (7 janvier). Il a pris la parole dans le projet de loi d'attributions municipales, et présenté un amendement de peu d'importance qui a été adopté par la chambre.

M. Poulle est un fidèle des centres ; son dévouement est à toute épreuve. Il a reçu la décoration de la Légion-d'Honneur entre les deux sessions : c'est sans doute pour avoir voté les pensions des chouans et toutes les mesures désastreuses du pouvoir. C'est le seul titre que nous lui connaissions.

COURMES.

Ministériel dévoué. C'est tout ce qu'on peut en dire.

RIMBAUD.

Aussi indépendant que M. Courmes.

VAUCLUSE.

Ce département nomme quatre députés.

MM. *Cambis d'Orsan, arrondissement d'Avignon.* — *Meynard, id. d'Orange.* — *Laboissière, id. de Carpentras.* — *Pons, id. d'Apt.*

CAMBIS D'ORSAN.

Ce député a continué à voter avec les ministres de la quasi-légitimité.

MEYNARD.

M. Meynard a pris la parole à diverses reprises dans la loi d'organisation départementale et d'expropriation pour cause d'utilité publique. Il a appuyé une proposition de M. Larabit relative aux lois sur les boissons (25 mai).

M. Meynard a prouvé par ses votes un attachement sans bornes aux doctrines ministérielles.

LABOISSIÈRE.

M. Laboissière est le seul député de Vaucluse qui ait su remplir dignement son mandat.

Les accusations renouvelées devant la chambre par MM. Barthe et Persil contre les trois députés persécutés en juin, forcèrent M. Laboissière à donner à la tribune quelques explications (12 mars). Il réfuta facilement les allégations de ses accusateurs, il prouva que les prétendus indices d'après lesquels trois représentans du peuple avaient été poursuivis et appelés devant des conseils de guerre n'avaient pas même pu exister. Il flétrit cette inquisition de la police qui avait sali de son contact des papiers de famille, et cette ardeur de vengeance monarchique, qui avait bâti un complot imaginaire sur des causeries confidentielles et sur quelques rêveries de l'imagination.

Tout le monde a lu dans les journaux les détails de l'espionnage dont l'autorité environne continuellement M. Laboissière, de même que tous les hommes qui se sont distingués par leur patriotisme ; on sait comment cette police vertueuse s'introduisit chez M. Laboissière, comment elle s'efforça de corrompre un ancien serviteur, comment enfin l'agent de M. Gisquet fut surpris dans le cours de ses odieuses manœuvres. Dans cette affaire, M. Laboissière agit avec prévoyance et sagacité, et rendit un immense service au pays en donnant un témoignage irrécusable de la profonde immoralité des hommes du pouvoir.

M. Laboissière a soutenu une pétition ayant pour but de signaler de nouveaux actes de cette police, si scrupuleuse sur le choix de ses moyens, et de réclamer justice pour le sieur Perrotte, l'une des victimes du guet-à-pens du pont d'Arcole (18 mai). Les lourdes et haineuses déclamations de M. Barthe, et l'ordre du jour adopté par la chambre, prouvèrent au pays que, sous le régime constitutionnel, le magistrat, chargé de la sureté publique, peut impunément commettre tous les attentats contre les citoyens.

M. Laboissière est un patriote énergique, consciencieux et
dévoué. La manière pleine de sens, de finesse et d'esprit avec
laquelle il s'est exprimé à la chambre en diverses occasions, fait
regretter qu'il ne défende pas plus souvent à la tribune les intérêts du pays.

PONS.

Dans la discussion sur la loi départementale, M. Pons se
chargea de présenter à la chambre un amendement, élaboré
en comité ministériel, afin d'obtenir l'élection par arrondissement. Mais le but de cette concession apparente était d'empêcher le doublement des électeurs, ce qui ne manqua pas de
réussir. Puis, la loi ayant passé au creuset de la chambre des
pairs, en revint avec l'élection par canton, que la majorité de
la chambre des députés s'empressa d'adopter. Au moyen de
cette machiavélique combinaison, dans laquelle M. Pons joua
fort habilement son rôle de compère, une double garantie fut
enlevée au pays, et des dispositions détestables furent intro-
duites dans la loi départementale.

Ce député a peu de mémoire ; en 1831, il avait demandé la
révision des pensions des chouans ; en 1833, il en a voté le
maintien. M. Pons montre beaucoup d'activité à la chambre.
On le voit s'agiter, courir de banc en banc. Il cause et surtout
fait causer, mais on a remarqué que, par une étrange fatalité,
les ministres étaient instruits presqu'aussitôt de ce qu'on disait
devant lui.

Un journal de Paris, d'une nuance fort modérée, a donné
une singulière explication de l'élection de ce député. M. Pons
a de nombreux créanciers, très pressans il est vrai, mais habiles spéculateurs. Ces messieurs ont jugé beaucoup plus profitable à leurs intérêts d'envoyer M. Pons à la chambre que de
le poursuivre judiciairement. Le Progrès, journal indépendant
d'Avignon, annonçait, il y a peu de temps, que M. Pons avait
été nommé conseiller à Apt, dans l'intérêt du pont de Pertuis
et de ses créanciers. Ainsi ce député, en représentant son arrondissement, sait, par son génie, se créer à Paris des ressources
extraordinaires.

Solliciteur infatigable, M. Pons a obtenu la création d'une
perception à Seignon en faveur de son beau-frère, qui n'y
avait aucun titre. Il a fait donner divers emplois à ses protégés.

La manière dont il s'est fait décorer de la Légion-d'Honneur
est assez curieuse. Deux sociétés d'agriculture lui avaient dé-

cerné, l'une, une médaille d'or, l'autre, une médaille d'argent, pour avoir propagé la culture du mûrier. Or, c'est pour avoir obtenu ces médailles que M. Pons a été décoré. Puis, pour avoir été décoré on lui accorda l'admission gratuite de sa fille à l'école de Saint-Cyr. Si on continue à récompenser M. Pons des récompenses dont il a été récompensé, nous ne voyons pas de raison pour que cela ne se prolonge pas indéfiniment.

Réactionnaire fougueux et volontaire royaliste, en 1815, M. Pons ne cessait de protester à cette époque de son adoration pour la dynastie imposée par l'étranger. Son enthousiasme n'avait pas de bornes. « Belle France ! s'écriait à chaque ins- » tant ce nouveau troubadour, belle France ! enfin tu revois » tes rois légitimes ! belle France ! » Pendant long-temps, M. Pons ne fut connu dans toute la contrée que sous le nom de Bellefrance.

Puisse ce vertueux député faire de si bonnes affaires, pendant cette dernière session, que ses créanciers ne soient plus tentés de le renvoyer à la chambre ! Ils pourront y gagner beaucoup, et le pays y perdra peu de chose.

VENDÉE.

Ce département nomme cinq députés

MM. Isambert, arrondissement de Luçon. — Chaigneau, id. de Fontenay. — Perreau, id. de Bourbon-Vendée. — Duchaffault, id. des Herbiers. — Luneau, id. des Sables-d'Olonne.

ISAMBERT.

Élu en remplacement de M. Marchegay, démissionnaire, M. Isambert a été admis à la chambre le 9 janvier 1833.

Dans la discussion de la loi portant réglement définitif des comptes de 1830, M. Isambert proposa un amendement pour garantir les droits de l'état contre les ministres, en cas de rejet d'une dépense par la chambre (13 février). Malgré l'opposition du garde-des-sceaux, cet amendement fut adopté. M. Isambert demanda que les minutes des ordonnances royales, contre-signées par les ministres, fussent déposées entre les mains du ministre de la justice, qui demeurait chargé de leur insertion au

Bulletin des lois, sous sa responsabilité personnelle (2 mars). Cette proposition ne fut pas prise en considération.

M. Isambert a dénoncé à la chambre une violation du réglement, par M. Charles Dupin ; membre de plusieurs commissions à la fois (21 mars). M. Charles Dupin, le grand cumulard par excellence, ne se contente pas de cumuler une foule de fonctions publiques ; ce multiple personnage est de toutes les commissions ; pressé par les observations de M. Isambert, M. Charles Dupin donna sa démission de membre de la commission de la justice coloniale.

Dans la discussion du projet de loi sur l'état des hommes de couleur (20 avril), M. Isambert prononça un discours étendu dans le but de démontrer que la chambre n'était pas en état de prononcer faute de documens suffisans. Il prouvait que les droits promis aux hommes de couleur avaient été violés en tout temps, demandait enfin des garanties. Dans la loi sur l'instruction primaire, il a proposé un amendement afin que les ecclésiastiques appelés à faire partie des comités, fussent préalablement agréés par le roi. Cette proposition ne fut pas adoptée.

M. Isambert, qui vote habituellement avec l'opposition, reconnaîtra sans doute qu'une opposition de détour contre un gouvernement anti-national ne suffit plus, qu'il faut voir la chose de haut, et que, chercher à améliorer quelques parties d'un système détestable, c'est s'amuser à greffer les branches d'un arbre pourri. Pour arriver à une régénération complète, il faut des connaissances politiques, des principes bien arrêtés et une énergie à toute épreuve.

CHAIGNEAU.

M. Chaigneau s'est élevé avec une louable énergie contre les doctrines de servilité professées par M. Barthe, à l'occasion de la destitution de M. Dubois (6 mars).

« Et moi aussi, dit-il, je suis fonctionnaire amovible dans
» l'ordre administratif. En ce qui concerne le fonctionnaire,
» je reconnais ma subordination aux ordres de M. le ministre
» de l'intérieur ; mais pour ce qui concerne l'accomplissement
» de mes devoirs dans cette enceinte, mandataire du pays, je
» déclare à ce ministre que je n'ai entendu assujettir à sa vo-
» lonté aucune de mes pensées. (Interruption aux centres.)
» Que M. le ministre apprenne que mes opinions politiques
» ne lui sont et ne lui seront jamais inféodées. (Cris confus

» sur les bancs du milieu.) Et, enfin, qu'il se souvienne, ou
» plutôt qu'il apprenne pour s'en souvenir quand il le trou-
» vera convenable, que, dans cette chambre, à cette tribune,
» ma qualité de fonctionnaire révocable et amovible s'efface
» tout entière devant le devoir et le droit de député honnête
» homme et consciencieux. » (Applaudissemens aux extrémités.)

M. Chaigneau a constamment voté contre le ministère.

PERREAU.

M. Perreau n'a pas siégé dans le cours des deux dernières
sessions.

DUCHAFFAULT.

M. Duchaffault figure dignement dans la députation patriote
de la Vendée. Comme ses collègues du département, il a voté
contre les pensions des chouans et contre toutes les mesures liberticides du système du 9 août.

LUNEAU.

Dans la loi d'organisation départementale, M. Luneau a proposé sur le nombre des assemblées un amendement adopté par
la chambre (14 janvier). Il a demandé, dans les deux sessions
(15 février, 29 mai), diverses réductions sur le budget des
cultes, et a fait diminuer de 15,000 francs le traitement de l'archevêque de Paris, ainsi augmenté par une supercherie ministérielle.

Il a proposé l'application de la loi du cumul aux maréchaux
de France (5 avril).

Dans le projet de loi relatif aux routes stratégiques de
l'Ouest, il a présenté d'utiles observations (5 juin).

M. Luneau a voté habituellement contre le ministère.

VIENNE.

Ce département nomme cinq députés.

*MM. Dupont-Minoret, arrondissement de Poitiers. — Martineau,
id. de Châtellerault. — Demarçay, id. de Civray. — Milon, id.
de Loudun. — Junyen, id. de Montmorillon.*

DUPONT-MINORET.

M. Dupont-Minoret a voté avec le ministère pendant les
deux dernières sessions.

Ce député, mort dans le courant du mois de septembre dernier, a été remplacé par M. Drault.

MARTINEAU.

Ancien volontaire de la république, M. Martineau est tombé dans le juste-milieu. Triste fin pour un pareil début.

Il vote toujours avec le ministère.

DÉMARÇAY.

Le général Demarçay a renouvelé, dans cette session, sa proposition tendant à créer autant de commissions que de ministères, afin d'introduire plus d'ordre et de rapidité dans l'examen des projets de loi de finance et des comptes des différens ministères (28 novembre). Cette proposition, prise en considération, fut soutenue par son auteur; mais cette patriotique tentative devait échouer devant une majorité intéressée au maintien de tous les abus. M. Demarçay a pris part, à diverses reprises, à la discussion du projet de loi d'organisation départementale (11 janvier). Dans le budget des dépenses, il s'est successivement occupé d'un grand nombre de questions : des lignes télégraphiques, des agens diplomatiques et consulaires et de leurs traitemens, de l'amortissement, de la dette flottante, de la Légion-d'Honneur, etc., etc.

Le général Demarçay s'est prononcé l'un des premiers, à la tribune, avec une énergie remarquable, contre le système des forts détachés et l'interprétation fausse des lois de 1791 (3 avril). Ses observations judicieuses ne furent pas perdues pour la chambre. Dans la discussion du budget des recettes, M. Demarçay a prononcé un discours plein d'aperçus aussi fins qu'ingénieux (18 avril). Néanmoins, divers passages, applaudis par les centres, et l'opinion de l'orateur sur les théories de l'impôt furent loin d'avoir l'approbation des patriotes.

M. Demarçay appuya les réductions proposées par la commission du budget du ministère de la guerre (7 juin). La question des fortifications le retrouva toujours prêt à défendre la cause de la liberté et à déjouer les manœuvres de ses ennemis : il soutint qu'il n'était pas d'ingénieur, pas de militaire, pas d'homme de bonne foi qui pût approuver le système ministériel (14 juin).

Par son infatigable activité, par une opposition constante à la marche du gouvernement, le général Demarçay a acquis dans les dernières sessions de nouveaux droits à la reconnaissance des patriotes.

MILORI.

M. Milori a constamment voté contre le ministère.

JUNYEN.

M. Junyen s'est montré l'un des membres les plus dévoués de l'opposition.

VIENNE (HAUTE-).

Ce département nomme cinq députés.

MM. Aventurier-Philibert, 1er arrondissement de Limoges.—Gay-Lussac, 2e id. de Limoges. — Resnier, id. de Bellac. — Sulpicy, id. de Saint-Yrieix. — Blanc (Edmond), id. de Rochechouart.

AVENTURIER-PHILIBERT.

Ce député n'a rien dit à la chambre. Son savoir-faire consiste à voter silencieusement en faveur du ministère.

GAY-LUSSAC.

M. Gay-Lussac a pris deux fois la parole, et c'était contre les intérêts populaires. Il a fait quelques observations chimiques à la chambre, pour prouver que la vigne était une mauvaise culture, et qu'elle était déjà trop encouragée (18 avril). Il s'est efforcé de démontrer de la même manière que le sel était inutile à l'agriculture.

M. Gay-Lussac peut être un savant profond; mais à coup sûr c'est un député très médiocre.

RESNIER.

M. Resnier, patriote consciencieux, a constamment voté avec l'opposition.

SULPICY.

M. Sulpicy paraît avoir enfin compris tout ce qu'il y a de désastreux dans le système du pouvoir. Pendant les deux dernières sessions il a presque toujours réuni ses votes à ceux des patriotes.

BLANC (EDMOND).

M. Blanc, secrétaire général du ministère du commerce, a succédé à M. Pouliot. Il est tout aussi ministériel que son prédécesseur.

M. Blanc a prononcé quelques mots sur des projets de loi d'intérêt local.

VOSGES.

Ce département nomme cinq députés.

MM. Jacqueminot, arrondissement d'Epinal. — Bresson, id. de Remiremont. — Gauguier, id. de Neufchâteau. — Gouvernel, id. de Mirecourt. — Vaulot, id. de Saint-Dié.

JACQUEMINOT.

L'état de siége a été défendu par M. Jacqueminot avec une ardeur qui lui a valu les éloges du gouvernement (2 décembre). L'orateur affirma que l'état de siége avait été demandé à l'unanimité : il n'y avait qu'une voix, disait-il, pour réclamer cette mesure. C'est sans doute de la sienne qu'il voulait parler. M. Jacqueminot assurait que, si Casimir Périer avait décidé l'état de siége, il aurait voté pour lui en aveugle : raison bien concluante pour la majorité. Enfin, après des mouvemens variés d'éloquence, après avoir raconté le siége de Saragosse, et parlé beaucoup de M. Tzernitcheff, M. Jacqueminot descendit de la tribune.

Ce chef d'état-major de la garde nationale en a proposé le désarmement (14 février). Il voulait que toutes les armes fussent enlevées aux gardes nationaux après le service, afin de veiller plus sûrement, disait-il, à leur conservation. Joignez à cet enlèvement d'armes l'érection de quelques bastilles, et vous aurez l'ordre public comme le veut le juste-milieu.

M. Jacqueminot, en appuyant le projet de loi concernant les gardes nationaux blessés dans l'Ouest et à Paris, ne négligea pas une si belle occasion de tomber sur les factieux et d'évoquer le sceptre sanglant de l'anarchie (30 mars). Il dit également de fort jolies choses sur la stabilité et l'excellence du gouvernement sous lequel nous avons le bonheur de vivre.

Ce député a donné un exemple de l'urbanité qui le distingue, en injuriant un orateur avant même d'avoir pu comprendre la phrase qui excitait si fort sa colère (10 avril). La partialité de M. Dupin égala, dans cette circonstance, le bon goût de l'interrupteur.

Le dévouement dynastique de M. Jacqueminot est à toute épreuve.

GOUVERNEL.

M. Gouvernel, qui ne se permet pas de penser autrement que le ministère, vote pour lui dans toutes les circonstances.

GAUGUIER.

M. Gauguier a réclamé avec chaleur en faveur des légionnaires (23 février). Après avoir parlé de lui-même avec une certaine complaisance, et appris à la chambre qu'il était jeune encore, chose fort intéressante sans aucun doute, l'orateur laissa échapper une précieuse naïveté. « Craignez, Messieurs, s'écria-» t-il, qu'on ne suppose que si, en 1833, on avait proposé des » récompenses en faveur des combattans des trois journées, la » proposition eût été rejetée. » De la part d'un député ministériel un tel aveu est bon à recueillir.

M. Gauguier a demandé la suppression du traitement des députés fonctionnaires pendant les sessions. Cette question touchait de trop près aux intérêts de la majorité pour obtenir quelque faveur.

Dans la seconde session, M. Gauguier demanda à la chambre un crédit de 100 millions, pris sur les rentes rachetées de l'amortissement, pour améliorer les routes communales de tous les départemens (6 juin). Cet amendement ne fut pas adopté. Dans cette circonstance encore, M. Gauguier excita les murmures de la chambre en parlant de lui-même, en racontant qu'il avait quitté le service en 1815, qu'il s'était livré au commerce maritime, à la banque, à l'industrie, etc.

A part ces digressions et l'envie démesurée qu'il paraît avoir d'occuper la chambre de sa personne, M. Gauguier a présenté quelques utiles observations. Cependant, il ne s'en traîne pas moins à la remorque du ministère. Que ne vote-t-il comme il parle, il entrerait du moins dans la bonne voie.

BRESSON.

M. Bresson a pris la parole sur le projet de loi d'organisation départementale. Il a présenté le rapport sur les crédits supplémentaires pour secours aux étrangers réfugiés (11 avril). Il a soutenu dans ce rapport que le gouvernement ne devait de secours qu'aux réfugiés en faveur desquels il n'aurait pas été proclamé d'amnistie. Mais on sait ce que valent les amnisties des rois absolus, même garanties par le juste-milieu.

M. Bresson a présenté quelques observations sur le projet de loi d'attributions municipales. Il s'est opposé à la prise en considération de la proposition de M. Larabit, concernant les droits sur les boissons (25 mai).

M. Bresson a voué un culte d'adoration aux doctrines ministérielles.

VAULOT.

Ministériel dévoué et silencieux.

YONNE.

Ce département nomme cinq députés.

MM. Larabit, arrondissement d'Auxerre.—Chastellux, id. d'Avallon. — Vérollot, id. de Joigny. — Bellaigue, id. de Sens. — Noël Desvergers, id. de Tonnerre.

LARABIT.

M. Larabit a refusé de voter des douzièmes provisoires pour un ministère indigne de la confiance du pays (7 décembre). Il a fortement appuyé la proposision du général Demarçay, tendant à introduire plus d'ordre et de régularité dans l'examen des lois de finances (12 septembre). M. Larabit combat avec la même énergie le monopole et le secret dont s'environnent les administrations. C'est ainsi qu'il demanda que tous les électeurs départementaux fussent éligibles au conseil général (17 janvier), et que les séances des conseils généraux fussent publiques (18 janvier). L'opinion d'un patriote et d'un militaire distingué ne pouvait être douteuse sur les fortifications contre la ville de Paris ; aussi M. Larabit s'éleva-t-il avec énergie contre le système monarchique des forts détachés (1er avril).

Dans le budget des recettes, M. Larabit a appelé l'attention de la chambre sur la culture de la vigne, privée de toute protection, et a reclamé contre les impôts énormes perçus sur les vins (18 avril). Il a pris une part active à la discussion du pro-

jet de loi sur l'instruction primaire , et a demandé des écoles
primaires supérieures, principalement pour les petites villes et
les fortes communes rurales (30 avril). Il s'agissait d'instruire
le peuple ; la majorité a rejeté cette proposition incendiaire.

La discussion du projet des fortifications a retrouvé M. Larabit toujours prêt à défendre les intérêts du pays (14 juin). Il
a fait observer avec raison que, la chambre refusant les deux
millions demandés par le ministre de la guerre, les travaux de
fortification devaient être suspendus jusqu'à ce qu'il en fût décidé par une loi spéciale. M. Larabit est revenu, dans la seconde
session, sur la question des boissons, qui intéresse si vivement
un grand nombre de nos départemens, et particulièrement celui
dont il est le représentant (25 mai). Les réductions qu'il demandait sur les droits d'entrée et de consommation, furent de
nouveau rejetées par une chambre jalouse de maintenir les
abus les plus monstrueux, les mesures les plus impopulaires et
les taxes les plus ruineuses pour le pays.

M. Larabit a constamment combattu le ministère et s'est
acquis de nouveaux titres à la reconnaissance des bons citoyens.

CHASTELLUX.

M. Chastellux a toujours été attaché à la famille d'Orléans,
au service de laquelle il est depuis vingt-cinq ans : il fait partie de la domesticité du château. Mme Adélaïde est sa maraine
et sa protectrice.

A l'avénement de la royauté du 7 août, M. Chastellux n'était
pas riche ; il avait vendu une partie de ses propriétés ; on assurait même qu'il ne payait pas le cens. Mais depuis il a fait
de grandes économies ; il vendait des propriétés il y a trois ans ;
il s'occupe aujourd'hui d'en acheter d'autres d'une valeur considérable.

M. Chastellux a dû sa nomination aux intrigues du juste-
milieu, à l'influence de l'autorité, aux calomnies répandues par
ses partisans contre son concurrent. L'égoïsme de localité a
également été mis en jeu. M. Chastellux, qui est bien en cour,
devait faire changer la direction d'une route et la faire passer
à travers un canton dont il lui importait de gagner les électeurs. On assurait également que M. Chastellux était un homme
de génie, et l'on vota de confiance.

Mais, le lendemain, on connut à fond la capacité du nouveau
député. Interpellé s'il payait le cens, il lui fut impossible de
répondre un mot. Il avait préparé un discours écrit ; il lui fut

impossible d'en lire une ligne. Du reste, il avoue lui-même naïvement qu'il *ne sait pas lire dans l'écriture.*

M. Chastellux est très connu dans les bureaux du ministère. On l'appelle le *solliciteur.* Il s'agite sans relâche, mais sans beaucoup de fruit : sa nullité politique lui donne peu de crédit.

VÉROLLOT.

M. Vérollot s'est opposé à la proposition de M. Comte concernant les nominations des commissions (25 janvier). Il a manifesté son approbation sur la formation de vingt nouveaux conservateurs des forêts (1er mars). Il a combattu la révision des pensions des chouans, et, quand la majorité repoussa cette patriotique mesure, on vit M. Vérollot se dresser sur son banc et crier : *Vive la charte !*

M. Vérollot est l'inventeur d'un nouveau mode d'appuyer le ministère. Dès qu'un orateur de l'opposition paraît à la tribune, M. Vérollot murmure avant qu'il ait parlé, et l'interrompt bruyamment dès qu'il parle. Il s'agite sur son banc, se lève, s'assied, frappe sur son pupitre, se démène en tous sens. L'irritation l'étouffe ; il devient pourpre, bleu, cramoisi. Ses mouvemens épileptiques, ses cris forcenés, sa frénésie en font un objet de rire et de pitié. Ses collègues s'en amusent, et ne cherchent même pas à lui imposer silence. *Laissons-le faire,* disent-ils quelquefois, *il est trop réjouissant.*

BELLAIGUE.

M. Bellaigue a pris la parole dans le projet de loi sur l'instruction primaire (30 avril). Il a appuyé la proposition de M. Dulong relative à la suppression des émolumens accordés au conseiller de l'université chargé de surveiller l'école normale (27 mars).

M. Bellaigue a voté assez régulièrement avec l'opposition.

NOEL DESVERGERS.

M. Noël Desvergers est un silencieux et dévoué pa du pouvoir.

NOMS DES DÉPUTÉS

Qui se sont récusés dans l'affaire de la Tribune.

MM.

Anglade.
Audry de Puyraveau.
Auguis.
Bachelu.
Berryer.
Bastide d'Isard.
Bavoux.
Bérard.
Bertrand (général).
Bousquet.
Boudet.
Bricqueville.
Cabet.
Chaigneau.
Charamaule.
Cogez.
Comte.
Corcelles.
Cormenin.
Couderc.
Coulmann.
Couturier.
Demarçay.
Dupont (de l'Eure).
Dubois-Aymé.
Duchaffault.
Dulong.
Duris-Dufresne.
Eschassériaux.
Fiot.
Garnier-Pagès.
Girardin (Ernest).
Grammont,

MM.

Glais-Bizoin.
Gras-Préville.
Gréa.
Havin.
Joly.
Laboissière.
Lafayette (général.)
Lafayette (Georges.)
Jousselin.
Legendre.
Larabit.
Lenouvel.
Launay-Leprovost.
Levaillant.
Ludre.
Luminais.
Mornay.
Nicod.
Portalis.
Péan.
Picot-Désormeaux.
Renard.
Renouvier.
Robert.
Larochefoucauld (Gaëtan).
Salverte.
Sené.
Subervic.
Tardieu.
Thiard.
Thouvenel.
Tracy.
Voyer d'Argenson.

SE SONT RÉCUSÉS POUR DES MOTIFS PERSONNELS.

MM.

Teste.| Viennet.

TABLE ALPHABÉTIQUE

DES DÉPUTÉS.

Imprimerie d'Auffray, passage du Caire.

www.ingramcontent.com/pod-product-compliance
Lightning Source LLC
Chambersburg PA
CBHW070807270326
41927CB00010B/2327